KB129135

FLOURISH — 고영건 저

플로리시

삶을 밝히는 마음의 빛

학지사

이 저서는 2013년 정부(교육부)의 재원으로 한국연구재단의 지원을 받아 수행된 연구임(NRF-2013S1A6A4018379)
This work was supported by the National Research Foundation of Korea Grant funded by the Korean Government(NRF-2013S1A6A4018379)

플로리시(Flourish)란 개개인의 모든 능력이나 잠재능력을 발휘하고 번성시켜 활짝 꽃피우는 것을 말한다. 개인의 지속적인 행복 증진, 기업과 사회조직의 지속적인 성장, 나라의 번성이 바로 플로리시인 것이다. 긍정심리학에서 행복의 만개(滿開)라고도 하는 플로리시는 인간이 누릴 수 있는 최고의 삶을 지향한다.

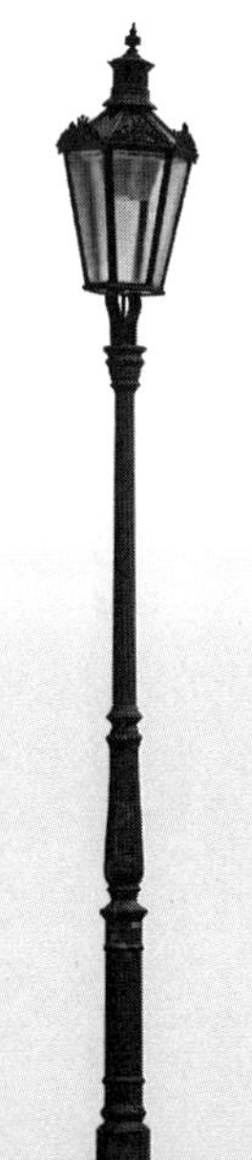

감사의 글

이 저서는 2013년 정부(교육부)의 재원으로 한국연구재단의 지원을 받아 수행된 연구보고서(NRF-2013S1A6A4018379)를 토대로 작성되었다.[1] 연구비 심사 과정에서 본 저술을 위한 집필 계획서에 좋은 평가를 해 주신 익명의 심사위원님들께 감사드린다.

지금 이 순간 감사의 마음을 전해야 할 수많은 얼굴들이 떠오르지만, 아쉽게도 지면의 제약으로 인해 고마운 마음을 미처 다 표현하기는 어려울 것 같다. 하지만 아무리 지면이 제한되어 있더라도 가족에 대한 고마움만큼은 꼭 전하고 싶다.

아마도 사랑하는 가족들로부터 그동안 받았던 도움에 걸맞을 만한 감사 인사를 찾는 것은 불가능할 것 같다. 그럼에도 불구하고 구우일모(九牛一毛), 즉 아홉 마리의 소 무리에서 겨우 터럭 하나에 불과한 수준의 감사라도 표현하자면, 사랑하는 아내와 딸 그리고 부모님을 비롯해 마음속으로 응원하고 기꺼이 지혜를 나누어 준 가족들의 소중한 후원은 이 저서가 완성되는 데 결정적인 역할을 했다.

더불어 그동안 내가 진행했던 심리학 강의에 대해서 결코 호의적이지 않을 뿐만 아니라, 심지어 신랄하기까지 한 평가를 해 준 모든 이들에게도 감사 인사를 남기고 싶다. 특히 이 책의 내용이 다듬어지기까지 이따금씩 살벌한 수준의 강의평을 남겼던 몇몇 학생들의 공헌도 빼놓을 수 없을 것 같다. 이 학생들은 출석부에 등재되어 있는 것은 분명했지만 결코 누구인지는 알 수 없었으며, 그렇기에 너무나 정체를 궁금하게 만드는 이들인 동시에 교수로서의 나의 인내심을 시험에 들게 하는 '사자(使者)'들 같은 인상을 주기도 했다. 끝으로, 이 글이 제시하는 '내 마음의 빛을 찾아 떠나는 여정'에 동참해 줄 지혜로운 독자들에게도 미리 감사의 마음을 전한다.

차례

I
들어가는 글: 플로리시, 내 마음의 빛을 찾아서…

나는 눈을 뜨며 소리친다.
"아아, 이게 당신이 묻어 놓은 보물인가요? 바로 마음의 빛."
–버지니아 울프(Virginia Woolf)[2]

레드 퀸 효과가 지배하는 한국

루이스 캐럴(Lewis Carrol)의 동화 『거울 나라의 앨리스』에는 앨리스가 붉은 여왕과 함께 어느 나무 밑에서 있는 힘껏 달리는데도 계속 제자리를 맴돌게 되는 장면이 나온다. 앨리스가 어리둥절해 하자, 붉은 여왕은 다음과 같이 말한다. "여기서는 아주 빨리 달려야만 겨우 제자리에 머물 수 있지. 만약 다른 곳에 가려면 지금보다 두 배는 더 빨리 뛰어야 해."[3]

진화생물학자 리 밴 베일런(Leigh Van Valen)은 이 장면에 착안해 생태계 속 쫓고 쫓기는 경쟁관계를 '레드 퀸 효과(Red Queen Effect)'라 불렀다.[4] 자연에서 레드 퀸 효과는 공진화(co-evolution) 과정에서 전형적으로 찾아볼 수 있다. 진화 과정에서 치타는 매우 빠른 영양을 사냥하기 위해 시속 100킬로미터가 넘는 엄청난 속도로 달릴 수 있게 되었지만, 동시에 영양은 치타의 공격으로부터 벗어나기 위해 급격한 감속 기술과 더불어 발 빠른 방향전환 기술을 획득하게 되었다.

현재 한국 사회는 마치 레드 퀸 효과의 전시장 같은 인상을 준다. 아마도 한국 사회의 비효율적인 경쟁의 단면을 보여 주는 대표적인 예 중 하나가 바로 수능 시험일 것이다. 2015년에 JTBC 뉴스룸 방송에서는 한국의 수능 영어 기출문제를 풀어 본 영국인 케임브리지대학교 재학생의 인터뷰 내용을 보도한 적이 있다.[5] 언어학을 전공하는 영국의 명문대생은 한국의 수능 영어 기출문제를 풀어 보고 나서 자신은 도저히 못 맞추겠다고 고백했다. 더 심각한 문제는 이토록 어려운 수능 영어 시험에서 우수한 성적을 받는다고 해서 실제로 영어를 잘하는 것이 보장되지는 않는다는 점이다.

2017년에 엠브레인 트렌드 모니터가 전국의 직장인과 취업준비생 1천 명을 대상으로 '취업' 관련 설문조사를 한 결과, 대부분의 사람들(약 94%)이 이전에 비해 취업이 어려워졌다고 응답했다.[6] 그리고 과거보다 취업이 더 어려워진 가장 중요한 원인으로는 한국 사회의 '스펙' 경쟁이 더 심화된 것을 꼽았다. 이러한 조사 결과는 현재 한국의 취업시장을 레드 퀸 효과가 지배하고 있음을 실감나게 해 준다. 스펙 경쟁이 심화될 때의 문제점 중 하나는 '과잉 스펙'이라는 말이 시사하는 것처럼 사회적 비효율성이 증가하는 것이다.

문제는 한국 사회에서는 취업을 한다고 해서 행복의 문제가 해결되는 것이 아니라는 점이다. 한국 사회에서 직장인이 행복해지는 것은 결코 쉬운 일이 아닌 것으로 보인다. 2013년에 삼성경제연구소는 직장인 849명을 대상으로 한 온라인 조사를 통해 '직장인의 행복에 관한 연구' 보고서를 발표하였다(부록 1).[7] 그 결과에 따르면, 직장인의 행복도는 100점 만점 기준에 55점, 즉 낙제점 수준이었다. 이러한 점은 국가지표에서도 마찬가지로 나타나고 있다.

2016년에 OECD 국가를 대상으로 조사한 '더 나은 삶 지표(Better Life Index)'에서 삶의 만족도를 비교한 결과, 한국은 OECD 38개국 중 31위로 나타났다(부록 2).[8] 이 조사에서 10점 척도로 삶의 만족도 점수를 매기라고 했을 때, 한국인의 평균 만족도 수준은 5.8점으로, OECD 국가의 평균인 6.5점보다 상대적으로 낮았다.

더욱이 행복도에서의 표준편차를 국가별로 비교한 결과는 문제의 심각성을 더 적나라하게 보여 준다.[9] 행복도 표준편차는 행복도가 낮은 사람, 중간 수준인 사람 그리고 행복도가 높은 사람의 분포상의 특징을 살펴본 것이라고 할 수 있다. 보통 행복 지수의 순위와 행복도 표준편차의 순위는 다르게 나타난다. 행복도 면에서 한국은 157개국 중에서 58위를 기록한 반면, 행복도 표준편차에서는 157개국 중에서 96위를 기록하였다. 이것은 한국의 행복

도가 기형적인 양상을 보이고 있음을 시사한다.

한 사회 속에서 레드 퀸 현상이 나타나는 것은 어느 정도까지는 불가피한 일일지라도, 레드 퀸 효과가 만연되는 경우, 사람들에게 정신적인 피폐함을 유발할 수 있다. 그리고 그러한 문제의 궁극적인 종착역은 결국 정신건강의 위기가 될 것이다. 현재 한국 사회가 보이는 모습은 사실상 이러한 궤적과 상당 부분 일치한다. 한국 사회의 정신적 위기를 가장 잘 보여 주는 지표들은 바로 자살률, 정신장애, 아동학대 그리고 출산율 절벽 문제 등이다.

OECD가 2015년에 공개한 '한눈에 보는 건강(Health at a Glance) 2015' 통계 자료에 따르면, 한국인의 자살률은 인구 10만 명당 29.1명인 것으로 나타났다.[10] 이러한 수치는 34개 조사 대상국 중에서 가장 높은 수준이었다.

2016년 보건복지부는 우리 사회에서 자살과 관련된 가장 심각한 위험요인이 바로 정신질환이라고 발표하였다.[11] 심리학적 검시(psychological autopsy) 연구들에 따르면, 자살자들의 90% 이상이 정신장애를 가지고 있었던 것으로 나타났다.[12] 그 대표적인 예가 바로 우울장애 및 양극성장애와 같은 기분장애와 조현병이라고 할 수 있다. OECD의 2015년 자료에 따르면, 한국인의 경우 조현병과 양극성장애로 인한 과도한 사망률 수준이 조사 대상 국가들 중 최상위 수준인 것으로 나타났다. 정신장애로 인한 과도한 사망률 수준이 의미하는 바는 해당 질환을 가지고 일반적으로 예측할 수 있는 것보다 사망률이 지나치게 더 높다는 것이다. 이는 사망 과정에 해당 질병 이외의 다른 요인이 개입되었음을 뜻하며, 결국 한 사회의 구조적 취약성을 반영하는 것이라고 할 수 있다.

보건복지부에서 2015년에 발표한 자료에 따르면, 지난 15년간 아동보호전문기관에 아동학대 문제로 신고된 사건의 수는 꾸준히 증가하고 있다(부록 3).[13] 특히 2013년부터 아동학대 신고 건수의 상승 추세가 더욱 더 심화되었는데, 2013년에서 2014년 사이에는 19.5% 그리고 2014년에서 2015년 사이에는 무려 36.0% 증가한 것으로 나타났다.

아마도 한국 사회의 정신적 위기를 가장 잘 보여 주는 지표 중 하나가 바로 신생아 수 지표일 것이다. 동물 행동학자 존 칼훈(John Calhoun)의 쥐 유토피아 실험에 따르면, 스트레스는 출산과 밀접한 관계가 있다.[14] 칼훈은 쥐 한 쌍을 최대 3,000마리를 수용할 수 있는 공간에 넣고 자유롭게 번식할 수 있는 최고의 환경을 갖추어 주었다. 그러자 쥐는 315일이 경과했을 때 2,200마리를 돌파했으나, 그다음부터는 외부의 환경적 변화가 없었음에도 불구하고 공간을 차지하기 위한 경쟁이 격화되면서 그 스트레스로 인해 서서히 개체 수가 감소하기 시작했다.

칼훈의 실험에서 더 중요한 측면은 사회적으로 스트레스가 격화된 이후의 후유증에 관한 부분이다. 스트레스가 정점에 달한 이후, 즉 개체 수가 정점에 달한 이후 감소세로 돌아선 이후에 출생한 다음 세대의 쥐들은 공동체의 붕괴를 상징적으로 보여 주는 행동을 나타냈다. 이들은 시간을 주로 먹고 마시며 자는 데 사용하면서 지냈으며, 털을 다듬는 등의 몸단장에만 관심이 있고 짝짓기에는 관심을 보이지 않았다.

칼훈의 실험은 현재의 한국 사회와 관련해 의미심장한 경고의 메시지를 담고 있다. 한국의 출생아 수는 2017년에 35만 명대로 격감한 것으로 집계되었다(부록 4).[15] 통계청이 집계한 지난해 출생아 수는 총 35만 8,384명이 된다. 이는 출생아 수가 40만 6,200명이었던 2016년에 비해 약 12% 감소한 수치이며, 37년 만에 출생아 수가 36% 수준으로 줄어든 것을 뜻한다. 정부가 지난 10년간 출산율을 높이기 위해 무려 80조 원에 달하는 예산을 투입했지만, 결과적으로 정부의 대책이 실효성을 나타내지 못하고 있음을 보여 준다.

레드 퀸 효과와 메타선택의 지혜

레드 퀸 효과가 만연된 사회에서 보다 효율적으로 대처하기 위해서는 '메타선택(meta-selection)'의 지혜가 필요하다. 메타선택은 '선택을 위한 선택'을 뜻하는 말로서, 개인이 '후회 없는 선택'을 하기 위해 필요한 동시에 사회 속에서 '경쟁을 위한 경쟁'의 비효율성 문제가 나타나는 것을 예방하는 데도 꼭 필요한 사고 과정이다.

역사적으로 위대한 리더들은 예외 없이 메타선택의 중요성을 잘 인식하고 있었다. 예를 들면, 에이브러햄 링컨(Abraham Lincoln)은 "나무 한 그루를 베어 내는 데 여섯 시간을 준다면, 나는 도끼를 가는 일에 처음 네 시간을 쓸 것이다."[16]라고 말했다. 그리고 알베르트 아인슈타인(Albert Einstein)도 세계를 구할 시간이 1시간 주어질 경우, 어떻게 하겠냐는 질문에 이렇게 답했다. "문제가 무엇인지를 규정하는 데 55분을 쓰고, 해결책을 찾는 데는 단 5분만 쓰겠소."[17]

일반적으로 메타선택 과정에서는 '메타인지(meta-cognition)'가 핵심적인 역할을 한다.[18] 메타인지는 '생각에 대한 생각'으로서 자신의 생각을 관리하는 능력을 말한다. 메타인지와 관계된 능력 중 하나는 '안다는 느낌(feeling of knowing)'이다. 안다는 느낌이 관여하는 상황의 대표적인 예로는 어떤 문제를 푸는 상황에서 나 자신이 그 대답에 대해 얼마나 확신을 하는지를 점검해 보는 것을 들 수 있다. 이때 안다는 느낌의 차이, 즉 메타인지의 차이를 가장 분명하게 확인할 수 있는 방법은 자신의 답에 대해 확신하는 정도를 내기를 통해 확인해 보는 것이다.

메타인지의 세계에서는 '시시한 이야기(hogwash)'와 지혜를 구분할 줄 아는 안목을 갖추는 것이 중요하다. 원래 'hogwash'는 돼지 먹이를 가리키는 말이었다.[19] 그 단어는 '돼지(hog)'와 '씻기(wash)'라는 단어가 합쳐진 것이다. 이때 씻기라는 말의 의미는 세탁이 아니라 먹이를 통해 돼지의 까다로운 성미를 씻은 듯이 없애 주는 것을 뜻한다.

흥미로운 사실은 마치 돼지에게 'hogwash'가 존재하는 것처럼, 사람들에게도 일종의 'hogwash' 같은 것이 존재한다는 점이다. 다만, 인간의 세계에서 'hogwash'는 '시시한 이야기'가 그 역할을 한다. 사람들은 가족, 친구, 선후배 및 직장 상사 등을 대상으로 서로 행복해지는 데 도움이 된다면서 다양한 형태의 '시시한 이야기

(hogwash)'를 주고받는다. 문제는 도처에 산재해 있는 시시한 이야기들이 결코 우리를 행복하게 만들어 주지는 않는다는 점이다.

세상에는 뭇 사람들이 쉴 새 없이 내놓는 다양한 '인생처방전들'이 존재한다. 그중에는 인생의 지혜가 담긴 귀중한 이야기들도 있을 수 있겠지만, 동시에 세상에 존재하는 많은 처방전들이 '시시한 이야기'일 가능성도 늘 존재한다. 신경과학자 티나 실리그(Tina Seelig)는 시시한 이야기들의 문제와 관련해서 '스스로를 허락하기'라는 솔루션을 제안하였다.[20] 다시 말해, 행복한 삶을 위해서는 늘 의문을 품고 세상을 다른 시각으로 바라보며 끊임없이 실험하고 나아갈 길을 스스로 설계하며 어떤 이유에서든지 한계를 설정하지 않고 그 이상을 시도해도 된다고 스스로를 허락해야 한다는 것이다. 메타인지는 바로 이처럼 '자신의 삶을 끊임없이 모니터링하는 능력'을 말한다.

마음의 빛을 찾기 위한 다섯 가지 질문

하버드대학교 교육대학원 제임스 라이언(James E. Ryan) 학장은 『잠깐만요, 뭐라고요?(Wait, What?)』라는 흥미로운 책을 출간한 바 있다.[21] 이 책은 그의 2016년 하버드대학교 졸업식 축사 내용을 책으로 엮은 것이다. 그는 '인생에서 가장 중요한 질문들'이라는 제목의 축사에서 하버드대학교 졸업생들에게 다음과 같은 질문을 하면서 살아가라고 조언했다.

첫 번째 질문은, "잠깐 기다려 봐, 뭐라고?(Wait, what?)"이다. 이러한 질문은 우리가 어떤 일이든지 착수하기 전에 가장 먼저 던져야 하는 질문이다. 바로 세상의 부조리를 파악할 수 있는 계기를 제공해 주기 때문이다. 동시에 이 질문은 어떤 상황에서든지 우리가 세상의 요구 혹은 문제 상황을 온전하게 이해할 수 있도록 도울 수 있다. 올바른 이해야말로 모든 일의 시작이라고 할 수 있다.

두 번째 질문은, "이건 뭐지?(I wonder…?)"이다. 이 질문의 의미는 세상과 자신의 일에 계속 호기심을 잃지 말고 관심을 가져야 한다는 것이다. 우리는 호기심을 간직하고 있어야 계속 탐구할 수 있고 또 목표를 이루기 위한 노력을 지속해 나갈 수 있다.

세 번째 질문은, "적어도 이렇게 해 볼 수 있는 것 아냐?(Couldn't we at least…?)"이다. 이 질문의 의미는 포기하지 말고 도전해 보라는 것이다. "이렇게 해 보면 어때?" 하는 식으로 질문을 던지는 것은 작지만 의미 있는 성과를 만들어 내는 출발점이 될 수 있다.

네 번째 질문은, "무엇을 도와드릴까요?(How can I help?)"이다. 이 질문의 의미는 나 자신이 상대방을 아끼고 존중한다는 메시지를 전하라는 것이다. 이러한 질문은 당신이 상대방을 도와줄 의도가 충분히 있다는 것을 전달하는 사회적 신호에 해당된다. 이처럼 상대방의 입장에서 생각하는 것이 좋은 관계의 출발점이 된다.

다섯 번째 질문은, "정말 중요한 것이 무엇인가?(What truly matters?)"이다. 이 질문의 의미는 "삶의 지혜는 중요하지 않은 것들을 버리는 데 있다."[22]는 것이다. 우리가 길을 잃지 않기 위해서는 이따금씩 "나는 이 일을 왜 하는가?" 혹은 "이것이 내가 정말로 원하는 삶인가?"를 자신뿐만 아니라, 다른 사람에게도 물어봐야 한다는 것이다.

마지막으로, 보너스 질문은 "그럼에도 불구하고 당신은 삶에서 원하는 것을 얻었는가?(And did you get what you wanted from this life, even so?)"이다. 그에 따르면, 수많은 고난과 역경 속에서도 삶에서 원하는 것을 얻었는지를 물어볼 필요가 있다. 물론 그에 대한 답은 "그렇다."여야 할 것이다. 따라서 우리는 "예."라고 대답할 수 있을 때까지 끊임없이 질문을 해야 한다. 단, 한 가지 명심할 것은 인생의 목표는 사람들로부터 사랑을 받고 또 자신이 받은 사랑을 다른 사람들과 나누는 것이어야 한다는 점이다.

내 마음의 지도

프랑스를 대표하는 문학자이자 에세이(Essais)의 창시자인 몽테뉴(Michael Montanue)는 '나는 무엇을 아는가?(Que Sais Je?)'를 평생 자신의 인생 좌우명으로 삼았다. 그에 따르면, "우리와 우리 자신 사이에는 우리와 타인만큼이나 큰 차이가 존재한다."[23]

평생을 길 위에서 일하고 사색하며 책을 썼던 미국의 사회철학자 에릭 호퍼(Eric Hoffer)는 『인간의 조건』이라는 저서에서 진정한 인간의 모습에 관해 중요한 시사점을 주는 질문을 제기하였다. 그의 질문은 "만약 세상 사람들의 얼굴이 각자의 마음만큼이나 미완성 상태에 있다면, 지금 세상에는 어떤 괴물들이 활보하고 다닐까요?"[24]라는 것이었다. 에릭 호퍼의 말은 인간의 내면세계가 외면과 반드시 일치하는 것은 아니며, 단순히 외모가 좋아 보인다고 해서 반드시 내면세계도 양호한 것은 아니라는 점을 우회적으로 표현한 것이라고 할 수 있다.

프리드리히 니체(Friedrich W. Nietzsche)에 따르면, "자신만큼 자아로부터 동떨어진 것은 없다."[25] 이런 맥락에서 에릭 호퍼는 내면의 세계를 살피지 않는 사람들의 삶의 모습을 다음과 같이 지적했다. "우리는 해야 할 일을 하지 않을 때 가장 바쁘고, 정말 원하는 것을 손에 넣을 수 없을 때 가장 탐욕스러우며, 결코 도달할 수 없을 때 가장 조급하고, 돌이킬 수 없는 악행을 저지를 때 가장 독선적이다."[26]

하버드대학교 의과대학의 교수인 알론소 푸익(Mario A. Puig)은 우리의 마음을 일종의 지도에 비유한 적이 있다. 그에 따르면, "우리의 마음은 읽기 힘든 커다란 지도와 같다. 그 지도 속에는 선명하고 밝은 부분도 있으며 몹시 어두운 그림자도 있다."[27] 특히 그는 이 지도의 한 영역은 많은 글씨가 투명잉크로 작성되어 있어서 촛불을 가까이 비추고서 볼 때만 메시지를 읽을 수 있다고 주장하였다.

다행히도 이 세상에는 마음속 자아를 발견할 수 있는 다양한 곳들이 존재한다. 생텍쥐페리(Saint Exupéry)가 어린 왕자를 만났던 사막, 『모비딕(Moby Dick)』의 작가 허먼 멜빌(Herman Melville)이 포경선의 선원이 되어 누볐던 대양(大洋), 알퐁스 도데(Alphonse

Daudet)가 『별』이라는 작품에서 말한 '고독과 적막 속에서 별이 쏟아지는 밤하늘'이 그 예다. 기본적으로 이러한 세계가 갖는 공통점은 바로 무한성이다. 이런 점에서 인간의 자아는 무한의 세계와 조우하게 될 때, 자각 가능성이 커지는 것으로 보인다.

천재 시인 릴케(Rainer M. Rilke)는 『말테의 수기』라는 작품에서 자아 성찰의 과정을 다음과 같이 기술하였다. "나는 보는 법을 배우고 있다. 왜 그런지 모르겠지만 모든 것이 내 안 깊숙이 들어와서, 여느 때 같으면 끝이었던 곳에 머물지 않고 더 깊은 곳으로 들어간다. 지금까지는 모르고 있었던 내면을 지금 나는 가지고 있다. 이제 모든 것이 그 속으로 들어간다. 거기에서 무슨 일이 일어나는지 나는 모른다."[28]

릴케가 문학적으로 기술한 것처럼, 심리학적인 자기이해를 위해서는 상징적인 의미에서 '자신의 마음을 비추는 거울을 보는 법'을 배울 필요가 있다. 자신의 마음을 비추는 거울을 보는 법을 익힌다는 것은 '우리가 어설픈 형태로 경험하는 생각들을 붙잡아 거기에 명확한 표현을 부여하는 것'[29]에 해당된다.

내면의 무한한 세계에 대한 자각 가능성을 높여 주는 심리학적인 방법 중 하나는 '내 마음의 이름'을 부르는 것이다. 움베르트 에코(Umberto Eco)가 『장미의 이름』[30]에서 "지난날의 장미는 이제 그 이름뿐, 우리에게 남은 것은 그 덧없는 이름뿐."이라고 소개한 것처럼, 때때로 이름은 아무런 의미를 갖지 못할 때도 있다. 실제로 움베르트 에코는 자신의 창작노트에서 '장밋빛 인생' '장미 전쟁' '신비스러운 장미' 등 장미가 너무나도 많은 상징적 의미를 갖고 있기 때문에, 결국에는 아무런 의미도 갖지 못하기 때문에 『장미의 이름』이라는 제목을 선택했다고 밝힌 바 있다.[31]

하지만 시인 김춘수는 「꽃」[32]이라는 작품에서 "내가 그의 이름을 불러 주었을 때 그는 나에게로 와서 꽃이 되었다."라고 노래한 바 있다. 시인 김춘수에 따르면, 어떤 대상에 '빛깔과 향기에 알맞은 이름'을 붙이는 것은 그 존재의 의미를 인식하는 행위에 해당되며, 이러한 심미적 인식 과정을 통해 비로소 대상은 의미 있는 존재로 수용될 수 있다. 시인의 이러한 관점은 마음의 세계를 탐색하는 데도 마찬가지로 적용될 수 있다. 행복한 삶을 위해서는 마음의 빛깔과 향기에 걸맞은 이름을 부를 줄 알아야 한다.

단, 내가 나 자신의 마음에 대해서 부르는 이름이 꼭 하나일 필요는 없다. 왜냐하면, 우리는 자기복합성(self-complexity)을 갖고 있는 존재이기 때문이다.[33] 심리학자 패트리샤 린빌(Patricia Linville)은 개인이 스스로 가지고 있다고 믿는 자신의 다양한 측면에 대한 자기지식을 자기복합성이라고 정의하였다. 패트리샤 린빌에 따르면, 자기복합성 수준이 높은 개인이 부정적인 사건에 대해 견디는 힘이 더 강하며 정신병리에 대해 더 강한 내성을 갖는다.

내 삶을 밝히는 마음의 빛, 플로리시

긍정심리학자 마틴 셀리그먼(Martin Seligman)은 '더 바랄 것이 없는 수준의 풍요로운 삶의 모습'을 플로리시(flourish)라고 불렀다.[34] 그에 따르면, 플로리시는 '정신적인 번영' 상태 또는 정신적으로 '만개(滿開)'한 상태로서 단순히 삶에 만족하는 것 이상의 의미를 내포하고 있다. 그는 플로리시의 구성 요소로 긍정정서(Positive emotion), 몰입(Engagement), 긍정적 관계(Relationships), 삶의 의미(Meaning), 성취(Accomplishment)의 다섯 가지를 제시하였다. 이러한 요인들의 첫 글자를 차용해, 그는 플로리시를 'PERMA'라고 불렀다.

셀리그먼에 따르면, PERMA는 다양한 삶의 문제들을 해결할 수 있는 조건들을 압축해서 표현한 것이다. 우울을 비롯해 삶의 부정적 요소들은 PERMA의 실현을 일부 방해할 수는 있어도 근본적인 걸림돌이 되지는 않는다. 왜냐하면, 우울과 행복 간 상관은 −1.0이 아니라 −0.35 수준에 불과하다. 이것은 우울이 행복에 미치는 영향이 고작 12% 수준에 불과하다는 점을 뜻한다. 이러한 결과는 정신적 웰빙의 문제와 관련해서도 중요한 시사점을 준다. 플로리시한 삶을 살기 위해서는 단순히 우울해하거나 삶에 좌절하지 않는 것만으로는 충분하지 않다는 것이다.

비록 셀리그먼이 플로리시를 PERMA로 정의했다고 해서 그것을 플로리시에 대한 유일한 정의로 간주할 필요는 없다. 심리학자인 펠리샤 후퍼트(Felicia A. Huppert)와 동료들은 플로리시의 구성 요소로 긍정정서(positive emotion), 흥미(interest) 및 목적(purpose)을 제시하였다.[35] 그들은 이러한 개념을 바탕으로 유럽의 23개국 40,000여 명의 플로리시 수준을 평가했다. 그 결과, 플

로리시 집단은 그렇지 않은 사람들보다 대인 관계 및 지역사회에서의 기여도가 더 좋은 경향이 있었으며, 건강하게 장수하는 비율도 더 높았다. 또 유럽 국가들 중 플로리시한 국민들이 가장 많은 나라는 덴마크인 것으로 나타났다. 그 자료에 따르면, 덴마크 국민들의 약 33%가 플로리시로서의 행복감을 경험하는 것으로 나타났다.

2010년에 한국 심리학회에서는 전국에서 1,000명이 참여한 표본조사를 통해 한국인의 행복도와 정신건강을 조사하였다(부록 5).[36] 그 결과에 따르면, 한국인 중 '플로리시로서의 행복'을 경험하는 사람들의 비율은 엄격한 기준을 적용할 경우에는 약 8%, 상대적으로 완화된 기준을 적용할 경우에는 약 17% 수준에 불과한 것으로 나타났다. 이 결과를 유럽 국가들의 플로리시 수준과 비교해 보면, 한국은 덴마크의 절반 수준에 불과한 것으로 나타났다.

비유적으로 표현하자면, '보석 같은 삶'을 사는 데 플로리시는 필수 불가결한 요소라고 할 수 있다. 이런 점에서 플로리시는 '삶을 밝히는 마음의 빛'이라고 할 수 있다.

랍비 조셉 솔로베이치크(Joseph Soloveitchik)는 『고독한 신앙인』이라는 저서에서 창세기에 나오는 인간의 두 본성을 '아담 1'과 '아담 2'로 규정하였다.[37] 아담 1의 삶은 경제학의 논리로 채색되어 있다. 이러한 삶에서는 욕망의 성취와 성공을 목표로 하며 개인의 이익을 추구하고 효용을 극대화하는 것을 선호한다. 현대 자본주의 사회와 잘 어울리는 인간형이라고 할 수 있다. 대조적으로, 아담 2의 삶은 도덕 논리로 채색된다. 이러한 삶에서는 '덕(德)'의 가치를 실현하는 것을 목표로 하며 이들의 좌우명은 사랑과 박애가 된다. 조셉 솔로베이치크의 기준에 따르면, 한국 사회는 아담 1에는 커다란 관심을 쏟으면서 아담 2에는 눈길을 잘 주지 않는 상황으로 보인다. 하지만 기품 있는 삶을 뜻하는 플로리시를 위해서는 아담 2의 세계에 귀를 기울일 필요가 있다. 아담 2의 관점에서 본다면, 삶은 더 나은 인간이 되기 위해 내적 삶을 일구는 과정에 해당된다.

플로리시와 간주관성의 원리

행복 또는 플로리시의 문제를 다루기 위해서는 먼저 삶의 문제가 갖는 특징에 관해 교통정리를 할 필요가 있어 보인다. 이러한 주제에 관한 논의 과정에서는 다음의 두 가지 측면을 고려하는 것이 중요하다.

첫째, 행복 또는 플로리시의 문제를 다루는 것은 인생에서의 정답을 찾는 과정과는 다르다는 점이다. 인생에는 정답이 존재하지 않는다. 그러므로 100%의 정확성과 객관성을 추구하는 학문(예컨대, 과학)은 비록 그 자체로는 지식으로서 유용한 기능을 갖고 있을지라도 인생의 문제를 해결해 주기는 어렵다. 왜냐하면 인생의 문제에서는 어느 집단에 100명이 있을 때 그 100명 모두가 동의할 수 있는 명제는 무의미한 형식논리를 제외하고는 거의 존재하지 않기 때문이다. 순수하게 통계적인 추론을 한다면, 그 100명 안에는 정신과 치료가 필요한 사람이 5명 정도 존재할 가능성이 있으며 또 그 안에는 현실 검증력상의 문제를 지닌 환자도 존재할 가능성이 있다. 따라서 인생의 문제를 다루기 위해서는 100%의 정확성과 객관성을 강조하는 것 이외의 또 다른 기준이 필요하다.

이러한 상황에서 추가로 고려할 수 있는 기준이 바로 '간주간성(inter-subjectivity)의 원리'이다. 간주관성은 주관적이지 않은 동시에 객관적이지도 않은 속성을 말한다. 100명이 있을 때, 100명 모두는 아닐지라도 그 대부분의 사람들이 동의(적어도 과반수가 동의)할 수 있는 명제를 유의미한 것으로 간주하는 것을 말한다. 비록 이러한 기준을 통해 객관적인 진리에 도달할 수는 없을지라도, 이것은 민주사회의 구성 원리인 동시에 적어도 인간적으로 의미 있는 기준이 될 수는 있을 것으로 보인다.

둘째, 인물 사례를 활용하는 목적이 심리학적인 개념 이해를 위한 예시인지 아니면 일종의 롤 모델(role model)의 맥락에서 소개하는 것인지를 신중하게 고려할 필요가 있다는 점이다. 하버드대학교의 성인발달 연구 책임자였던 조지 베일런트(George E. Vaillant)에 따르면, 우리는 10억 명 중에 한 명 있을까 말까 한 사례인 도스토예프스키 같은 사례를 롤 모델로 삼는 것을 경계할 필요가 있다. 도스토예프스키 같은 천재가 할 수 있다고 해서 다른 사람들도 가능하다고 보기는 현실적으로 어렵다. 만약 도스토예프스키 같은 천재도 할 수 없는 일이라면, 일반인에게 기대하는 것은 더더욱 비현실적인 일이 될 것이다. 하지만 이론적 설명을 위한 예

시 목적이라면 도스토예프스키 같은 인물을 전형적인 사례로 소개하는 것은 효과적인 예시가 될 수 있다.[38]

서칭 포 슈가맨: 모든 것은 빛난다

2013년 85회 아카데미상 시상식에서는 〈서칭 포 슈가맨(Searching for Sugar Man)〉이라는 논픽션 영화가 장편 다큐멘터리상을 수상했다.[39] 이 영화는 로드리게즈(Sixto D. Rodriguez)라는 가수의 드라마틱한 삶을 보여 준다. 〈서칭 포 슈가맨〉이라는 영화는 남아프리카공화국 국민들 사이에서 공연 중 권총으로 자살했다고 잘못 알려졌던 전설의 가수가 오랜 시간이 지나 남아프리카공화국에서 라이브 콘서트를 하게 되는, 말 그대로 소설 같은 인생 이야기를 관객들에게 들려준다. 여기서 슈가맨은 로드리게즈의 별칭이다.

로드리게즈는 미국에서 1970년과 1971년에 두 장의 앨범을 발매하였다. 하지만 그의 공식적인 음반 판매량은 고작 6장에 불과했다. 결국 음반 회사는 그를 버렸고 그는 아무도 알아주지 않는 비운의 가수로 남게 되었다. 그 후 그는 가수의 길을 접고서 공사장에서 철거 노동자로 생계를 꾸려 나가는 고단한 삶을 살아야 했다.

하지만 그는 지구 반대편인 남아프리카공화국에서 자신도 모르는 사이에 전설적인 가수가 되어 있었다. 남아프리카공화국에서 그는 '엘비스 프레슬리'나 '비틀스'만큼이나 유명한 스타 가수로 추앙받았다. 반체제적인 성향의 그의 음악은 아파르트헤이트(Apartheid), 즉 인종차별정책에 의해 억압받던 남아프리카공화국 국민들에게 커다란 감동을 주었던 것으로 보인다.

『넛지(Nudge)』의 저자인 캐스 선스타인(Cass R. Sunstein)은 슈가맨의 남아프리카공화국에서의 성공과 미국에서의 실패가 단지 우연의 산물에 불과하다고 주장하였다.[40] 그는 사람들이 로드리게즈와 같은 드라마틱한 삶에 대해서 암묵적으로 필연적인 특성을 부여하는 경향이 있다고 지적하였다. 그에 따르면, 사람들은 성공과 실패에 대한 사후적인 설명을 만들어 내는 경향이 있다. 그는 이러한 현상을 '불가피성 착각(inevitability illusion)'이라고 명명하였다. 마찬가지 맥락에서 그는 「모나리자(Mona Lisa)」가 세계에서 가장 유명한 그림이 된 것 역시 1911년에 발생한 도난 사건을 비롯해 몇 가지 우연한 사건들이 결합된 결과라고 주장하였다.

캐스 선스타인의 주장대로, 로드리게즈의 삶이 성공과 실패의 양면을 나타내고 또 모나리자 작품이 세상에서 가장 유명한 그림이 된 데는 우연한 사건이 중요한 역할을 했을 수 있다. 하지만 그렇다고 해서 로드리게즈의 음악적 재능과 모나리자 작품의 예술성마저 우연의 산물에 불과한 것이 되는 것은 아니다. 특히 캐스 선스타인의 분석이 제아무리 냉철할지라도, 로드리게즈의 삶이 사람들에게 선사해 주는 뜨거운 감동을 식히지는 못할 것이다.

세상은 유사 이래로 항상 로드리게즈와 같은 수많은 슈가맨들로 가득 들어차 있었다. 철학자 휴버트 드레이퍼스(Hubert L. Dreyfus)와 숀 켈리(Sean D. Kelly)는 왜 우리가 슈가맨 같은 사람들

의 삶에서 특별한 경외감을 느끼게 되는지에 관해 다음과 같이 소개하였다.[41]

옛날 깊은 산속 어느 나이 든 현자의 문하에 오랫동안 스승으로부터 가르침을 받아 온 두 제자가 있었다. 어느 날 현자가 제자들을 부른 뒤 다음과 같이 말했다. "사랑하는 제자들아, 이제 너희들은 세상에 나갈 때가 된 것 같구나. 만약 너희들이 세상의 모든 것들이 빛을 낼 수 있다는 사실을 깨닫게 된다면, 너희들의 인생은 멋진 것이 될 게다." 그 이야기를 들은 두 제자는 스승과 작별해야 하는 아쉬움과 새 출발에 대한 기대감이 교차하는 상태에서 하산을 했다.

오랜 여행을 마친 후 두 사람은 다시 만났다. 그들은 오랜만의 재회를 크게 기뻐하면서 그동안 각자가 체험했던 일들을 얘기하기 시작했다. 먼저 한 제자가 슬픈 목소리로 다음과 같이 말했다. "나는 세상에서 빛나는 것들을 정말 많이 봤어. 하지만 내 삶은 여전히 행복한 것 같지 같아. 왜냐하면, 나는 여행을 하면서 슬프고 실망스러운 것들도 정말 많이 봤기 때문이야. 나는 스승님의 말씀을 도무지 이해하지 못하겠어. 솔직히 말해서 세상의 모든 것들이 빛나는 것 같지는 않아."

이 말을 들은 또 다른 제자는 미소를 지으면서 다음과 같이 말했다. "모든 것이 늘 빛을 내는 것은 아닌 것 같아. 다만, 모든 것이 언젠가 꼭 한 번은 빛을 낼 수 있는 것 같아."

삶의 문제와 구도자 앨버릭

수학자이자 철학자인 블레즈 파스칼(Blaise Pascal)은 다음과 같은 사고 실험을 제안한 바 있다. "사형수 여러 명이 사슬에 묶여 있다고 상상해 보라. 매일 몇 명이 다른 사형수들의 눈앞에서 처형된다. 남은 자들은 그 광경에서 자신의 운명을 보면서 슬픔과 절망이 밴 눈길로 차례를 기다리며 서로를 바라본다. 이것이 인간의 처지를 말해 주는 이미지라고 할 수 있다."[42]

이러한 사고 실험이 잘 보여 주는 것처럼, 인생의 문제는 그리 만만하게 볼 만한 것이 아니다. 인생에는 언제나 신체적 고통, 질병, 범죄, 전쟁, 불안, 증오 그리고 죽음에 이르는 등 다양한 삶의 난제들이 줄지어 기다리고 있다. 따라서 우리가 삶 속에서 의미를 발견하고 또 자신의 삶에 만족하는 것은 결코 쉬운 일이 될 수 없다.

하지만 몽테뉴가 일찍이 말했듯이, "인간은 자기 자신의 세기에 사는 것이다. 그러고 싶지 않아서 우리가 더 나은 시대에 살지 못함을 안타깝게 여길 수는 있어도 현재에서 벗어나 도망칠 수는 없다."[43] 이러한 삶의 조건하에서 노턴 저스터(Norton Juster)의 동화 『우리 마을에 수상한 여행자가 왔다』에 나오는 현자 앨버릭(Alberic)의 이야기는 삶의 일차적 동기가 무엇인지를 잘 보여 준다.[44]

시골 마을에 살던 순진한 청년 앨버릭은 농사에 관한 기술 말고는 세상에 관해서 아는 것이 거의 없었다. 앨버릭의 삶에서는 하루

하루가 그저 농사일로만 채워졌기 때문에 그의 삶에 대해서는 행복하다고도 말할 수 없었고 또 불행하다고도 말할 수 없었다.

오늘이 어제 같고 또 내일이 오늘 같은 나날을 반복하던 어느 날 앨버릭은 우연히 나그네를 만나 대화를 나누게 되었다. 초라하게 다 해어진 옷을 입고 있었던 노인 나그네는 앨버릭에게 청산유수처럼 자신의 여행담을 털어놓았다. 노인은 아는 것도 많았고 하고 싶어 하는 이야기도 많았기 때문에 한나절 동안이나 쉬지 않고 앨버릭에게 얘기했다. 노인을 만난 후부터 앨버릭은 바깥 세상일들에 대한 동경심 때문에 심한 가슴앓이를 해야 했다.

앨버릭은 노인이 자신에게 들려준 말을 반복해서 되뇌었다. “저 바깥세상의 모든 것들이 나를 기다리고 있어…….” 마침내 굳은 결심을 한 앨버릭은 간단히 짐을 챙긴 후 새벽안개를 뚫고 지혜를 찾아 여행을 떠났다.

오랜 여정 속에서 앨버릭은 아름다움을 통달하기 위해 유리공예를 배우기도 하고, 실용성을 배우기 위해 석공이 되기도 하며, 또 혁신성을 터득하기 위해 금 세공 일에 도전해 보기도 하였다. 앨버릭은 방랑 속에서 다양한 공예 일과 학문에 도전장을 내밀었지만 매번 실패만을 거듭했다.

어느덧 세월이 흘러 외롭고 지친 몸을 힘들게 이끌면서 떠돌이 생활을 하던 앨버릭은 백발의 노인이 되었다. 시도했던 모든 일에서 실패했던 앨버릭은 자포자기 상태에서 지혜를 찾는 일을 포기할 수밖에 없겠다는 생각이 들었다. 이때 앨버릭 주변으로 아이들이 몰려들었다. 아이들은 낯선 나그네 노인에게 앞을 다투어 바깥

세상일들에 관한 질문을 던졌다. 홍수처럼 밀려드는 아이들의 질문을 마주 대하게 되자, 앨버릭의 머릿속 한 귀퉁이에서는 그동안 어지럽게 방치되어 있던 그의 경험 보따리가 펼쳐지기 시작했다.

앨버릭은 아이들에게 오직 실제로 바깥세상을 경험한 사람만이 들려줄 수 있는 다양한 이야기들을 들려주었다. 일단 말문이 열리고 나자 그의 입에서는 경험담이 청산유수처럼 흘러나왔다. 그 후로 앨버릭의 명성은 점차 커져 갔고, 마침내 그 나라에서 현자 앨버릭으로 불리게 되었다. 처음에 앨버릭은 자신이 현자로 추앙받는 것을 즐겼으나 곧이어 의문이 생겼다. "어떻게 세상 모든 일에 실패했던 사람이 하루아침에 현자로 둔갑하게 되었을까?" 고민을 거듭한 끝에 앨버릭은 마침내 다음과 같은 깨달음을 얻었다. "어떤 사람을 지혜로운 사람이라고 부른다고 해서 그 사람이 지혜로워지는 것은 아니다… 사람들은 자신이 지혜롭다고 믿는 사람이 한 말은 좀처럼 의심하지 않는다. 따라서 사람들이 지혜롭다고 떠받드는 사람을 각별히 경계해야 한다."

앨버릭은 스스로 자문을 해 보았다. "나는 지혜롭지 않아. 나는 스스로 내가 어떤 사람인지도 아직 깨닫지 못하고 있어. 나는 유리공도 아니고 석공도 아니며 금 세공사도 아니야. 또 나는 현자도 아니고 어리석은 사람도 아니며 성공한 인생을 살지도 또 실패한 인생을 살지도 않았어. 그 누구도 내가 누구인지 알려 줄 수는 없어. 내가 누구인지를 말할 수 있는 사람은 오직 나뿐이야."

이러한 고민을 계속 하다가 문득 앨버릭은 '거울 속 자신의 모습'을 바라보게 되었다. 거울 속에는 누더기 옷을 입은 구도자의 모습이 들어 있었다. 그 순간 마침내 앨버릭은 자신이 누구인지를 깨닫게 되었다. "분명한 것은 이미 알고 있는 것을 지키려 애쓰는 것보다 아직 모르는 것을 새롭게 발견하는 일이 더 가치 있다는 점이야." 그 순간부터 앨버릭은 사람들이 자신을 뭐라고 부르든지 조금도 개의치 않게 되었다. 오로지 그의 머릿속은 앞으로 그가 마주하게 될 새로운 세상과 자신이 해야 할 일들 그리고 자신이 여행을 계속할 것이라는 믿음만으로 가득 들어차게 되었다. 앨버릭은 밤하늘을 길동무 삼아, 자유로운 느낌이 선사해 주는 기쁨 속에서 새로운 여행을 떠났다.

현자 앨버릭(Alberic)의 이야기는 삶의 일차적 동기가 바로 삶의 의미를 추구하는 데 있음을 잘 보여 준다. 오래 전에 영국의 시인 알프레드 테니슨(Alfred Tennyson)이 「율리시스(Ulysses)」에서 노래했던 것처럼, 우리는 항구에서가 아니라 여행에서 즐거움과 의미를 발견할 수 있다.[45] 인생의 구도자 카잔차키스(Nikos Kazantzakis)의 노래는 삶의 의미를 찾는 여행 과정에서 요구되는 멋진 용기를 잘 보여 준다.[46]

> 키를 바람 쪽으로 돌리고, 무슨 일이 닥쳐도 근심을 마라,
> 뜻대로 되거나 안 되거나 걱정할 게 무엇이냐!
> 할 일이 눈앞에 있으니, 키를 잡고 두려워 마라,
> 뜻을 위해 젊음을 바치고, 눈물은 절대로 흘리지 마라.
> 나는 번갯불의 아들, 천둥의 손자,
> 마음대로 벼락 치고 천둥 치고, 마음대로 우박을 흩뿌린다.

끝으로, 찰스 디킨스(Charles Dickens)의 『크리스마스 캐럴』에는 다음과 같은 구절이 나온다. “인간의 삶에는 저마다 독특한 결말이 기다리고 있다. 그 예정된 길을 그대로 따라가다 보면, 반드시 그 결말에 도달하게 될 것이다. 그러나 그 길에서 이탈하면, 인생의 결말도 바뀌게 될 것이다.”[47]

II
플로리시와 정신건강교양

어둠으로 어둠을 몰아낼 수는 없습니다. 오직 빛으로만 할 수 있습니다.

–마틴 루터 킹 Jr.(Martin Luther King, Jr.)–[48]

알지만 말하기는 어려운 행복

우리나라의 어느 대기업에서 실제로 있었던 일화이다. 그 회사에서는 행복전도사로 유명세를 떨치고 있는 숀 아처(Shawn Achor)를 초청해서 회사의 임원들을 위한 행복 강의를 진행하였다.[49] 이때 숀 아처는 임원들을 향해 "행복에 관한 강의를 진행하기에 앞서 행복이 무엇인지에 관해 서로 얘기해 봤으면 합니다. 여러분, 행복이 무엇이라고 생각합니까?"라고 질문을 하였다.

그러자 그 질문을 들은 임원들은 크게 당황하는 표정을 지었다. 그 후 임원 중 하나는 의아하다는 표정으로 숀 아처에게 "혹시 정말 행복이 무엇인지 몰라서 질문을 하는 건가요?"라고 반문했다. 그 후 그 임원은 행복의 정의를 확인하기 위해 구글에서 검색을 해보자는 제안을 하기도 했다.

하지만 애석하게도 행복의 정의 문제만큼은 구글조차도 쉽게 해답을 내놓을 수가 없다. 왜냐하면 사람들이 일상적으로 사용하는 행복이라는 단어에는 너무나도 다양한 의미가 담겨 있기 때문이다.

일반적으로 심리학에서 행복이란 '긍정적인 감정 상태로서 삶의 의미와 목적을 추구하는 과정에서 얻게 되는 기쁨'을 뜻하는 것으로 정의된다. 하지만 이러한 정의를 보고서 행복이 단순히 기쁨을 뜻하는 것이라고 오해해서는 안 된다. 행복은 단순히 기쁨의 한 종류에 해당되는 것이 아니라, 기쁘거나 즐거운 감정 그 이상의 의미를 내포하고 있다.

인간의 삶에서는 기쁨 또는 즐거움이라는 감정보다는 행복이라는 감정이 더 상위의 개념이다. 가령 우리가 A를 B보다 더 중요하다고 평가하기 위해서는 왜, 도대체, 무엇 때문에 A가 B보다 더 중요한지에 관해 말할 수 있어야 한다. 사실 행복이 기쁨보다 더 중요한 것으로 평가받는 이유는 행복 그 자체가 중요해서라기보다, 행복이 다른 모든 것의 가치를 결정하는 기준 역할을 하기 때문이다. 사람들이 무언가가 좋다고 말하거나 그것이 중요하다고 평가할 때, 그것이 왜 좋은 건지 혹은 그것이 무엇 때문에 중요한 것인지에 관해 대답하려면, 그러한 답변은 오직 한 가지 형태로만 존재할 수 있다. 그것은 다름 아니라 우리가 행복해지는 데 좋다는 것이다.

행복에 관한 편견

사람들은 행복 및 불행에 관해 다양한 편견을 갖고 있다.[50] 첫째, 행복이 이기적이라는 시각이 존재한다. 어떤 이는 개인이 행복을 추구하는 것이 이기적인 것일 수 있다고 지적하기도 한다. 만약 누군가 다른 사람들을 배려하지 않고 자기 마음대로 행동하려 한다면 이것은 이기적인 행동에 해당될 것이다. 하지만 이런 형태의 행동은 우리에게 진정한 행복감을 선사해 주지 않는다. 왜냐하면 행복은 자신과 다른 사람들의 이익을 동시에 충족시키는 호혜성의 조건하에서만 경험할 수 있는 감정이기 때문이다. 따라서 행복이 이기적이라는 시각은 편견이라고 할 수 있다.

둘째, 불행이 창의성을 낳는다는 믿음이다. 혹자는 불행한 사람들이 더 창의적인 작품을 남기게 된다는 주장을 하기도 한다. 그러한 주장에 따르면, 영혼이 지옥 같은 체험을 거쳐야만 위대한 작품이 탄생할 수 있다. 하지만 하버드대학교의 성인발달 연구와 같은 심리학 연구는, 창조적 작품은 불행감 속에서 탄생하는 것이 아니라 불행감을 행복감으로 전환할 경우에만 나타날 수 있음을 보여준다.[51] 셋째, 행복한 사람은 지적으로 영민하지 않다는 믿음도 존재한다. 어떤 사람들은 행복과 우둔함이 서로 연결되어 있다는 고정관념을 갖기도 한다. 엘리노어 포터(Eleanor H. Porter)의 작품 속에 등장하는 낙천주의자인 폴리아나(Pollyanna)가 그 대표적인 예이다.[52]

가난한 목사의 딸인 폴리아나는 양친을 잃고 숙모 집에 가서 생활하게 되는데, 극단적으로 순진한 소녀의 행동은 오랜 독신 생활로 얼어붙어 있던 숙모의 마음을 녹여 마침내 집안에 온기를 되찾게 해 준다. 또 유사한 방식으로 폴리아나는 마을의 분위기도 화기애애한 것으로 바꿔 놓는다. 포터의 작품이 사람들에게 소개된 이후로 폴리아나는 낙천주의자의 대명사가 되었다.

일반적으로 나이에 비해 지나칠 정도로 순진한 형태의 낙천적 태도를 갖는 사람을 우리는 폴리아나라고 부른다. 폴리아나식의 낙천주의에서는 추한 것도 아름다운 것이 되고 잘못된 것도 올바른 것으로 받아들여지게 된다. 이런 식의 낙천주의가 대중들의 인기를 끌게 된 이후로, 지혜로운 사람은 결코 행복해질 수 없다는 믿음마저 나타나게 되었다.

하지만 심리학 연구 결과는 이러한 믿음과 정반대의 결과를 내놓고 있다.[53] 불행한 사람들보다 행복한 사람들이 지적으로 더 창조적이고 지혜로운 판단을 내린다. 또 행복한 사람들은 그렇지 않은 사람들보다 현실에서 파생되는 다양한 문제들에 대해 보다 더 효율적으로 대처할 수 있다. 행복한 사람들은 불행한 사람들보다

좌절을 효과적으로 더 잘 극복하고 위기 상황을 더 잘 타개해 내며 현실적인 대안도 더 잘 찾아낸다.

행복을 측정하기

행복을 연구하기 위해서는 그것을 타당하게 측정할 수 있어야 한다. 하지만 한 개인의 행복을 측정하고 그러한 측정치의 신뢰도와 타당도를 검증하는 것은 매우 어렵다. 왜냐하면 사람들은 자기 내면의 상태를 잘 모를 뿐만 아니라, 어제 혹은 얼마 전의 경험에 대해서도 잘 기억하지 못하기 때문이다. 설사 개인이 과거의 경험을 잘 기억하고 있다 하더라도 그것이 실제와 얼마나 일치하는지를 확인하기는 대단히 어렵다.

하지만 이러한 점들이 우리가 행복을 측정하는 것이 불가능하다는 점을 뜻하지는 않는다. 다음의 세 가지 조건이 유용하다는 점을 인정받을 수만 있다면 행복을 신뢰롭게 측정하는 것이 가능할 수 있다.

첫째, 자기보고식 검사를 사용하는 것이다. 이것은 행복 연구에서 가장 많이 사용되는 측정 방법 중 하나다. 하지만 이처럼 사람들이 스스로 얼마만큼 행복하다고 믿는지를 직접 질문함으로써 얻게 되는 행복측정치(happyometer)로는 오차 없이 사람의 행복 수준을 평가하기가 어렵다.

하지만 과학적인 실험에서 사용되는 온도계나 기압계 그리고 속도측정기 등도 완벽한 도구가 아닌 것은 마찬가지다. 어떤 측정기도 오차는 존재하기 마련이기 때문이다. 따라서 측정도구에서 중요한 점은 오차 범위 내에서 측정값이 얼마나 유용하게 활용될 수 있는가 하는 것이다. 아마도 직접 가구 수리를 해 본 사람이라면 누구나 쉽게 다음과 같은 사실에 동의할 것이다. 완벽하지 못한 도구를 사용할 경우, 가구 수리 작업은 매우 골치 아픈 일이 될 것이다. 하지만 제아무리 결함이 있는 공구를 사용한다 할지라도 맨손으로 작업할 때보다는 공구를 사용하는 것이 훨씬 더 낫다는 점이다.

둘째, 행복을 측정하는 데 비록 유일하게 중요한 요소는 아닐지라도 핵심적인 요소 중 하나는 바로 개인이 자신의 상태에 대해서 어떻게 지각하는가 하는 점이다. 행복을 측정하는 데는 여러 가지 방법이 있을 수 있다. 어떤 점에서는 최첨단 기술로 무장한 과학적 도구를 사용해 행복도를 측정하는 것이 더 정확한 정보를 주는 것처럼 보일 수 있다.

예를 들면, 우리는 긍정정서를 경험할 때 활발하게 활동하는 좌우 전전두엽 피질에서의 뇌 변화 양상을 관찰하기 위해 fMRI와 같은 자기공명영상장치를 이용할 수도 있다. 하지만 이러한 도구를 유용하게 활용하기 위해서는 특정 뇌영상 정보가 행복과 관계된 자기보고식 검사 결과와 높은 상관을 보인다는 점을 먼저 확인할 필요가 있다. 왜냐하면 fMRI와 같은 과학적인 도구가 행복의 측정도구로 받아들여진 이유는 바로 fMRI가 포착한 특정 뇌 활동 상태에서 사람들이 스스로 행복한 상태에 있다고 보고하기 때문이다.

당사자가 행복에 관해 직접 보고한 내용은 사실상 다른 과학적 지표들에 대한 기준점 역할을 한다고 할 수 있다. 이런 점에서 비록 자기보고식 검사를 통해 우리가 내면의 세계에 대해서 완전하게 이해할 수 있는 것은 아닐지라도, 자기보고가 행복도를 평가하는 과정에서 핵심적인 역할을 하는 점은 분명하다고 할 수 있다.

마지막으로, 행복에 관한 측정치가 불완전할 경우에도 그러한 약점을 어느 정도 보완할 수 있는 방법이 존재한다는 점이다.[54] 예를 들면, 안경 렌즈에 작은 흠집이 생길 경우, 그 안경을 쓴 사람이 어떤 대상을 보든지 간에 긁힌 자국이 끼어들기 마련이다. 그렇다면 개인이 질문지식 검사를 통해 자신의 행복도에 관해 보고할 때, 그러한 평가 결과가 부정확한 문제는 어떻게 보정할 수 있을까? 가장 대표적인 해결책은 통계적인 방법을 활용하는 것이다.

예를 들어, 두 사람이 저녁식사 때마다 동전을 던져서 앞면이 나온 사람이 음식값을 계산하기로 했다고 가정해 보자. 만약 10번 게임을 해서 한 명이 그중에서 7번을 이겼다면 이것은 확률상 어느 정도 일어날 수 있는 일이라고 할 수 있다. 이 경우 내기에서 이긴 사람은 운이 좋다고 평가할 수 있을 것이다. 하지만 같은 상황에서 게임을 100번 했을 때 한 사람이 무려 70번씩이나 승리했다면 이것은 통계적인 관점에서 본다면 대단히 예외적인 사건에 해당된다. 이러한 사건은 확률적으로 일어날 가능성이 사실상 0%에 가까운 사건에 해당된다.

마찬가지 맥락에서 일반 성인 1,000명의 자료를 기준으로 했을 때 총점이 10점인 자기보고식 행복도 검사에서 일반인의 평균점수가 7점이고 표준편차가 1점이라고 가정해 보자. 이 검사에서 A라는 사람이 9점을 나타내고 B라는 사람이 5점을 나타내는 경우, 확률적으로 A가 B보다 더 행복한 상태에 있다고 주장하는 것은 합리적일 수 있다. 그러한 주장이 비록 완벽한 것은 아니더라도 과학적으로 충분히 타당하다고 평가할 수 있다.

물론 행복도 검사에서 9점을 받은 사람이 실제로는 정신과에서 치료를 받는 조현병 환자일 가능성을 완전히 배제하기는 어려울 수 있다. 하지만 행복도 검사가 심리학적으로 타당화된다면, 이러한 사건은 확률적으로 일어날 가능성이 매우 낮은 사건으로 평가될 것이다. 다음 [그림 1]에서 당신의 삶 전반에 대해 당신이 느끼는 것과 가장 가까운 표정은 어느 것인가? 자신과 가장 가깝다고 생각되는 숫자에 표시해 보기 바란다.

[그림 1] 주관적 행복도 검사

주관적인 안녕감, 즉 개인적으로 지각한 행복도를 45개국 100만 명 이상의 사람들을 대상으로 조사한 결과, 총점 10점 중에서 평균 6.75점을 나타냈다.[55] 많은 심리학 연구들은 이러한 방식으로 조사한 행복도 검사가 충분히 신뢰할 만한 결과를 산출한다는 점을 보여 준다. 먼저, 한 사람의 성격 특성으로서의 행복도는 검사 후 30년이 지난 시점까지도 안정적이라는 점이 밝혀졌다. 또 개인이 스스로 보고한 삶의 만족도는 배우자, 가족, 친구 및 동료들이 평가한 결과와도 일치하는 것으로 나타났다.

앞서 소개한 주관적 안녕감 척도의 결과를 해석하는 기준은 다음과 같다. 일반적으로 주관적인 안녕감 척도에서 높은 점수를 받는 사람들은 자신의 삶을 긍정적인 방향으로 생각하고 자신의 능력과 미래에 대해서 높은 수준의 자신감을 나타낸다. 대조적으로 주관적인 안녕감 척도에서 낮은 점수를 받는 사람들은 자신의 삶을 부정적인 방향으로 생각하고 자신의 심리적인 문제에 속박된 형태의 삶을 살아간다.

하지만 이러한 자기보고식 검사 결과가 어느 정도 의미 있는 정

〈표 1〉 주관적 안녕감 척도의 해석 기준

점수 범위	점수의 의미
3점 이하	스트레스를 심각하게 받고 있는 상태
4점 또는 5점	다소 낮은 수준의 행복도
6점 또는 7점	평균 범위의 행복도
8점	다소 높은 수준의 행복도
9점 이상	대단히 높은 수준의 행복도

보를 제공해 주는 것이 사실일지라도, 분명히 약점도 존재한다. 그 대표적인 예가 바로 긍정 편향의 문제이다.[56] 많은 사람들은 자기보고식 검사에서 자기 자신을 실제 모습보다 더 좋은 쪽으로 평가하려는 경향이 있다. 따라서 개인의 행복도를 평가할 때는 단순히 자기보고식 검사에만 의존하기보다는 다양한 정보들을 종합적으로 활용할 필요가 있다.

행복한 삶의 네 가지 조건

노벨경제학상 수상자인 카네만(Kahneman)과 디턴(Deaton)[57]은 행복과 소득 간의 관계를 규명하는 작업을 하면서 행복한 삶의 조건에 관한 중요한 통찰을 제공해 주는 논문을 발표하였다. 그들은 미국 전역에 걸쳐 무선적으로 표집된 1,000명의 주민들과 전화 인터뷰를 진행하였다. 그 결과가 [그림 2]에 제시되어 있다.

연구 결과에 따르면, 행복한 삶과 소득의 관계는 행복을 어떻게 정의 내리는가에 따라 달라진다. 만약 소득을 '삶에 대한 주관적인 만족도'로 정의 내리게 되면, 행복은 [그림 2]에 제시된 것처럼 소득에 정비례한다고 주장할 수 있다. 반면에 행복을 긍정정서를 경험하고 삶의 문제들 때문에 우울해하거나 좌절하지 않으며 스트레스로부터 자유로운 삶을 사는 것이라고 정의 내리게 되면, 소득이 일정 수준까지는 행복감을 높이는 데 기여할지라도, 한계효용의 문제를 나타내게 된다. 다시 말해, 아무리 소득이 올라가더라도 더 이상 행복감이 증가하지 않게 된다는 것이다.

이때, 소득이 영향을 미치는 범위는 행복의 각 요소들마다 차이가 있었다. 긍정정서와 우울은 약 75,000불 수준, 그리고 스트레스 문제는 약 60,000불 수준까지 소득이 영향을 주는 것으로 나타났다.

한편, 소득은 저소득층의 정서적인 고통을 가중시키기도 하는 것으로 나타났다. 소득 분위상에서의 하위 10% 저소득층(월 가계소득 115만 원 미만)은 하위 25% 이상의 소득층(월 가계소득 345만 원 이상)에 비해 이혼, 홀로되는 것, 신체적 질병, 역경 등에 의한 정서적 고통을 더 심하게 경험하는 것으로 나타났다.

카네만과 디턴의 연구 결과는 행복을 단순히 삶에 대한 주관적인 만족도로 평가할 때의 문제점을 잘 보여 준다. 스스로 자신의 삶에 대해 만족한다고 해서, 즐겁게 생활하고 역경에 좌절하지 않

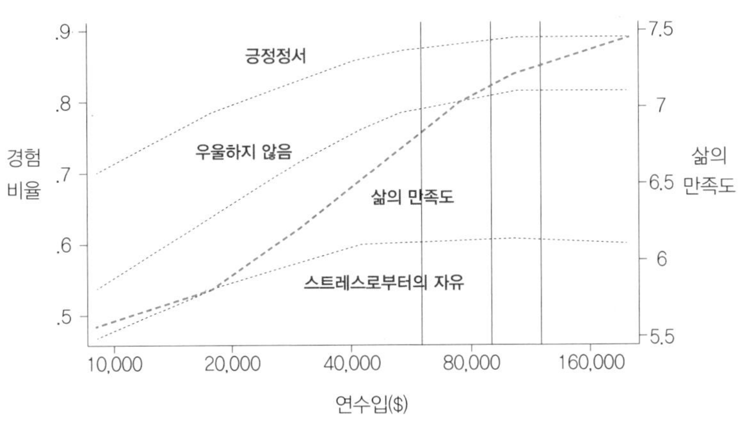

[그림 2] 행복한 삶과 소득 간 관계

으며 스트레스로부터 자유로워지는 것이 보장되지는 않기 때문이다. 이런 점에서 카네만과 디턴의 연구는 행복한 삶의 조건이 무엇인지를 잘 보여 준다고 평가할 수 있다. 그것은 바로 긍정정서, 역경에 대한 회복탄력성, 삶에 대한 만족도, 스트레스에 대한 효과적 대처다.

만족스러운 삶과 행복한 삶의 차이

만족스러운 삶과 행복한 삶의 미묘한 차이에 관해서는 이론적인 설명에 더해 사례를 통해 살펴보는 것이 효과적일 것으로 보인다. 예전에 한 방송 프로그램에서 자기최면의 대가 이야기가 소개된 적이 있었다. 외견상 평범해 보이는 이 중년 여성은 자기최면을 통해 스스로 괜찮다는 '자기암시'를 걸기만 하면 그 어떤 물리적인 고통 속에서도 자신은 아픔을 전혀 느끼지 못한다고 주장하면서 방송 중에 실제로 그 모습을 재현해서 보여 주기도 했다.

방송에서 이 여성은 자신에게 그 어떤 삶의 고난이 닥쳐도 스스로 자기최면을 걸기만 하면 마치 모든 문제가 해결될 수 있기라도 한다는 듯이 행동하였다. 이처럼 방송에서 주인공은 마치 행복도 검사에서 100점 만점을 기록하는 사람의 표본 같은 인상을 주었다. 만약 행복도를 주관적인 삶의 만족도로만 평가한다면, 이 가정주부는 단연코 행복한 사람으로 평가받게 될 것이다.

하지만 카너먼과 디턴의 연구 결과를 고려하면, 이 가정주부의 삶에 대해서는 다른 평가가 내려질 수 있다. 이런 점에서 긍정정서, 역경에 대한 회복탄력성, 삶에 대한 만족도, 스트레스에 대한 효과적 대처를 기준으로 주인공의 삶을 재조명해 보자.

먼저 긍정정서와 삶에 대한 만족도의 측면에서 보면, 이 주인공의 삶은 행복한 삶의 조건 중 두 가지를 충족한다고 할 수 있다. 방송이 진행되는 내내 그 가정주부는 시종일관 밝고 명랑한 모습을 보였으며 자신의 삶에 크게 만족하는 모습을 보였다.

하지만 스트레스에 효과적으로 대처하는 측면과 역경에 좌절하지 않는 문제의 경우에는 보다 신중한 접근이 필요해 보인다. 외견상 이 두 가지 행복의 조건에 대해서도 그 가정주부의 말만 들어보면 해당 조건들을 모두 잘 충족하고 있는 것 같은 인상을 받을 수 있다. 그러나 정확한 평가를 위해서는 당사자의 말과 더불어 그 사람이 처한 현실에 대한 정보도 중요하게 고려할 필요가 있다.

그 중년 여성에게는 장성한 아들이 있었는데 그 아들은 '지적 장애'의 문제를 지니고 있었다. 처음에 그 주부는 '크면 나아지겠지, 나아지겠지….' 하는 마음으로 버텼다. 하지만 시간이 흘러 이미 성인이 된 나이에도 여전히 어린애처럼 행동하는 아들을 바라보며 어느 순간부터는 더 이상 '크면 나아지겠지….' 하는 막연한 기대감을 가지고 버티는 것이 불가능해졌다. 그때부터 이 중년 여성은 자기최면을 통해 '내 아이가 지적 장애라도 나는 괜찮아, 나는 괜찮아….'라는 자기암시를 걸면서 생활하게 되었다.

이렇게 자기암시를 통해 스트레스에 대처를 할 경우, 외견상 마치 문제가 해결된 듯한 인상을 주기도 한다. 하지만 이러한 식의 대처는 비가 개인 다음에 이제 비가 새는 지붕이 더 이상 문제되지 않는다고 말하는 것이나 다를 바 없다. 사실상 해결된 것이 없기 때문이다.

또 역경 때문에 좌절하거나 우울에 빠지지 않는 문제의 경우에도 외견상 이 가정주부는 전혀 좌절하지 않은 것 같은 인상을 준다. 하지만 실상 그 주인공은 마치 우울하지 않은 것처럼 보일 뿐이지 실제로는 마치 '가면 우울(masked depression)'[58]과 유사한 상태에 해당된다고 할 수 있다. 이것은 흔히 '우울 증상 없는 우울'이라고도 불리는 것으로서, 겉으로는 우울 증상을 표현하지 않기 때문에 주변 사람들은 그 사람이 우울하다는 것을 거의 눈치채지 못할 수 있다. 하지만 그 사람이 보이는 행동의 전후 맥락을 살펴보면, 우울하다는 것을 이해할 수 있다. 결론적으로 그 가정주부는 마음이 안 괜찮을 때, 일반 사람들과는 다르게 '안 괜찮다'고 표현하는 것이 아니라, '괜찮다'고 표현했던 것이라고 할 수 있다.

자기최면은 지적 장애인 아들의 모습을 지켜보면서 어머니로서 가슴 찢어지는 고통을 경험하는 것으로부터 무감각해지는 것을 가능하게 해 준다. 하지만 고통으로부터 무감각해지는 것과 행복한 삶을 사는 것은 질적으로 분명히 구분되는 상태에 해당된다. 따라서 그 가정주부는 스트레스에 효과적으로 대처하고 있지 않을 뿐만 아니라 사실상 역경 때문에 고통받고 있는 상태(가면 우울)라는 점에서 객관적인 평가상으로는 행복한 삶의 조건을 모두 구비하고 있지는 않은 것이 된다.

행복 설정값의 위력

행복을 자기보고식 검사를 통해 조사할 때의 또 다른 난점으로는 '행복 설정값(happiness set point)'의 문제를 들 수 있다. 행복 설정값은 한 사람이 체험하는 행복 수준이 마치 IQ처럼 특정 범위의 형태로 어느 정도 고정되어 있음을 가리킬 때 사용하는 용어다.[59] 쌍생아를 대상으로 진행한 연구는 개인의 행복 수준이 유전의 영향을 받게 된다는 점을 잘 보여 준다.

사실, 행복에 있어서 유전에 따른 설정값의 위력은 대단히 큰 것으로 보인다. 예를 들면, 암 환자가 암에서 완치 판정을 받게 되는 과정에서 경험하게 된 행복 수준의 변화를 살펴보자.[60] [그림 3]은

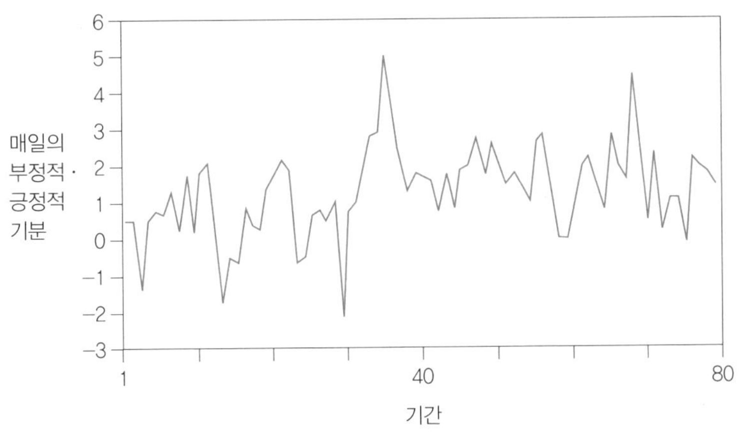

[그림 3] 암 환자의 기분 변화 그래프

암 진단을 받았던 사람의 기분 변화를 나타내는 그래프이다. 그래프가 상승할수록 그날의 기분이 좋은 것이고, 하강할수록 기분이 안 좋은 것을 나타낸다. 관찰을 시작한 후로 38일 정도 지났을 때 이 암 환자는 완치 판정을 받았다. [그림 3]은 이 시기에 암 환자의 기분이 연구에 참여한 기간 중 최고 수준을 나타냈음을 보여 준다. 하지만 이 암 환자의 기분은 그 후로 며칠이 지나자 거의 평상시 수준으로 되돌아갔다. 행복 설정값의 효과는 관혼상제(冠婚喪祭) 등 인생의 중요한 사건들에 대해서도 마찬가지로 적용된다.

마이클 잭슨(Michael Jackson) 사례는 행복 설정값의 위력을 잘 보여 준다. [그림 4]는 마이클 잭슨이 수만 명의 관중들이 운집한 앞에서 공연을 하는 장면이다. 이 순간 마이클 잭슨은 이 세상 그 누구도 부럽지 않을 만큼 커다란 희열감을 경험했을 것으로 보인다.

하지만 마이클 잭슨 사례는 삶에서 한때 극단적인 수준의 긍정

[그림 4] 마이클 잭슨의 공연 장면

정서를 경험한다 하더라도 이것이 그다지 오래 지속되지는 않는다는 점을 단적으로 보여 준다. 또 마이클 잭슨의 삶은 단순히 기분 좋은 감정을 셀 수도 없이 많이 경험한다고 하더라도 그것만으로는 행복한 삶이 보장되지는 않는다는 점을 입증해 준다.

[그림 5]는 마이클 잭슨이 불의의 사고로 사망했을 때 발표된 부검 결과를 보여 준다.[61] 그 내용에 따르면, 마이클 잭슨은 죽기 직

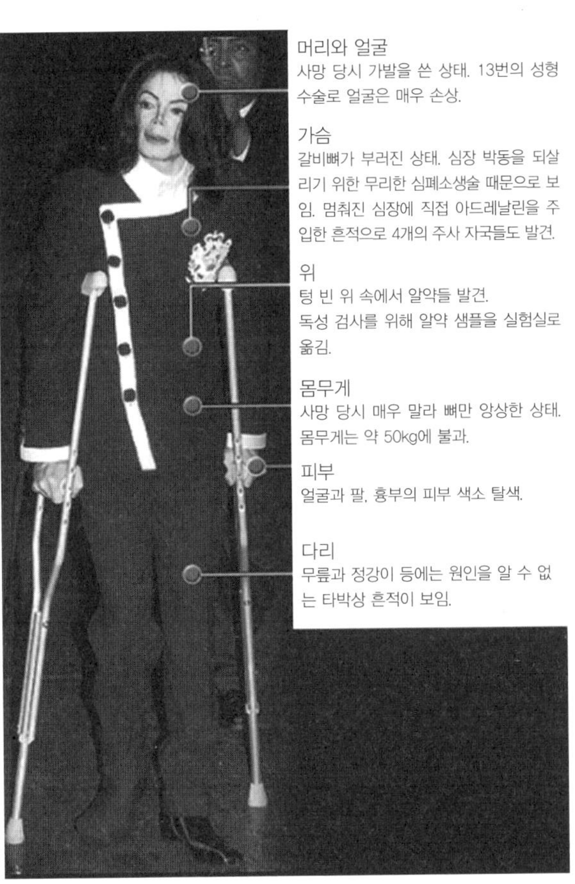

[그림 5] 마이클 잭슨의 부검 결과

전 사실상 '산송장'이나 마찬가지인 상태에서 목숨만 부지하는 수준의 삶을 살았던 것으로 보인다. 이처럼 마이클 잭슨은 공연 때 경험했던 극단적인 수준의 긍정정서들이 공연을 마친 후 얼마 지나지 않아 물거품처럼 사라지는 것을 평생 반복해서 경험했던 것으로 보인다.

행복 설정값의 변화

처음으로 쾌락의 쳇바퀴(hedonic treadmill) 이론이 소개되었을 때, 연구자들은 적응이 되면 사람들이 정서적인 중립 상태로 되돌아간다고 생각했다.[62] 하지만 그 후에 이루어진 연구들은 사람들마다 개별적으로 적응해서 정서적인 중립 상태가 아니라 자기만의 고유한 설정값(set point)으로 되돌아간다는 사실을 보여 주었다.

하지만 후속 연구들을 통해 이러한 형태의 적응에도 한계가 존재한다는 점이 드러났다.[63] 영국과 독일의 대규모 표본을 대상으로 장애인의 행복 수준을 분석해 본 결과, 사람들이 심한 장애를 입게 되면 엄청난 정서적 충격을 받을 뿐만 아니라 삶의 만족도도 이전보다 낮은 상태에 머무는 것으로 나타났다. 특히 심한 장애로 전혀 일을 할 수 없는 사람들은 정서적으로 거의 회복되지 못했다. 이는 장애를 갖게 된 사람은 평생 비참하게 살 수밖에 없다는 것을 의미하지는 않는다. 고통스러운 부상을 당하고 오랜 기간 재활을 거쳤던 많은 사람들도 분명히 의미 있는 삶을 재개할 수 있다. 하지만 장애를 지닌 사람들을 조사해 보면, 통계적인 평균치는 중증 장애를 앓게 될 경우 보통 사람은 완전히 적응하기 어렵다는 것을 보여 준다.

수천 명의 독일과 영국 국민을 대상으로 진행되었던 전향적 연구 결과도 행복의 설정값이 변할 수 있음을 보여 준다. 연구가 진행되는 동안 대부분의 사람에게 나타난 행복은 상당히 안정적이었다. 인생의 여러 가지 사건에 대한 반응으로 긍정성이 오르내리긴 했지만 이전의 수준에 비해 크게 변하지는 않았다. 하지만 약 4분의 1에 해당되는 사람들의 경우, 행복 수준이 달라졌다. 그들의 행복 수준은 처음 5년과 비교해 마지막 5년간 상당히 유의하게 변했다. 다시 말해, 그들의 정서적인 설정값이 실제로 움직인 것이다.

면밀한 분석 결과, 어떤 강력한 사건은 고유한 설정값을 바꿔 놓을 수 있음이 드러났다. 그 대표적인 예로 실업과 사별의 문제를 들 수 있다. 실직한 사람들은 새로운 환경에 어느 정도 적응하기는 하지만 실직 전의 행복 수준으로 완전히 되돌아가지는 못했다. 일종의 '정서적인 흉터'가 생긴 것이다. 이러한 사람들은 나중에 새로운 직장을 찾고 이전과 같은 수준의 수입을 올리게 된 후에도 삶의 만족도가 예전보다는 낮았다. 어쩌면 해고를 당하면서 불안감을 느끼고 또 자존감에도 타격을 입었을 가능성이 있을 수 있다. 하지만 모든 사람이 실직에 똑같이 반응하지는 않는다. 일부 개인차가 있음에도 불구하고, 실업은 평균을 고려해 볼 때 사람들의 행복 설정값을 변화시킬 수 있는 사건의 한 가지 예가 된다. 사별도

정서적인 기준선에 변화를 가져올 수 있는 또 다른 예라고 할 수 있다. 이혼이나 실직과 마찬가지로 사별에서도 유족이 배우자 없이 삶을 살아가는 방법을 배우는 더딘 과정이 시작되면서, 역시 적응이 일어난다. 하지만 5년이 지난 후에도 사별한 사람들은 이전의 만족 수준으로 완전히 되돌아오지 못했다.

행복 설정값 문제의 해결을 위한 대안

셀리그먼은 행복 설정값의 문제를 해결하기 위한 일환으로 단순히 주관적인 만족감을 의미하는 행복과 '진정한 행복(authentic happiness)'을 구분해야 한다고 제안하였다. 그 과정에서 즐거운 경험을 중심으로 한 주관적인 자기만족감과 행복을 구분하는 맥락에서 정신적 웰빙의 요소를 강조하였다.

셀리그먼은 플로리시를 중심으로 한 행복을 강조하기 위해 'PERMA'라는 대안적 개념을 제시하였다.[64] 'PERMA'의 구성 요소는 〈표 2〉에 제시되어 있다.

셀리그먼이 제안한 PERMA와 기존의 행복 이론의 주요한 차이 중 하나는 사람들이 특별한 이유 없이 '그 활동 자체가 좋아서' 하는 행동들을 행복의 조건으로 포함시킨 데 있다. 셀리그먼은 이것을 마치 춤을 출 때의 우아함과 비슷하다고 말한다. 누군가가 춤을 우아하게 추는 경우, 이때의 우아함은 춤의 결과로 얻어지는 어떤 보상에 해당되지는 않는다. 왜냐하면 우아함은 그 자체로 춤의 일부이기 때문이다. 또 명상의 경우에도 누군가가 명상을 좋아하게 되는 것은 명상 그 자체 때문이지 명상이 특별히 즐거운 기분을 제공해 주기 때문은 아니다.

셀리그먼은 전 세계 인구 중 플로리시 상태에 있는 사람은 평균적으로 20% 미만이라고 주장하였다. 그는 긍정심리학자로서 2050년까지 이를 50% 이상으로 끌어올리는 것을 목표로 삼고 있다.

〈표 2〉 PERMA의 구성 요소

'PERMA'의 구성 요소	내용
긍정적 정서 (Positive emotion)	기쁨, 희열, 따뜻함, 자신감 및 낙관성
몰입(Engagement)	시간 가는 줄 모르고 어떤 활동에 빠져드는 것으로서 자발적으로 업무에 헌신하는 것
관계(Relationship)	소중한 사람과 함께하는 것. 사람들이 가장 행복했던 순간은 일반적으로 타인과 함께했을 때임
의미(Meaning)	삶에서 자신이 중요하다고 믿는 어떤 조직에 소속되고 또 그 조직에 헌신적으로 기여하는 것
성취(Accomplishment)	다른 사람들을 이기거나 단순히 돈을 벌기 위해서가 아니라, 목표를 달성하는 성취 그 자체가 좋아서 특정 활동에 매진하는 것

정신건강교양

일반적으로 '리터러시(literacy)', 즉 문해력은 글을 읽고 쓸 줄 아는 능력을 말한다. 이러한 리터러시를 갖추지 못한 상태를 '문맹(illiteracy)'이라고 부른다. 리터러시는 글을 배우는 데만 필요한 것이 아니라 인생을 건강하고 지혜롭게 살아가는 법을 배우는 데도 필수적으로 요구된다. 기본적으로 정신건강 영역에서의 리터러시를 정신건강교양(mental health literacy)이라고 한다.

정신건강교양은 우리가 스스로를 돌보기 위해, 즉 삶에 적응하기 위해서 또는 삶 속에서 여러 가지 문제들을 해결하기 위해서 활용하는 교양 형태의 지식과 기술을 의미한다.[65] 정신건강교양은 행복한 삶을 사는 데 결정적인 역할을 할 뿐만 아니라 정신장애의 인식, 관리 혹은 예방 문제와도 밀접한 관계가 있다.

정신건강교양을 통해 우리가 스스로를 돌보는 과정에서는 다음의 네 가지 과제를 해결할 수 있어야 한다. 첫째, 정신건강교양은 사회적으로 물의를 일으키지 않으면서 내부의 본능을 충족시킬 수 있어야 한다. 둘째, 정신건강교양은 양심의 문제를 해결할 수 있어야 한다. 셋째, 정신건강교양은 대인 관계의 문제를 해결할 수 있어야 한다. 마지막으로, 정신건강교양은 현실의 요구 사항들을 효과적으로 다룰 수 있어야 한다.

[그림 6]은 정신건강교양이 필수적으로 다루어야 할 대표적인 문제 상황을 도시한 것이다. 그림 속 4가지 요소는 인간이 갈등을

경험하도록 만드는 근원에 해당된다. [그림 6]의 내용은 기본적으로 지그문트 프로이트(Sigmund Freud)의 정신분석에서 말하는 '방어기제(defense mechanism)'가 하는 일과 유사하다. 단, 방어기제는 무의식적으로 기능하는 반면에, 정신건강교양은 동일한 문제들을 합리적인 노력을 통해 다루고자 한다.

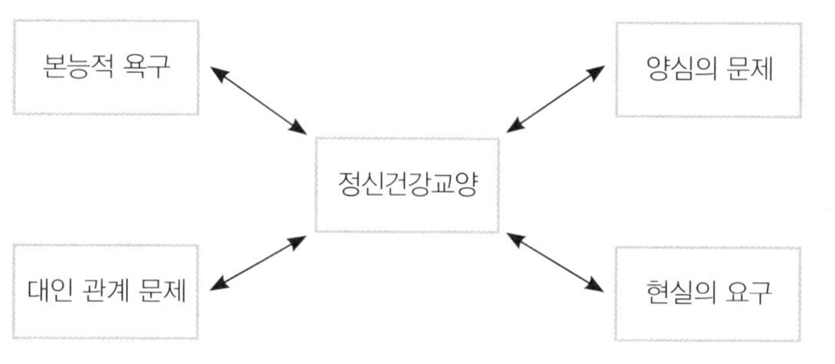

[그림 6] 정신건강교양이 하는 일

인간의 삶은 욕망, 양심, 소중한 사람들 그리고 현실이라는 네 가지 요소 간 정신적 갈등을 조정해 나가는 과정의 연속이라고 할 수 있다. 만약 네 가지 요소 중 어느 하나에서라도 심각한 변화가 발생하게 되면 심리적인 갈등과 스트레스가 유발될 수 있다. 이때 정신건강교양의 역할은 이러한 심리적 갈등을 완화시키기 위해서 심리적 항상성을 회복시키는 것이다. 이런 점에서 정신건강교양의 역할은 행복한 삶을 위해 필수 불가결한 요소에 해당된다.

정신건강교양은 삶에서 본능, 양심, 대인 관계 그리고 현실의 네 마리 토끼를 동시에 쫓는 역할을 하게 된다. 그리고 그 결과에 따라 우리들의 인생은 지혜로운 것이 되기도 하고 또 후회막심한 것이 되기도 한다.

정신건강교양에 대해서 더 자세히 살펴보기 전에, 이쯤에서 우리가 살아가면서 부딪치게 되는 삶의 문제들의 성격에 대해서 먼저 검토해 볼 필요가 있을 것 같다. 많은 사람들이 쉽게 생각하는 것처럼 우리들 삶의 문제를 '다 그렇고 그런 문제'라고 치부해 버리게 되면, 정신건강교양의 중요성을 이해할 수 없기 때문이다.

인간의 삶에서 중요한 통과의례(通過儀禮)로는 관혼상제(冠婚喪祭)가 있다. 그중 제(祭)에 해당되는 죽음의 문제에 대해서 먼저 살펴보도록 하자. 무거운 주제임에도 불구하고 이 주제를 선택한 이유는, 누구든지 삶에서 언젠가는 겪을 수밖에 없는 일이지만 대비가 가장 미비한 채로 치르게 되는 사건 중 하나이기 때문이다.

부모 형제나 친구 등 자신의 삶에서 의미 있는 누군가가 세상을 떠나게 된 상황을 떠올려 보자. 자, 어떻게 하면 이러한 충격적인 사건에서 헤어날 수 있을까? 언젠가는 자신에게 닥칠 수밖에 없는 이러한 문제에 대해서 과연 어떠한 대비책을 가지고 있는지 한 번쯤은 자문해 볼 필요가 있다. 우선 그러한 문제에 봉착했을 때 우리의 정신건강교양은 앞서 말한 본능, 양심, 대인 관계 그리고 현실의 네 가지 과제를 성공적으로 해결할 수 있어야 한다.

먼저, 본능의 문제를 해결하는 측면에서 우리는 제아무리 사랑하는 사람을 잃었다 할지라도 사회적으로 물의를 일으키지 않는 수준에서 슬퍼해야 한다. 사랑하는 사람을 떠나보낸 후 누군가 슬픔에 잠기게 되면, 사회는 그 사람이 애도할 시간을 일정 기간 허용해 주게 된다. 하지만 사회적인 허용 범위를 넘은 시점까지도 여

전혀 업무에 지장을 초래하면, 사회적인 문제가 발생할 수 있다. 한편, 가까운 사람을 떠나보낸 후 지나치게 초연해 하는 경우에도 역시 사회적으로 문제가 발생할 수 있다. 너무 몰인정한 사람이라는 평판을 받을 수 있기 때문이다. 따라서 사회적인 문제를 야기하지 않기 위해서는 너무 슬퍼해도 안 되고 너무 태연해서도 안 될 것이다.

다음으로, 양심의 문제도 잘 해결할 수 있어야 한다. 사회적으로 물의를 일으키지도 않고 또 별로 내색도 않기 때문에 다른 사람들 눈에는 무난히 잘 넘어가는 것처럼 보일지라도, 내면의 양심의 소리 때문에 고통을 받는 경우가 있을 수 있다. 좋아했던 사람과 사별한 후 망자(亡子)가 원했지만 이런저런 이유로 해 줄 수 없었던 일들이 떠오르게 되면, 비록 주위 사람들은 잘 눈치채지 못한다 하더라도 본인은 자괴감에 시달릴 수 있다. 이러한 점은 증오했던 사람을 떠나보내는 경우에도 마찬가지다. 왜냐하면 내부에 품고 있던 분노의 화살이 원래의 대상이 없어져서 갈 길을 잃게 되면, 부메랑처럼 되돌아와 그 자신을 향하기 때문이다.

세 번째로, 대인 관계의 문제를 해결하는 것도 매우 중요하다. 아무리 목숨처럼 귀하게 여기던 사람을 잃었다고 하더라도 주위의 모든 사람들이 자신의 기분에 맞추어서 행동해 주기를 고집한다면, 다른 사람들을 불편하게 만들기 때문에 대인 관계에서 문제가 발생할 수 있다.

마지막으로, 현실의 문제를 효과적으로 다루어야 한다. 여기서 현실은 우리가 적응할 수 있는 것보다 더 빠르게 변하는 외부 환경을 가리킨다. 예를 들면, 아프리카의 오지에 존재하는 더운 열기는 그곳 원주민들에게는 예측 가능하고 항상 있는 일이기 때문에 스트레스를 유발하지 않는다. 하지만 아프리카를 처음 방문하는 유럽이나 동아시아인들에게는 엄청난 스트레스를 유발할 수 있다. 마찬가지로 대기업에서 꿈에 그리던 임원이 되거나 예상치 않게 복권에 당첨되는 것과 같은 긍정적 사건도, 갑작스러운 변화를 동반하는 경우 교통사고만큼이나 스트레스로 작용할 수 있다.

삶에서 이 네 마리 토끼를 동시에 잡는 일은 결코 쉬운 일이 아니다. 하지만 놀랍게도 인간의 풍부한 역사는 그러한 일이 얼마든지 가능하다는 점을 잘 보여 주고 있다. 정신건강교양이 무엇인지 그리고 삶 속에서 어떻게 작용하는지를 이해하기 위해서는 무엇보다 '긍정적 정신건강(positive mental health)'에 관해 먼저 살펴볼 필요가 있다.

긍정적 정신건강 개념의 효시

긍정적 정신건강이라는 용어는 1952년 심리학자 야호다(Maria Jahoda)가 이상적인 정신건강 상태를 가리키기 위해 처음 사용하였다.[66] 야호다는 기존의 문헌들을 종합적으로 정리하여 긍정적 정신건강의 준거를 제시하였다. 야호다는 긍정적 정신건강의 핵심적 요소로 자기 자신에 대한 수용, 성장 노력과 실현, 성격의 통합성, 사회적인 압박으로부터의 자율성, 현실에 대한 정확한 지각, 환경에 대한 통제능력의 6가지를 제시하였다.

그 이후에 넛슨(Knutson)은 정신건강 영역에서 새로운 전기를 마련하기 위해서는 정신장애 및 사회복지 영역의 전문가뿐만 아니라, 다양한 학계의 전문가들이 공동으로 참여하는 것이 중요하다고 주장했다.[67] 이런 맥락에서 그는 정신건강이라는 용어를 대체할 수 있는 새로운 개념이 필요하다고 제안하였다. 그의 청원(plea)에 대한 답변을 하는 맥락에서 심리학자 맥카시(Dorothea McCarthy)는 1964년에 처음으로 '멘탈 휘트니스(mental fitness)'라는 용어를 제안하였다.[68]

그에 따르면, 신체적인 휘트니스를 통해 건강을 관리할 수 있는 것처럼 체계적인 정신적 훈련을 통해 멘탈 휘트니스, 즉 정신적으로 건강하고 행복한 삶이 성취될 수 있다. 이러한 멘탈 휘트니스라는 개념은 정신건강이라는 표현에 비해 정신과 영역의 문제를 다룰 때의 부정적인 인상을 적게 준다는 장점이 있다.

하지만 이들의 주장은 실증적 연구가 뒷받침되지 못해, 사실상 학계에 큰 영향을 주지는 못했다. 그 후로 캐롤 리프(Carol Ryff)와 동료들에 의해 심리적 웰빙(psychological well-being)이라는 개념으로 계승되었다.[69] 그들은 자아수용(self-acceptance), 긍정적 대인 관계(positive relation with other), 자율성(autonomy), 환경에 대한 통제력(environmental mastery), 삶의 목적(purpose in life), 개인적 성장(personal growth)의 6가지 요소에 기초해 '심리적 안녕' 척도를 개발해 다양한 실증적 연구를 시행함으로써 긍정적 정신건

강 연구를 위한 경험적 토대를 마련하였다.

긍정적 정신건강 유형

전통적으로 정신보건 영역에서는 질병 이데올로기가 부각되어 왔다.[70] 이러한 질병 이데올로기에서는 주로 다음의 세 가지 요소들에 초점을 맞춘다. 첫째, 인간의 경험을 병리적으로 범주화하는 것이다. 둘째, 정신장애에 대해 개인의 내적 특성과 책임을 강조하는 것이다. 셋째, 개인의 강점과 미덕보다는 약점과 악덕에 주안점을 두는 것이다.

지금까지 이러한 질병 이데올로기에서는 정신장애를 효과적으로 치료하거나 예방함으로써 사회 구성원들이 정신건강의 측면에서 최적의 상태를 유지 및 관리해 나갈 수 있다고 주장해 왔다.[71] 하지만 이러한 주장은 정신건강이 단순히 정신장애가 존재하지 않는 상태를 뜻한다는 잘못된 가정에 기반을 두고 있다.[72] 최근 들어 이러한 가정의 오류를 지적하는 경험적 연구 결과들이 지속적으로 축적되고 있다.

정신건강에 관한 긍정심리학적인 연구 결과들은 정신건강 수준이 높을수록 정신과적인 문제 증상이 감소하는 것은 사실이지만 정신질환이 없다고 해서 반드시 정신적으로 건강한 상태에 있다는 것을 뜻하지는 않으며, 또 정신이 건강하지 않다고 해서 정신질환이 있는 것은 아니라는 이요인 모델을 지지하는 것으로 나타났다. 이처럼 현상적으로 정신건강이 나타나도록 하는 데 기여하는 잠재적 요인과 정신장애가 나타나도록 만드는 잠재적 요인이 사실상 서로 다르다고 파악하는 것을 정신건강의 이요인 모델이라고 한다.

기본적으로 정신건강의 이요인 모델에서는 긍정적 정신건강이 정신장애와 어느 정도 상관이 있지만 그래도 상호 구분 가능한 것으로 간주한다. 물론 정신과적인 문제 증상이 심각한 사람은 일반적으로 심리적 웰빙도 낮을 가능성이 있다. 하지만 정신건강의 이요인 모델에 따르면, 정신장애가 있는 사람도 상대적으로 높은 수준의 정신건강을 유지하는 것이 가능하며, 정반대로 정신장애가 없다고 해서 그 사람이 자기실현적인 형태의 삶을 살고 있다는 점을 분명하게 보장해 주지는 않는다.[73]

다양한 국내외 문헌들에서 정신건강이 정신질환(혹은 역기능적 문제)과 긍정적 정신건강의 두 요인으로 이루어진다는 경험적 근거가 제시되고 있다.[74] 정신건강에 대한 측정치를 요인 분석한 결과, 정신건강이 정신장애 유무의 단일한 요인이 아니라, 정신장애와 정신적 웰빙의 두 가지 요인으로 구성되어 있음이 입증되었다. 이러한 점은 우리나라의 연구들에서도 마찬가지로 확인되었다. 한국의 성인 및 청소년에게서도 정신건강의 이요인 구조가 확인되었다.[75]

사실 일반 사람들은 특별히 정신병리나 문제 행동을 나타내지 않는 경향이 있다.[76] 따라서 정신건강을 측정하고자 하는 경우, 정신과적인 문제 증상만을 측정하는 것만으로는 분명한 한계가 존재하게 된다. 따라서 정신건강의 문제를 다룰 때는 문제 증상을 넘어 심리적 웰빙의 요소를 함께 측정할 필요가 있다.

이처럼 긍정적 정신건강과 정신장애를 통합하여 진단할 때, 문제 증상과 심리적 웰빙 중 어느 한 가지 요소만으로 평가하는 것에 비해 두 가지를 활용할 때 사회적 기능을 더 잘 예측할 수 있다는 것이 밝혀졌다. 따라서 정신건강의 문제를 다룰 때 긍정적 정신건강을 측정하는 것, 즉 문제 증상과 심리적 웰빙을 모두 활용하는 것은 정신병리나 문제 행동만을 측정하는 경우에 비해 상대적으로 더 중요한 부가적 가치를 창출한다고 평가할 수 있다.

심리학자 코리 키스(Corey Keyes)는 완전한 정신건강, 즉 긍정적 정신건강으로서의 플로리시(정신적 번영) 상태를 평가하기 위해 다음의 조작적 정의를 활용하였다.[77] 첫째, 플로리시는 정서적 웰빙 지표에서 높은 점수를 보이는 동시에 긍정적 기능, 즉 심리 · 사회적 웰빙 지표에서도 높은 점수를 나타내는 것을 말한다. 둘째, 정신적 쇠약(languishing)은 정서적 웰빙 지표에서 낮은 점수를 보이는 동시에 심리 · 사회적 웰빙 지표에서도 낮은 점수를 받는 것을 뜻한다. 중간 수준의 정신건강은 플로리시와 정신적 쇠약 집단 중 그 어느 쪽에도 해당되지 않을 경우 분류된다. 정신건강과 관계된 세 가지 수준을 정신장애 여부와 조합하게 되면 다음과 같이 여섯 유형의 긍정적 정신건강 집단으로 분류할 수 있게 된다.

긍정적 정신건강을 여섯 집단으로 분류할 때, 다음의 두 가지 유형이 바로 플로리시 집단에 해당된다. '정신적 번영' 상태의 플로

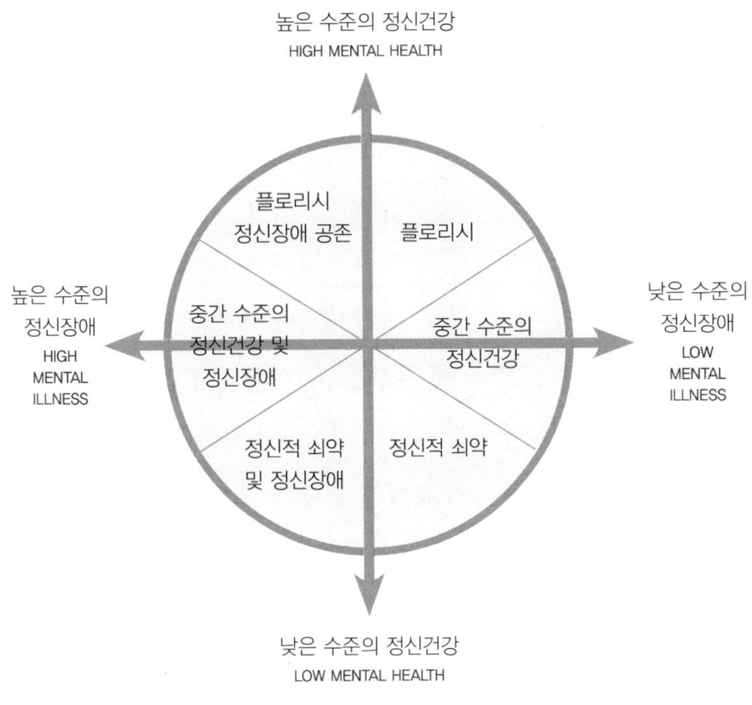

[그림 7] 긍정적 정신건강의 6가지 유형

리시 집단과 플로리시와 정신장애가 공존하는 집단. 전통적인 질병 이데올로기의 관점에서는 정신적 쇠약 집단이 플로리시와 정신장애가 공존하는 집단보다 더 적응적인 것으로 평가되었다. 하지만 긍정적 정신건강의 관점에서 본다면, 정신적으로 더 번영된 삶을 사는 것은 정신적 쇠약 집단이 아니라 플로리시와 정신장애가 공존하는 집단에 해당된다. 이런 점에서 긍정적 정신건강에서는 '승화된 긍정성'이 결정적인 역할을 한다고 할 수 있다.

승화된 긍정성 사례

긍정적 정신건강 개념과 '승화된 긍정성'은 마치 동전의 앞뒷면과 같은 관계라고 할 수 있다. 우리가 삶에서 추구하는 행복은 설사 삶에서 비극적인 경험을 하더라도 그러한 어려움을 극복해 낼 수 있는 것으로서의 행복을 말하는 것이어야 한다.

이런 맥락에서 다음의 사례에 관해 생각해 보자. 단, 남 얘기라고 치부해 버리기보다는 나라면 똑같은 상황에서 어떻게 했을지를 염두에 두면서 진지하게 고민해 보기 바란다.

2000년 7월 30일, 학교 도서관에서 공부를 마치고 오빠의 차로 귀가하던 스물세 살 이지선 양은 음주운전자가 낸 7중 추돌사고로

[그림 8] 이지선 양의 사고 전 모습

전신 55퍼센트에 3도의 중화상을 입었다.[78] 그 후로 이지선 양은 7개월간 입원해야 했고 40번이 넘는 고통스런 수술과 재활 치료를 받아야 했다.

사고 직후에 의료진은 이지선 양이 살 가망이 없다고 말하거나 운이 좋게 살아나도 사람 꼴이 아닐 것이라고 비관적으로 말했다. 사고가 일어난 지 오랜 시간이 지났지만 여전히 운명이 너무나 가혹하다고 느껴질 정도로 이지선 양의 외모는 보통 사람과는 다른 모습을 하고 있다. 이지선 양은 눈썹이 없어 땀줄기가 눈 속으로 흘러들어 가기 때문에 날마다 고통을 겪는다. 또 귓바퀴가 없어 머리를 감을 때 물줄기가 흘러들어 가 머리를 감을 때마다 매번 고역을 치른다.

과연 이지선 양은 이러한 조건하에서도 행복한 삶을 살 수 있을까? 당신이 이지선 양이라면, 이러한 상황에서 행복해지기 위해서 구체적으로 어떻게 하겠는가?

많은 사람들은 이지선 양과 같은 비극적인 경험을 하게 되면 그 다음부터는 행복을 말하는 것이 사실상 불가능해진다고 말한다.

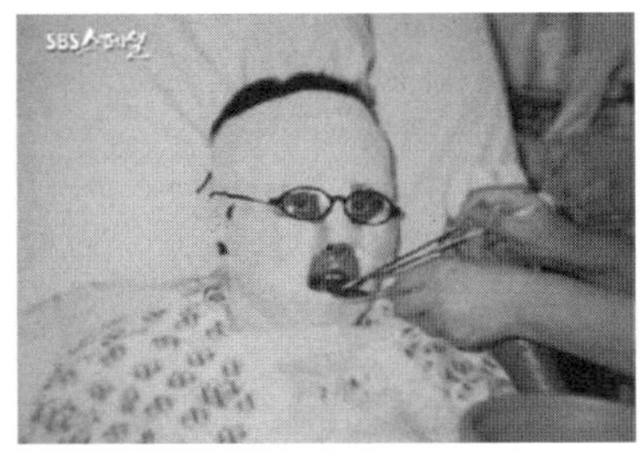

[그림 9] 이지선 양의 사고 후 모습

하지만 이지선 양 사례는 이러한 상식적인 믿음과는 달리, 비극적인 사건을 체험한 후에도 행복해지는 것이 가능함을 보여 준다.

2004년 봄, 지인의 도움으로 미국 어학연수를 떠났고 보스턴대학교에서 재활상담 석사학위를 취득한 후 2010년 UCLA 사회복지 박사과정에 합격했다. 그 후 12년에 걸친 유학생활을 마치고 한국의 한 대학에서 사회복지학과 교수로 재직 중이다.

이지선 교수는 한 인터뷰에서 "인생은 동굴 아닌 터널"[79]이라고 평했다. 이지선 교수에 따르면, 들어가면 들어갈수록 깜깜해지는 것은 동굴이고 어둡더라도 멈추지 않고 계속 걸어가면 그 끝에 빛이 나오는 것이 바로 터널인데, 본인의 인생은 터널이라는 것이다.

무려 30회 이상의 외과 수술을 어떻게 견뎌 냈냐는 질문에 이지선 교수는 코와 이마와 볼에서 새살이 돋아나는 것을 목격하면서 삶이 힘들어질 때마다 새로 돋아난 살을 바라보며 희망과 감사의 마음을 다독일 수 있었다고 술회했다. 이지선 교수에 따르면, 그 힘들고 고통스러운 시기에는 심지어 자신의 눈에 이물질이 들어오지 못하도록 막아 주는 눈꺼풀에 대해서조차도 감사하게 느껴졌다고 한다.

심리학적인 관점에서 볼 때, 이지선 교수가 경험했고, 경험하고 있으며, 앞으로도 경험해 갈 감사와 희망의 근원이 어디에 있는지는 분명해 보인다. 그러한 감사와 희망의 근원은 '관계'에 있었던 것으로 보인다. 이지선 교수가 힘들어하고 고통을 받을 때, 기꺼이 그 아픔을 함께 짊어져 줄 많은 사람들이 있었다고 한다. 이지선 교수가 인생의 고난과 슬픔을 이겨 낼 수 있었던 주요한 힘 중 하나는 바로 이지선 교수를 사랑하고 지지해 준 수많은 지인들이었다고 할 수 있다. 물론 이지선 교수가 삶의 고난을 헤쳐 나가는 비결이 관계에만 있는 것은 아니다. 이지선 교수는 앞으로 이 책에서 소개하게 될 다양한 정신건강교양의 기술들을 잘 보여 주었다.

인터뷰 도중에 진행자가 "사실은 제가 이지선 씨하고 몇 년 전에도 인터뷰를 하고 계속 관심을 가지고 지켜보고 있었으니까 아는데, 최근 사진을 보니까 훨씬 더 예뻐지셨어요."라고 덕담을 건넸다. 그러자, 이지선 교수는 웃으면서 유머러스하게 '포토샵(일명 뽀샵)의 효과'라고 답했다.

이지선 교수는 "인생은 맛있는 것이다."라고 주장하기도 했다.[80] "때로 쓴맛이 있기는 하지만 그래도 맛있다."는 것이다.

이지선 교수는 인터뷰에서 자신의 체험을 바탕으로 삶의 희망을 나누고 싶어 하는 사람들을 위해 봉사 활동을 하면서 의미 있는 삶을 살겠다고 스스로 다짐하면서 말했다. 이처럼 긍정적 정신건강 혹은 정신건강교양에서는 이지선 교수처럼 불리한 조건에도 불구하고 행복한 삶을 사는 것이 가능하다는 점을 강조한다. 이때 중요한 것은 단순히 '하면 된다.'는 정신으로 무장하는 것이 아니라, 희망, 낙관성, 감사, 유머 등의 행복 메타인지를 지혜롭게 활용하는 것이라는 점이다.

정신건강교양과 플로리시

2011년 6월 초에 한 케이블 TV 방송사에서 진행된 재능 오디션 〈코리아 갓 탤런트〉 프로그램에 고아로 자라난 최성봉이 출연하였다.[81] 그는 오디션에서 「넬라 환타지아(Nella Fantasia: 나의 환상 속에서)」라는 노래를 불렀는데 그의 목소리는 심사위원을 비롯한 모든 관객들의 눈이 휘둥그레질 정도로 매력적이었으며 그의 노래는 전율감이 들 만큼 감동적이었다. 실제로 그의 노래를 들으면서 수많은 관객들과 심사위원들은 눈물을 흘렸으며 한 심사위원은 울먹이며 "최성봉 씨를 꼭 안아 주고 싶다."고 말하기까지 했다.

그의 부친은 그가 세 살 때 한 보육원에 그를 맡긴 후 양육을 거부하고 또 연락도 끊었다. 그의 어머니 역시 부친과 이혼한 후 소식을 끊었다. 다섯 살 때 그는 구타에 견디다 못해 보육원을 뛰쳐나왔다. 거리를 떠돌다 우연히 고속버스를 타고 대전 터미널까지 오게 된 후, 그는 터미널 인근 유흥가에서 껌과 드링크제를 팔며 끼니를 해결했고 또 건물 계단이나 공용 화장실에서 새우잠을 자는 부랑자 생활을 했다. 또 그는 8세 때부터 신문 배달과 우유 배달을 시작하였으며, 한때 팔려 가기도 하고 또 막노동을 하다가 높은 곳에서 떨어져 다리를 심하게 다쳐 병원 신세를 지기도 했다. 보육원을 나온 이후로 10여 년간 그는 정글 같은 냉혹한 사회 속에서 혼자서 외롭고도 고단한 싸움을 계속해야 했다. 그는 갖은 사건과 사고 속에서 위태로운 시간들을 보냈기 때문에 자신의 삶이 '하루살이' 같은 것이었다고 고백하였다.

그는 초등학교와 중학교를 다닌 적이 없지만 검정고시를 거쳐 대전 지역의 한 예술고등학교에 진학하였다. 그가 인생유전(人生流轉)을 하던 시절에 어느 쉼터에서 만난 선생님이 그의 재능을 눈여겨보고서 예술고등학교에 진학하도록 주선을 해 주었기 때문이다. 다행히 그처럼 형편이 좋지 않은 청소년들에게 등록금을 지원해 주는 입학 전형이 있었기 때문에 그는 예술고등학교에 입학할 수 있었다.

비록 방송사의 신중하지 못한 편집 실수로 인해 인터넷상에서 그가 예고에 진학한 적이 있는데도 이를 숨기고 성악을 배운 적이

[그림 10] 최성봉의 〈코리아 갓 탤런트〉 출연 모습

없다고 거짓말했다는 논란이 일었을지라도, 그는 처음부터 예고에 진학했던 사실을 숨긴 적이 없으며 인터뷰에서 분명하게 언급했던 것으로 밝혀졌다. 또 그를 실제로 지도했던 교사는 그가 예고에 진학했음에도 불구하고 제대로 된 성악 교육을 받지 못했던 것이 사실이라고 확인해 주었다. 2007년에 기초생활수급자로 지정받은 그는 월세조차도 제때에 내기 어려운 상황이라서 늘 점심 값을 걱정해야 할 처지였고, 이 때문에 생활비를 벌기 위해 정상적으로 수업에 참여하는 것이 사실상 불가능하였다. 두 번의 교통사고에도 불구하고 그는 돈이 없어 입원 치료조차 받지 못했으며 귀에 이명 현상이 지속되어 심각한 고통을 받아 왔다.

그렇다면 도대체 그는 왜 그토록 노래를 하고 싶어 했던 것일까? 전쟁 같은 현실 속에서 생존 그 자체를 위협받던 그가 하루빨리 안정된 직업을 기반으로 해서 자신만의 보금자리를 만드는 일보다 노래하는 것을 더 매력적으로 받아들이게 된 이유는 무엇일까?

아마도 현실을 중시하는 사람의 입장에서 본다면 생활의 기반을 마련하기 위한 준비를 하는 대신 노래를 선택하는 것은 어리석은 일처럼 보일 수도 있을 것이다. 어쩌면 그러한 사람들은 그의 삶을 바라보면서 개미와 베짱이 이야기에서의 한심한 베짱이의 모습을 떠올리게 될지도 모르겠다. 하지만 그에게 노래는 안정된 직장을 갖는 일보다 더 중요한 의미를 갖는 활동이었던 것으로 보인다. 왜냐하면 그와 같은 삶을 살았던 사람의 경우에는 단순히 남들처럼 안정된 직장을 갖는 것만으로는 행복해지기가 어렵기 때문이다. 심리학적인 관점에서 본다면, 경제적으로 안정된 생활을 한다고 해서 행복이 보장되는 것은 아니다. 그렇기 때문에 행복해지기 위해서는 경제력과는 별도로 자신이 행복해질 수 있는 일을 찾아 실행에 옮기는 것이 중요하다. 그렇다면 왜 노래는 그에게 안정된 경제력이 주는 즐거움과 비교조차 할 수 없는 수준의 행복감을 선사해 줄 수 있었던 것일까?

상식과는 다르게, 삶에서 정말로 문제가 되는 것은 실제로 고통을 겪느냐 그렇지 않느냐 하는 것이 아니다. 스트레스가 삶을 위협할 때 결정적인 요소는 외부에서 주어지는 고통을 어떤 형태로든지 단 한 번이라도 극복한 적이 있느냐 없느냐 하는 점이다. 최성봉은 인터뷰 과정에서 노래를 부르게 된 계기를 다음과 같이 소개하였다. "나이트에서 껌 팔면서 어떤 사람이 성악을 하는 것을 봤어요. 나이트에서는 대개 신나는 노래만 하는데, 거기서 진지하게 하는 모습에 매료가 되어서 그때부터 좋아했어요…. 제가 되게 어두운 환경에서 살아왔거든요. 지금 여기 도전한 것도 너무 마음이 되게 무겁고 그런데. 남들처럼, 그 사람들처럼 되고 싶어서…. 노래는 못하지만 그래도 부를 때만큼은 그래도 내가 아닌 다른 사람이 되는 기분 같고 그런 것 같아요."

세 살 때부터 친부모 모두로부터 버림받은 후에 거의 20년 가까운 세월을 하루살이처럼 지내 온 사람이 '남들처럼 살 수 있는 방법'을 찾기는 대단히 어렵다. 하지만 찰나의 순간이라도 세상과 부모로부터 버림받았던 고통으로부터 자신을 보호할 수 있는 활동을 발견하게 된다면, 그 어떤 스트레스도 견뎌 낼 수 있을 뿐만 아니라 진정한 행복감을 경험하는 것이 가능하다. 그가 안정된 생활

대신 노래를 선택했던 이러한 방법을 심리학적인 연금술이라 부른다. 삶에서 지옥을 천국으로 바꿔 주는 연금술적인 효과를 선사해 주기 때문이다.

최성봉은 최종 결선 무대에 오르기 전에 "태어나 한 번도 1등을 해 본 적이 없다. 누군가와 경쟁해 본 경험마저 없었기에 도전해 보는 것만으로도 좋았지만 우승도 하고 싶다."고 고백했다. 하지만 삶에서 처음으로 정상에 서 보고 싶어 했던 최성봉의 소원은 이루어지지 않았다. 하지만 비록 자신이 1등을 놓쳤을지라도 프로그램에 참여함으로써, 세상에 자신을 열심히 성원하고 응원해 주는 수많은 사람들이 있다는 사실을 깨닫게 되어 행복하다는 소감을 남겼다. 이러한 인터뷰 내용은 주로 1등만이 기억되는 세상일지라도, 때로는 2등이 1등보다도 세상 사람들로부터 더 많이 사랑받을 수 있다는 점을 일깨워 준다.

최성봉의 이야기는 한국뿐만 아니라 해외에서도 크게 이슈가 된 사례에 해당된다. ABC, CNN, CBS 등의 주요 방송에서부터 시작해, 『뉴욕타임스』와 『타임』 등의 주요 신문사와 잡지에 이르기까지 전 세계 65개국의 언론사들에서 보도했을 뿐만 아니라, 특히 CNN뉴스에서는 '금주의 바이럴 영상'으로 선정되었다. 바이럴(viral) 영상은 일종의 바이러스성 영상으로서 그만큼 널리 유포된 영상을 지칭한다.

최성봉은 삶을 불리한 여건 속에서 출발하게 되었음에도 불구하고 삶에서 본능, 양심, 대인 관계 그리고 현실의 문제라는 네 마리 토끼를 동시에 잡는 데 성공한 적이 적어도 한 번은 있는 것으로 보인다. 그는 살면서 경험할 수밖에 없었던 세상의 서러움과 울분을 억압하기보다는 노래를 통해 자연스럽게 표현하면서 생활하였고, 거짓된 길이 더 나아 보이는 세상의 유혹(예고에서의 교육 경험) 그리고 부랑아들에게 주어지는 온갖 불법의 유혹을 뿌리침으로써 양심을 지킬 수 있었던 것으로 보인다. 물론 그 스스로 고백한 적이 있는 것처럼,[82] 부랑아 시절에 그가 나쁜 일을 실제로 많이 하면서 생활한 것은 분명해 보인다. 하지만 중요한 점은 마침내 양심을 지키면서 살아갈 수 있는 길을 스스로 발견해 내는 데 성공했다는 점이다. 또 〈코리아 갓 탤런트〉 방송에서의 심사위원들과 방청객의 열렬한 반응을 통해서 확인할 수 있는 것처럼, 적어도 그는 자신을 아끼고 사랑해 주는 누군가를 만나서 관계를 맺는 노하우도 갖추었던 것으로 보인다. 그리고 그는 자신의 재능을 발휘할 수 있는 현실적인 통로(예고 진학 및 〈코리아 갓 탤런트〉 참여)도 훌륭하게 발견하고 성취해 낼 수 있었다.

비록 속단을 하는 것은 언제든지 경계해야 할지라도, 최성봉 사례는 긍정적 정신건강의 힘을 생생하게 보여 주는 대표적인 사례로 손꼽힐 만하다. 또 최성봉 사례는 정신건강의 문제가 소수의 특권층만이 누릴 수 있는 특혜가 아니라, 삶을 불리하게 출발하건 유리하게 출발하건 관계없이 후천적인 노력을 통해 얻을 수 있는 세계에 해당된다는 점을 분명하게 보여 준다. 언제나 인간의 삶은 문제의 연속이다. 따라서 인생에서 성공과 실패를 가르는 보다 중요한 기준은 어떤 영역의 문제를 가지고 있느냐 하는 것이 아니라, 살면서 자신이 가지고 있는 문제를 극복하기 위해서 어떠한 노력을 기울여 왔는가 하는 점이 되어야 할 것이다. 바로 정신건강교양은 이러한 삶의 실제적 문제들을 지혜롭게 해결해 나갈 수 있는 내적인 힘을 선사해 줄 수 있다.

우리는 삶 속에서 때로는 아무 것도 보이지 않고 그 어느 것도 들리지 않기 때문에 마치 망망대해를 표류하고 있는 듯한 답답한 기분을 경험할 때가 있다. 그러한 삶의 난제 속에서 플로리시를 달성하기 위해서는 정신건강교양이 필수적으로 요구된다.

III
플로리시와 행복 메타인지

"가시덤불 속에 가시가 있다는 것을 알지만 그래도 손 내밀어 꽃을 발견하려는 일을 그만두지 않는다. 인생도 이와 같다."

–조르주 상드(George Sand)–[83]

긍정적 정신건강과 행복 메타인지

긍정적 정신건강에서 핵심적인 요소 중 하나는 바로 '메타인지(meta-cognition)'라고 할 수 있다. 메타인지는 '생각에 대한 생각'으로서 자신의 생각을 관리하는 능력을 말한다.[84] 이런 점에서 행복 메타인지는 스스로 행복에 대해 가지고 있는 생각을 모니터링하는 능력이라고 할 수 있다. 행복 메타인지의 대표적인 예는 자신이 행복한 상태에 있는지 여부를 객관적 준거에 기초해 평가할 줄 아는 심리학적 노하우(knowhow)를 들 수 있다.

프로메테우스(Prometheus)와 에피메테우스(Epimetheus) 이야기는 행복 메타인지의 중요성을 상징적으로 잘 보여 준다. 형인 프로메테우스의 이름은 '먼저 생각하는 자'라는 뜻을 가지고 있으며, 동생인 에피메테우스의 이름은 '나중에 생각하는 자'라는 뜻을 내포하고 있다.

그리스 신화에 따르면,[85] 그 옛날 신들이 진흙으로 인간과 짐승을 만들 때 에피메테우스는 이들에게 재능을 한 가지씩 나누어 주는 일을 맡았다. 그러나 에피메테우스는 '나중에 생각하는 자'라는 이름이 보여 주듯이, 별다른 생각 없이 짐승들에게 재주를 나누어 주었기 때문에 인간의 차례가 되었을 때에는 더 이상 나누어 줄 재능이 하나도 남지 않게 되었다. 이때 형 프로메테우스는 동생의 신중하지 못한 처신 때문에 인간이 짐승들의 위협 속에서 살아가게 되자 신들로부터 불과 지혜를 훔쳐 인간에게 주었다.

이것을 알게 된 제우스(Zeus)는 프로메테우스를 처벌하는 한편, 진흙으로 최초의 여성인 판도라(Pandora)를 빚어 상자 하나와 더불어 에피메테우스에게 보냈다. 프로메테우스는 제우스의 처벌을 경계하여 에피메테우스에게 제우스가 보내는 선물을 받지 말라고 충고하였다. 하지만 판도라의 미모에 반한 에피메테우스는 그녀를 아내로 삼았다.

에피메테우스의 집에는 단지가 하나 있었는데 이 단지 안에는 쓸모없는 것들이 들어 있었다. 그것들은 인간에게 쓸모가 없었기 때문에 에피메테우스가 단지 안에 넣어 두었던 것이었다. 하지만 나중에 판도라는 호기심을 못 이긴 나머지 그 금단(禁斷)의 상자를 열게 되었고, 결국 인간 세상에는 불행의 원인이 되는 수많은 악(惡)들이 널리 퍼지게 되었다. 판도라는 금방 후회를 하면서 급히 뚜껑을 덮었으나 이미 엎질러진 물이었다. 단지 속에 있는 것들이 거의 사방팔방으로 흩어져 버렸기 때문이다. 다행히 단지 안에는 딱 한 가지가 남아 있었는데, 그것이 바로 희망이다.

그리스 신화에서 '나중에 생각하는 자'인 에피메테우스 이야기는 행복 메타인지를 적절히 활용하지 못했을 때 삶에서 일어날 수 있는 불행한 사건들을 상징적으로 보여 준다. 그리고 '먼저 생각하는 자'인 프로메테우스는 행복 메타인지의 중요성을 상징하는 존재라고 할 수 있다. 그리스 신화에서 한 가지 흥미로운 점은 판도라의 상자에 마지막으로 남아 있는 것이 바로 '희망'이라는 점이다. 그리스 신화는 에피메테우스형 인간의 경우, 희망의 진정한 가치를 온전하게 이해하지 못하는 경향이 있다는 점을 상징적으로 일깨워 준다.

뇌 망원경과 자아탐지기가 필요한 이유

심리학자 니콜라스 에플리(Nicholas Epley)와 동료는 온라인을 통해 미국인 500명에게 타인의 생각과 감정을 완벽하게 들여다볼 수 있는 '뇌 망원경'을 갖게 되는 경우, 어떤 사람에게 무엇을 알아내고 싶은지를 질문하였다.[86] 그 결과, 흥미롭게도 사람들은 자신과 가까운 사람들이 자기 자신을 어떻게 생각하는지를 가장 궁금해했다. 예를 들면, "그 사람은 나를 좋아할까?" 또는 "그 사람은 내가 매력적이라고 느낄까?" 같은 내용이었다.

사람들이 자신의 마음을 정확하게 읽고 싶어 하는 이유도 이와 유사했다. '자아탐지기'라는 가상의 기계가 있다고 가정해 보자. 이 기계를 활용해 관자놀이 부분에 전극을 붙이고 몇 가지 다이얼을 맞춘 뒤에 "내가 철수에 대해서 어떻게 느끼고 있어?"라고 질문하면 몇 가지 조작 과정을 거친 뒤에 기계가 스크린을 통해 정답을 보여 주는 것이다. 대학생들에게 이 기계에 관해 설명해 준 다음에 이 기계에 무엇을 질문할지를 물어보면, 학생들은 내가 가깝게 생활하는 사람에 대해서 정말로 갖고 있는 감정이 무엇인지를 알고 싶어 했다.[87]

하지만 이처럼 마음읽기(mind reading)를 통해 행복한 삶을 살고자 하는 기대는 사람들이 일반적으로 생각하는 것보다는 현실에서 그다지 잘 충족되지 않는다. 그 이유로는 두 가지를 들 수 있다.

첫째, 초능력은 공상의 산물이기 때문에 그 자체로 현실화되기 어려우며 보통 사람들은 마음읽기에서 제한된 능력을 갖고 있기 때문이다. 대부분의 사람들은 자신에 대한 다른 사람들의 평판을 이해하는 것과 마음읽기를 혼동하는 경향이 있다.

일반적으로 사람들은 다른 사람들이 자신에 대해 어떻게 생각하고 느끼는지, 즉 자신에 대한 평판을 제법 잘 알아낼 수 있는 것으로 보인다. 심리학자 데이비드 케니(David Kenny)와 동료들은 연구 참여자들에게 여러 가지 성격 특성 목록을 보여 주고서 다른 사람들이 자신에 대해 그러한 특성과 관련해서 어떻게 평가할지에 관해 추측하도록 하였다.[88] 그 결과, 사람들은 다른 사람들이 자신에 대해 대체로 어떻게 평가하는지에 관해서는 꽤 유능한 모습을 나타냈다. 당사자가 자신의 평판에 대해 추측한 값과 다른 사람들이 실제로 그 특성에 대해 평가한 값 간 상관은 '.55' 수준으로 비교적 높은 편이었다. 상관은 관계의 강도를 설명해 주는 통계치로서 0에서 1 사이의 값을 갖는다.

흥미로운 점은 비록 다른 사람들이 자신에 대해서 전체적으로 어떻게 생각하고 느끼는지에 관해서는 사람들이 어느 정도는 알아맞힐 수 있을지라도, 정작 특정 개인이 자신에 대해 어떻게 생각하고 느끼는지에 관해서는 거의 알아맞히지 못한다는 점이다. 다시 말해, 사람들은 자신이 속한 집단 내 사람들이 자신에 대해 우호적이라고 평가하는지 여부에 관해서는 어느 정도 추론할 수 있을지라도, 주변 사람들 중 실제로 누가 그렇게 생각하고 또 누가 그렇게 생각하지 않는지에 대해서는 잘 파악하지 못했다. 삶에서는 전자의 과정, 즉 자신에 대한 평판을 알아내는 것도 중요하기는 하지만 후자, 즉 다른 사람의 마음읽기의 중요성 역시 결코 뒤지지 않는다.

사람들은 비단 다른 사람들의 마음뿐만 아니라, 자기 자신의 속마음을 읽어 내는 데도 매우 서툰 경향이 있다. 영화 〈마이 페어 레이디(My fair Lady)〉의 원작에 해당되는 버나드 쇼(George

Bernard Shaw)의 연극 〈피그말리온(Pygmalion)〉[89]에는 꽃을 팔던 가난한 소녀 두리틀(Eliza Doolittle)을 신데렐라 같은 귀부인으로 변화시켜 주는 괴팍한 음성학자 히긴스(Henry Higgins)가 등장한다. 히긴스는 스스로 기품 있고 지혜로우며 세련된 영국 신사라고 믿지만, 자신이 야비하고 여성을 싫어하며 까다로운 사람이라는 사실은 깨닫지 못한다. 그러면서도 그는 주변 사람들이 왜 자신의 진면목을 몰라주는지 도저히 이해할 수 없다며 푸념한다.

"인간의 가장 큰 착각은 자기라는 존재가 스스로 생각하는 그대로라고 믿는 것이다."라고 지적한 헨리 아미엘(Henri F. Amiel)[90]의 말처럼, 〈피그말리온〉이라는 작품은 사람들이 자신의 속마음을 잘 이해하지 못하는 경향이 있음을 잘 보여 준다. 사람들이 자신의 속마음을 잘 이해하지 못하는 대표적인 이유로는 무의식적인 방어와 뇌의 생물학적인 구성 원리 두 가지를 들 수 있다.

행복 메타인지 활용의 어려움

사람들이 행복 메타인지를 적절하게 활용하지 못하는 대표적인 이유로는 무의식적 방어와 자기지각 과제의 어려움을 들 수 있다. 먼저, 무의식적인 방어가 정확한 자기지각, 즉 메타인지 시스템의 기능을 방해하는 문제의 경우, 동성애 공포 증상을 보이는 사람들의 성적인 욕구상의 특징을 분석한 연구가 좋은 예가 될 수 있다.[91] 한 연구에서는 동성애에 대해 공포증을 나타내는 남성과 그렇지 않은 남성들 간 성적인 욕구상의 차이를 비교하는 실험을 진행하였다. 이 연구에서는 성적 흥분도를 객관적으로 평가하기 위해 음경혈량측정법(Penile plethysmography: PPG)을 사용하였다. 이 측정법에서는 고무링을 성기에 끼운 다음에 자극에 따른 체적에서의 변화량을 비교하게 된다.

이 실험에서 연구에 참여한 남성들은 방에 들어가 직접 고무링을 자신의 성기에 부착하라는 요청을 받는다. 그 후 세 가지 성행위가 담겨 있는 비디오테이프를 감상하게 된다. 그 세 가지 영상자료 내용은 남성과 여성 간 성행동 장면, 남성들 간 성행동 장면, 여성들 간 성행동 장면이다. 실험 결과, 동성애 공포증을 갖고 있는 남성들은 그렇지 않은 집단에 비해 남성들 간 동성애 장면을 시청할 때 발기 정도가 더 증가하였다. 대조적으로 남성과 여성 그리고 여성들 간 성행동 장면을 시청했을 때는 발기 정도에서 두 집단 간 차이가 나타나지 않았다. 이러한 결과는 동성애 공포증이 사실은 동성에 대해 끌리는 마음을 방어적으로 위장한 기만책에 불과하다는 점을 보여 준다.

비록 이 실험에서 동성애 공포증을 갖고 있는 남성들이 남성들 간 성행동 장면을 보고 발기 정도가 증가하게 된 것은 끌림의 결과가 아니라 불안해졌기 때문일 수도 있다. 하지만 이 경우에도 동성애 공포증을 갖고 있는 남성들이 스스로 갖고 있는 주관적인 믿음과는 달리, 남성들 간 성행동 장면에 대해 다른 집단보다 신체적으로 더 민감한 반응을 나타낸다는 점은 분명해 보인다.

사람들이 메타인지에 잘 접근하지 못하는 이유, 즉 스스로 자신의 속마음을 잘 이해하지 못하는 또 다른 이유로는 뇌의 생물학적인 조직 원리를 들 수 있다. 뇌 신경과학자 데이비드 이글먼(David Eagleman)에 따르면, 우리의 뇌는 우리가 이해할 수 있을 정도로 단순하다 할지라도, 우리는 그것을 이해할 수 있을 정도로 똑똑하지는 못하다.[92] 그 이유는 바로 서브루틴(subroutine)의 문제 때문이다. 서브루틴은 공장에서 한 가지 품목의 생산을 위해 특화된 형태의 조립 라인을 뜻한다.

서브루틴이 문제되는 상황은 왕위를 비롯해 모든 것을 상속받은 철부지 왕이 처한 상황과 비슷하다.[93] 만약 그 철부지 왕이 국가 운영을 위해 몇 명의 신하가 필요하고, 농부의 수는 어느 정도 규모이어야 하며, 군사의 수는 어떠해야 하는지에 관해 전혀 정보가 없다고 해 보자. 과연 그 철부지 왕이 국가를 통치할 수 있을까? 데이비드 이글먼의 대답은 가능하다는 것이다. 왜냐하면 그런 정보의 경우 왕을 대신해서 신하들이 알고 있으면 되기 때문이다. 실제로 대부분의 왕들은 그런 정보에 관해 어둡기 마련인데, 그 이유는 왕으로서 알 필요도 없고 또 왕이 전모를 파악해 낼 수 없는 정보이기 때문이다.

인공지능 분야의 개척자 마빈 민스키(Marvin L. Minsky)는 『마음 사회(the Society of Mind)』라는 저서에서 인간의 마음이 일종의 서브루틴 체계들이 기계처럼 연결된 거대한 시스템이라고 주장했다.[94] 우리는 한평생을 살아가면서 수많은 의사 결정을 내리지만 우리는 자신을 둘러싼 모든 것을 이해하지는 못한다. 직업과 이름

간 관계가 바로 그 좋은 예이다.[95] 이름이 데니스(Denise) 혹은 데니스(Dennis)인 사람이 치과의사(Dentist)가 되는 경우는 드문 반면에, 이름이 로라(Laura)나 로렌스(Lawrence)인 사람은 변호사가 될 확률이 높다. 또 이름이 조지(George)나 조지나(Georgina)인 사람은 지질학자(geologist)가 될 가능성이 더 높다. 로렌스 또는 조지에게 이름이 직업을 선택하는 데 영향을 주었겠냐고 물으면 대부분 왜 엉뚱한 질문을 하냐는 듯이 어이없어하는 표정을 짓기 마련이다. 사람들은 직업을 선택하는 것을 포함해 의사 결정을 할 때 자신과 관계된 모든 정보를 갖고서 판단을 내리기보다는, 필요한 일부 정보를 확대 해석해 정보의 공백을 메꿔 나가는 형태로 의사 결정을 하는 경향이 있다.

신경심리학자 마이클 가자니가(Michael Gazzaniga)의 분리뇌 환자들에 관한 연구[96]는 우리의 뇌가 정보의 공백을 메꿔 나가는 과정을 잘 보여 준다. 우리의 뇌에는 좌우 양쪽으로 구분된 두 개의 반구가 있으며 이 두 반구는 뇌의 가운데에 있는 신경 다발인 뇌량을 통해 서로 연결되어 있다. 분리뇌(split brain) 환자는 좌반구와 우반구의 두 반구 간 연결이 끊어진 환자를 말한다. 언어중추는 좌반구에 있기 때문에 분리뇌 환자는 오른쪽 시야에 들어오는 단어만 인식할 수 있으며, [그림 11]에서처럼 왼쪽 시야로 제시되는 단어는 읽지 못하기 때문에 정서적 반응을 나타내지 못한다.

가자니가는 한 실험에서 폭력적인 내용과 평온한 내용을 담은 영상물을 분리뇌 환자의 왼쪽 시야로 제시함으로써 우반구에 제시했다. 그는 분리뇌 환자의 눈을 한 지점에 고정시킨 채로 우반구에 그림 자극을 계속해서 노출시키는 장치를 이용했다. 이때 실험 장비 중 하나는 분리뇌 환자의 눈의 위치를 추적해, 만약 눈이 고정된 지점에서 움직이면 곧바로 영상물이 꺼지도록 설계되어 있었다. 한 과제에서 누군가가 다른 사람을 불 속으로 내던지는 것을 묘사한 영상물이 분리뇌 환자의 우반구에 제시되었다. 그러자 분리뇌 환자는 "나는 내가 무엇을 보았는지 정말 모르겠어요. 나는 단지 텅 빈 하얀 화면이 생각날 뿐이에요. 어쩌면 가을에 볼 수 있는 붉은 나무일지 모르겠군요. 왜 그런지는 모르겠지만 무서운 느낌이 들어요. 아마 이 방이 맘에 들지 않아서 그런 것 같아요."라고 말했다. 그 후 그 환자는 동료에게 작은 목소리로 다음과 같이 말했다. "나는 가자니가 박사님을 좋아해요. 하지만 왜 그런지 모르겠지만 지금은 박사님이 좀 무섭네요."라고 말했다.

분명히 가자니가의 실험에서 분리뇌 환자의 좌반구는 영상물의 내용을 알 수 없었다. 이러한 조건하에서 해석자 역할을 하는 분리

[그림 11] 분리뇌 환자의 정보 처리 특징

뇌 환자의 좌반구는 자신의 마음 상태를 설명해 내기 위해 이야기를 꾸며 냈던 것이다.

심리학자 스티븐 핑커(Steven Pinker)는 인간의 사고는 "마치 뇌 안에서 폭풍이 휘몰아치는 것과 같다."[97]고 말했다. 그는 사람들이 상상하는 '나'라는 통제자는 환상에 불과하다고 주장했다. 그에 따르면, 인간의 의식은 뇌 전체에 퍼져 있는 수많은 사건의 소용돌이에 해당되며 이 사건은 사람들의 행동을 통제하는 콘트롤 타워의 관심을 끌기 위해 치열한 경쟁을 벌이게 된다. 그리고 만약 하나의 사건이 자신의 존재를 알리듯이 큰 소리로 외치면, 두뇌는 그에 대해 그럴듯한 해석을 내림과 동시에 내 안에 있는 하나의 자아가 모든 결정을 내린다는 주관적인 느낌을 창조해 낸다는 것이다.

사실 사람들이 메타인지를 활용해 자기 자신의 마음을 읽고자 하는 경우, 이러한 작업에는 한계가 뒤따른다. 보통 말초신경계가 소화기관을 통제하는 데만도 무려 1억 개의 뉴런들을 활용한다. 따라서 우리가 신체의 모든 활동을 통제하려 든다면, 우리의 뇌는 과부하가 걸려 정상적으로 기능하기 어려울 것이다. 따라서 우리에게는 스스로를 보호하기 위해 마치 컴퓨터의 부트섹터(boot sector)처럼 운영 시스템이 접근할 수 없는 체계를 별도로 구성해 둘 수밖에 없다. 부트섹터는 시동 프로그램이 저장되는 기억장치의 위치를 말한다. 비유적으로 표현하자면, 만약 우리가 자신에 대해 지나치게 많이 생각하려 들어 과부하가 걸리게 되면, 전원이 다시 꺼졌다 켜질 수 있다.

우리가 가슴속의 일, 즉 내면의 세계를 이해하는 데는 마음읽기라는 특별한 심리적 기술이 필요하다. 마음읽기는 사람의 생각과 감정 그리고 의도를 정확하게 이해하는 능력을 말한다. 마음읽기는 크게 두 가지 형태로 존재한다. 하나는 다른 사람의 마음을 읽는 것이다. 그리고 나머지 하나는 자기 자신의 마음을 읽는 것이다. 흥미로운 것은 이 두 가지가 별개의 것처럼 보일지라도, 실제로는 '상통(相通)'하는 것이라는 점이다.

마음읽기는 인간의 삶에서 가장 기본적인 사회적 능력 중 하나이며 행복한 성공을 위해 필수 불가결한 요소에 해당된다. 실제로 미국인 1,020명을 대상으로 진행된 한 설문조사에서 '사람들이 가장 갖고 싶어 하는 초능력' 중 하나가 바로 '마음읽기'였다.[98] 마음읽기가 사람들이 가장 선호하는 초능력 중 하나로 선정되었다는 것은 그만큼 우리가 내면세계를 들여다보는 것이 어려운 일이라는 점을 시사한다. 그럼에도 불구하고 사람들이 이러한 초능력을 간절히 바라는 이유는 분명해 보인다. 그러한 능력이 행복한 삶을 사는 데 유용할 것이라고 기대하기 때문이다.

내면을 비추는 마음의 창

행복한 삶을 위해서 스스로 내면의 세계를 살피는 것은 필수 불가결한 요소임에도 불구하고 삶에서 그러한 과제를 실천하는 것은 결코 쉽지 않다. 프랑스 작가 쥘리앵 그린(Julien Green)은 자신의 일기에 대해 이렇게 말했다. "누군가 이 일기를 찾아낸다면, 그는 나를 완전히 잘못 판단할 것이다. … 나를 판단하는 데 진정으로 중요한 것을 쓰지 않았기 때문이다."[99]

하지만 쥘리앵 그린과는 대조적으로 몽테뉴처럼 '생긴 그대로의 자연스럽고 평범하고 꾸밈없는 나'[100]에 대한 충실한 자아 성찰의 기록을 남기는 이도 있다. 작가 사라 베이크웰(Sarah Bakewell)은 몽테뉴에 대해 다음과 같이 평했다. "자신에 대한 이야기를 써서 남들이 각자 자신의 인간적인 모습을 들여다볼 수 있게 만든 거울이 늘 있었던 것이 아니다. 누군가 그런 거울을 발명해야 한다. 이런 거울을 처음 착상한 사람은 단 한 사람이었다. 몽테뉴가 바로 그 사람이다."[101]

조 루프트(Joe Luft)와 해리 잉햄(Harry Ingham)은 4가지 마음의 창이라는 성격 패러다임을 창안했다.[102] 이 이론은 그들의 이름을 따 조하리(Johari)의 창이라고 불린다. 그들에 따르면, 자기이해와 관련해서는 사분면이 존재할 수 있다.

첫 번째 영역은 공개적 영역(Arena)이다. 이 영역은 자신에 대해 스스로 잘 알고 있는 동시에 타인도 잘 알고 있는 부분이다. 쾌활한 성격인지 여부에 대한 정보가 여기에 해당된다. 두 번째 영역은 맹목의 영역(Blind Spot)이다. 이 영역은 자기에 대해서 자신은 모르지만 타인은 잘 알고 있는 부분이다. 앞에서 설명한 동성애 공포 증상을 보이는 사람들의 성적인 욕구처럼, 무의식적인 방어기제가 작용하는 부분이 여기에 해당된다. 세 번째 영역은 은폐 영역(Facade)이다. 이 영역은 자기에 대해서 자신은 잘 알고 있지만 다른 사람들은 잘 모르는 부분이다. 자신이 좋아하는 것과 싫어하는 것에 대한 정보가 여기에 해당된다. 네 번째 영역은 미지의 영역(The Unknown)이다. 이 영역은 자기에 대해서 자신도 모르고 타인도 모르는 부분이다. 이 영역은 심리학적인 이해를 초월해서 존재하는 부분이다. 예컨대, 인간의 본성에 관한 종교적 이해 등이 여기에 해당된다.

비록 정신과 의사 어빈 얄롬(Irvin D. Yalom)은 4가지 마음의 창에서 각 사분면의 크기는 연동해서 움직이기 때문에 어느 하나가 커지면 다른 사분면의 크기가 줄어든다고 설명했지만,[103] 사실 각 사분면의 크기는 무한대에 해당된다. 그렇기 때문에 어느 하나가 확대된다고 해서 나머지 영역이 줄어든다고 보기는 어렵다.

〈표 3〉 조하리(Johari)의 창

	자신이 알고 있는 영역	자신이 모르는 영역
남들이 알고 있는 영역	2사분면: 공개적 영역	1사분면: 맹목의 영역
남들이 모르는 영역	3사분면: 은폐 영역	4사분면: 미지의 영역

다만, 분명한 것은 자기이해의 문제와 관련해서 심리학에서 특히 관심을 갖게 되는 영역은 1사분면, 즉 맹목의 영역이라는 점이다. 2사분면과 3사분면은 당사자가 이미 스스로 잘 알고 있기 때문에 특별히 학문적인 관심이 주어질 이유가 없으며, 4사분면의 경우에는 사실상 심리학에서 다룰 수 있는 영역이 아니기 때문이다.

비록 조하리의 창 이론이 의사소통 관련 장면에서 매우 유용한 모델을 제공해 줄 수 있을지라도, 성격심리학의 관점에서 볼 때 이 모델에는 약점이 존재한다. 바로 자신에 대해서 스스로와 타인이 이미 알고 있는 내용에 초점을 맞췄기 때문에 삶에서 무의식의 역할을 간과하고 있다는 점이다. 그 결과, 심리학적 자기이해의 영역이 크게 축소된다는 문제점을 내포하게 된다. 앞으로 자세히 살펴보겠지만, 마음에 대한 이해에서 무의식에 대한 탐색은 필수불가결한 요소에 해당된다.

무의식의 중요성을 고려할 경우, 자기이해는 4가지 심리적 차원으로 재구성해 볼 수 있다. 조하리의 창 이론에서는 심리학적 관심이 1개 영역에만 주어질 수 있었던 반면에, 무의식을 고려한 자기이해의 심리적 차원 모델에서는 심리학적 관심이 주어질 수 있는 영역이 2개로 확대된다. 그 두 가지는 바로 1사분면, 즉 무의식적인 방어에 의해 마음읽기가 소극적으로 진행되는 영역과 3사분면, 즉 무의식적 소망에 의해 마음읽기가 자신을 보호할 수 있는 편향된 방향으로 진행되는 영역이다. 물론 이 두 영역은 동전의 앞뒷면처럼 붙어 있지만 상대적으로 어느 측면을 강조하는가에 따라 구분 지을 수 있다. 동전에서도 그림이 있는 쪽이 앞면이고 숫자가 나오는 쪽이 뒷면인 것처럼 말이다.

〈표 4〉 자기이해의 4가지 심리적 차원

	스스로 자신의 모습이라고 믿는 영역	스스로 자신의 모습이 아니라고 믿는 영역
사실에 해당되는 것	2사분면: 자기지식	1사분면: 무의식적 방어와 소극적 마음읽기
사실이 아닌 것	3사분면: 무의식적 소망 및 편향된 마음읽기	4사분면: 자기와 무관한 영역

심리학에서의 주된 관심의 초점이 되는 영역, 즉 〈표 4〉의 1사분면과 3사분면에 속하는 자기 자신의 실제 모습은 당사자에게는 미지의 영역에 해당된다. 레오나르도 다 빈치(Leonardo da Vinci)는 이러한 미지의 세계와 마주하게 되었을 때 경험하게 되는 심적인 갈등을 다음과 같이 기술했다.

"아주 큰 동굴의 입구에서 놀란 채로, 그리고 미처 몰랐던 감정을 느끼면서, 얼마간 서 있었다. 허리를 앞으로 구부리고, 왼손을 무릎에 짚어 몸을 지탱하고서 잘 보려고 찡그린 눈 위에 오른손으로 손차양을 만들었다. 더 잘 보려고 이쪽으로도 저쪽으로도 몸을 돌려 가며 들여다보았지만 깜깜해서 보이지가 않았다. 한참을 그러고 있는 동안 두 개의 상반된 감정이 들었다. 두려움과 욕망이었다. 위협적일 정도로 어두운 동굴이 주는 두려움, 그리고 그 안에 어떤 놀라운 것이 있는지 보고 싶다는 욕망."[104)]

자기탐색을 위한 정서적인 안정의 필요성

삶에서 자기탐색에 적극적으로 참여하는지 여부에 중요한 영향을 미치는 요인 중 하나는 개인의 정서적인 안정성이다. 이런 점에서 자기 자신에 대한 지적인 호기심은 사랑을 먹고 자란다고 표현할 수 있다.

한 실험에서 한 살 된 아이가 엄마 옆에서 장난감을 가지고 놀도록 한 후 엄마가 방을 나갔다 왔을 때 아이의 행동 변화를 관찰하였다.[105] 엄마와 정서적으로 안정적인 애착 관계에 있는 아이는 엄마가 나갔다 돌아왔을 때, 엄마에게 아는 척을 하고는 다시 장난감을 탐색하는 작업을 계속했다. 반면에, 엄마와 정서적으로 불안정한 애착 관계에 있는 아이는 엄마가 나갔다 돌아왔을 때, 엄마에게 달려간 후 다시는 장난감 쪽으로 되돌아가지 않았다. 이 실험은 정서적으로 불안정한 아이는 새로운 정보를 모으기 위한 탐색 활동을 적게 하는 경향이 있음을 보여 준다.

〈표 4〉의 1사분면과 관계된 무의식적 방어에서의 핵심 감정은 바로 두려움(공포)이다. 자신에 대한 신뢰가 부족한 사람은 자신의 실제 모습을 발견하고자 하는 동기보다 자신의 심리적 안정감을 지키고자 하는 동기가 더 우세해진다. 이런 경우, 자기 내면의 세계를 탐색하는 마음읽기 과정은 크게 위축될 수밖에 없다. 이처럼 마음읽기를 소극적으로 실행함으로써 스스로를 돌보지 않는 경우, 삶에서 '회피 가능한' 비극적 사건에 무기력하게 대처하는 모습을 나타낼 수 있다.

이처럼 무의식적인 방어가 자신의 마음을 정확하게 읽지 못하도록 방해하는 예로는, 사교파티에서 핸섬한 젊은 남성이 자신의 부인에게 춤을 출 것을 제안한 후 자신의 부인과 즐겁게 춤을 추는 것을 우연히 목격한 중년 남자가 나타낼 수 있는 반응을 들 수 있다. 그 남성은 그 후로 파티가 지속되는 내내 조금도 즐거워하지 않을 뿐만 아니라 무뚝뚝한 표정을 지었다. 부인이 왜 그의 표정이 안 좋은지를 물었을 때, 그는 아무렇지도 않으며 자신은 온전하게 파티를 즐기고 있다고 대답했다. 하지만 그 중년 남성은 자신을 제외한 다른 사람들은 그가 결코 괜찮은 상태에 있지 않다는 것을 쉽게 눈치챌 수 있다는 점에서 명백히 마음읽기에 실패한 것으로 평가할 수 있다. 그리고 그가 자신의 마음을 제대로 읽지 못하게 된 데는 중년 남성으로서 나이 들어가는 것에 대한 두려움, 그리고 젊은 남성과의 경쟁에서 패배하게 되는 것에 대한 불안감이 영향을 주었다고 해석할 수 있다.

이 중년 남성의 행동에서 분노감도 중요한 역할을 할 수 있다. 하지만 최종적으로 중년 남성은 분노감을 표출할 수 없었다. 괜찮다고 말하면서 화를 내기는 어렵기 때문이다. 따라서 이 중년 남성의 행동에서 보다 더 결정적인 역할을 한 정서는 분노보다는 두려움이라고 할 수 있다.

이와는 대조적으로, 〈표 4〉의 3사분면과 관계된 무의식적 소망에서의 핵심 감정은 슬픔(우울)이다. 과거에 상처받은 경험이 많은 불행한 사람은 그러한 상처 경험과 관련된 내면의 무기력감과 열등감에서 벗어나고자 하는 욕구를 갖게 된다. 이러한 욕구를 충족시켜 줄 수 있는 심리적 조건(예컨대, 유능성)이 현실에서 충족되지 않는 경우, 개인의 간절한 소망은 진정한 행복감이 아닌, 거짓되고 위장된 형태의 행복감을 추구하는 방향으로 삶을 이끌어 갈 수 있다. 이런 경우, 자기 내면의 세계를 탐색하는 마음읽기 과정은 개인의 소망을 충족시켜 주는 방향으로 편향될 수밖에 없다. 이처럼 편향된 형태의 마음읽기를 사용할 경우, 그러한 삶이 선사해 주는 즐거움은 사상누각(沙上樓閣)처럼 한순간에 허물어져 버릴 위험성

이 있다.

이처럼 무의식적 소망이 자신의 마음을 정확하게 읽지 못하도록 방해하는 예로는 아돌프 피셔(Adolph Fischer) 사례를 들 수 있다.[106] 그는 19세기에 미국에서 노동운동이 한창이던 때 무자비한 자본주가 운영하던 시카고의 한 공장 노동조합원이었다. 그는 노동운동을 무력화하기 위해 희생양이 필요했던 자본주에 의해 무고하게 살인죄의 누명을 뒤집어쓰고 교수대에 서게 되었다. 놀랍게도 그는 교수대 위에서 형장의 이슬로 사라지기 직전에 "바로 지금이 내 인생에서 가장 행복한 순간."이라는 말을 남겼다. 그 직후 교수형이 집행되었고, 그는 아무런 죄가 없었음에도 불구하고 비극적으로 삶을 마감해야만 했다.

미지의 세계를 탐험하고자 할 때는 수수께끼와 미스터리의 차이를 고려할 필요가 있다. 수수께끼에는 분명한 정답이 존재하는 반면에, 미스터리에는 분명한 정답이 존재하지 않는다.[107] 수수께끼의 전형적인 예 중 하나는 바로 십자말풀이다. 여기에는 분명한 질서가 존재하고 시작과 끝이 존재하며 주어진 정보의 양이 문제를 해결하는 데 중요한 역할을 한다. 대조적으로 미스터리에서는 상대적으로 더 큰 모호성이 존재하고 끝이 분명하게 존재하지 않으며 정보의 양 자체보다는 어떤 정보를 선택할 것인지 그리고 주어진 정보를 어떻게 해석할 것인지가 더 중요하다.

플로리시를 위한 메타선택의 기술

플로리시를 위해 필요한 일 중 하나는 올바른 의사 결정을 내리기 위해서 지혜로운 생각을 선택할 줄 아는 것이다. 심리학에서는 '선택을 위한 선택'을 '메타선택(meta-selection)'이라고 부른다. 여기에서 '메타'라는 표현은 특정한 개념에 똑같은 개념 그 자체를 반복해서 적용하는 경우에 사용되는 접두어이다.

역사적으로 위인들은 예외 없이 메타선택의 중요성을 잘 인식하고 있었다. 일반적으로 메타선택 과정에서는 '메타인지(meta-cognition)'가 핵심적인 역할을 한다. 메타인지는 '생각에 대한 생각'으로서 자신의 생각을 관리하는 능력을 말한다.

플로리시를 위해서는 '선택을 위한 선택', 즉 메타선택이 필요하다. 예를 들면, 행복한 삶을 위해서 언제, 무엇을, 어떻게 그리고 왜 해야 하는지를 이해하는 것은 중요하다. 이런 점에서 메타선택은 일종의 '선택 위의 선택'이라고 할 수 있다.

메타선택에서는 자신의 생각을 스스로 모니터링하는 능력인 메타인지의 역할이, 특히 중요하다. 일찍이 공자(孔子)는 "아는 것을 안다고 하고 모르는 것을 모른다고 하는 것, 이것이 바로 진정으로 아는 것이다."라고 하였다. 공자의 말은 바로 메타인지의 중요성을 지적한 것이라고 할 수 있다.

미국의 전(前) 국방장관 도널드 럼즈펠드(Donald Rumsfeld)는 우리가 메타인지의 세계에 귀 기울여야 할 필요성을 다음과 같이 경고하였다. "알려진 앎(known knowns)이 있다. 우리가 안다는 사실을 알고 있는 것들이다. 알려진 미지(known unknowns)가 있다. 그것은 현재 우리가 모른다는 것을 아는 것이다. 그러나 또한 알려지지 않은 미지(unknown unknowns)가 있다. 우리가 모른다는 사실조차 알지 못하는 것들이다. 그리고 매년 우리가 더 많은 것을 모른다는 사실이 밝혀지고 있다."[108]

일반적으로 무언가를 선택하기 위해 선택의 기준을 정할 때 요구되는 사고방식은 선택 과정 자체에 내재한 사고 과정과는 다르다. '무엇'을 선택할 것인지에 대해 생각할 때는 형식적 지식(codified knowledge)이 필요한 반면에, 무엇을 선택하든지 간에 그것을 '왜' 선택해야 하는지를 고민할 때는 암묵적인 지식(tacit knowledge)이 요구되기 때문이다.

일반적으로 지식은 형식적인 지식과 암묵적인 지식으로 나뉜다. 형식적인 지식에는 주로 '일반적 지식(know-what)'과 '원리에 관한 지식(know-why)'이 포함된다. 이러한 형식적인 지식들에서는 보통 객관적 정보에 초점을 맞추게 된다. 그리고 이러한 정보는 주로 언어를 통해 전달된다. 반면, 암묵적 지식에는 '방법에 관한 지식(know-how)'과 '전문가에 관한 지식(know-who)'이 포함된다.

사교 기술 등과 같이 쉽게 언어적으로 표현하기 힘든 '노하우'는 주로 사회적인 상황에서의 교류 경험을 통해 습득되는 지식이다. 또 위기 상황에서 누구에게 도움을 청해야 하고, 자신을 지지해 줄 사람이 누군지에 관한 정보 역시 사회적인 상호작용 과정에서 습득되는 것이 일반적이다.

메타선택을 위해서는 언어적으로 전달하는 것이 불가능하거나 그만큼 어려운 업무와 관련된 암묵적인 지식을 익히는 것이 필요하다. 업무 관련 암묵적 지식이 언어로는 전달되기 어렵다는 표현이 생소하게 느껴질 수 있기 때문에, 암묵적 지식의 문제를 물건의 무게 중심을 잡는 기술로 예를 들어 보겠다.

가끔 달인을 소개하는 방송 프로그램에서는 '무게 중심 잡기'의 달인이 등장할 때가 있다. 그런데 언어적으로 표현을 할 경우, 손가락으로 어떤 물체의 무게 중심을 잡는 기술은 물체를 손가락 위에 올린 다음에 물체가 왼쪽으로 기울면 무게 중심을 오른쪽으로 옮기고, 또 물체가 오른쪽으로 기울면 무게 중심을 왼쪽으로 옮기는 것이라고 할 수 있다. 하지만 이러한 설명만을 듣고서 누군가가 무게 중심 잡기의 달인이 되는 것은 사실상 불가능하다. 왜냐하면 이러한 기술은 말로 전달될 수 있는 것이 아니라 훈련을 통해 몸에 배는 것이 중요한 기술에 해당되기 때문이다.

메타선택에서의 불확실성과 메타인지의 함정

메타선택 과정에서의 난점 중 하나는 현실에서 우리가 필요로 하는 모든 정보를 손에 쥘 수는 없기 때문에, 불가피하게 불확실한 상황하에서 의사 결정, 즉 선택을 해야만 한다는 것이다. 제아무리 중요한 결정을 눈앞에 두고 있는 상황일지라도 일어날 가능성이 있는 경우의 수를 모두 고려하는 것은 사실상 불가능하기 때문이다.

메타선택을 위해서는 자신이 알고 있다고 믿는 지식에 대한 자신감이 중요하다. 의사 결정을 위한 다양한 선택 조건들이 존재하는 상황에서 최선의 선택을 하기 위해서는 선택 방법들의 정확도가 중요한 역할을 하기 때문이다.

메타인지와 밀접한 관계가 있는 능력 중 하나는 '안다는 느낌(feeling of knowing)'이다. 안다는 느낌의 한 가지 예는 어떤 사람이 주관식 문제를 풀지 못한 상황에서 만약 같은 문제가 객관식으로 문제가 출제된다면 정답을 맞출 수 있을 것이라는 자신감을 갖게 되는 것을 말한다. 메타인지가 정상적으로 작동하는 경우에는 실제로 풀지 못했던 주관식 문제가 객관식으로 다시 출제되면 정답을 맞출 확률이 높아진다.

미국 뉴욕대학교 인지신경과학센터 스테판 플레밍(Stephen M. Fleming) 박사의 연구 결과에 따르면, 메타인지 능력이 뛰어난 사람들은 뇌의 전전두엽(prefrontal cortex) 부위에 회백질(gray

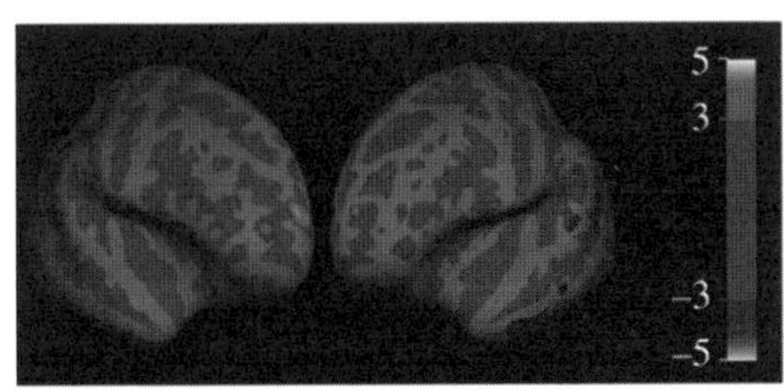

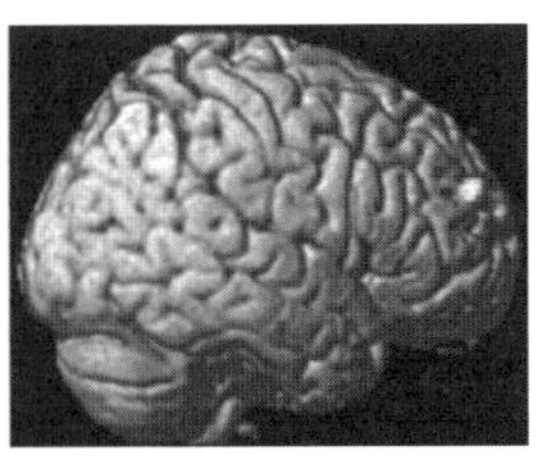

[그림 12] 메타인지와 뇌구조

matter)이 더 많은 것으로 나타났다.[109] 이 부위는 고차원적인 인지와 계획을 담당하는 부위로서 일반적으로 다른 동물들과는 다른 인간 특유의 사고 능력과 관계된 것으로 알려져 있다. [그림 12]에서 밝은 색으로 표시된 부분이 바로 메타인지와 관계된 부위이다.

메타인지 과정에는 함정들이 도사리고 있다. 그 하나가 바로 역설의 문제이다. 메타인지에서는 필연적으로 자기 스스로를 지칭하는 '자기지시(self-reference)' 상황이 발생할 수 있다. 그 전형적인 예가 바로 '거짓말쟁이의 역설'이다.

"내가 지금 하는 말은 거짓이다."라는 문장의 경우, 그 말의 내용이 만약 참이라면 그 말 자체는 거짓이 되기 때문에 거짓이라는 그 말이 참이 되어야 한다. 또 그 말의 내용이 만약 참이 아니라면 그 말 자체는 거짓이 아니기 때문에 거짓이라는 그 말의 내용이 참이 되어야 한다. 따라서 이 문장은 참이 될 수도 없고 또 거짓이 될 수도 없는 논리적인 역설을 내포하고 있다. 자기지시의 역설과 관계

[그림 13] 르네 마그리트의 「이것은 파이프가 아니다」

된 또 다른 예로는 르네 마그리트(Rene Magritte)의 「이것은 파이프가 아니다(Ceci n'est pas une pipe)」라는 작품을 들 수 있다.

메타인지 과정에 존재하는 또 다른 함정으로는 '자기 충족적인 예언' 같은 문제를 들 수 있다. 자기 자신에 대한 낙관적인 예측과 비관적인 예측은 모두 자신에 대한 믿음 혹은 기대 그 자체가 원인이 되어 현실이 될 수도 있다. 따라서 플로리시를 위해서는 메타인지의 함정에 빠지지 않기 위해 지혜로운 노력을 기울일 필요가 있다.

선택과 메타선택에서의 사고 과정 비교

일상생활에서 사람들은 필연적으로 선택과 메타선택 과제 모두를 수행한다. 휴가 기간에 해외여행을 계획한다고 가정해 보자. 여행지에서 머무를 해외 호텔을 선택하기 위해 그러한 해외 호텔을 추천해 주는 여행 대행사들을 고르는 것이 바로 메타선택이라고 할 수 있다. 이때 해외 호텔을 선택하기 위해 사용하는 기준과 여행대행사들을 선택할 때 사용하는 기준은 서로 다를 수밖에 없다. 해외 호텔을 선택할 때는 호텔의 위치, 등급, 가격 그리고 시설 등을 고려하는 반면, 여행대행사를 선택할 때는 예약 절차에서의 편의성과 신뢰도 등을 우선적으로 고려하게 될 것이다. 이처럼 메타선택 과정에서는 원래의 선택 상황에서 다루는 것과는 다른 성격의 정보를 다루게 된다.

본질적으로 일반적인 선택 상황에서 주로 활용하는 사고 과정과 플로리시를 위한 메타선택 상황에서 주요하게 사용하는 사고 과정은 다르다. 〈표 5〉에는 그 둘 간의 차이가 사고가 적용되는 영역, 사고 과정에서 초점이 주어지는 부분, 활용되는 연산의 종류, 사고 활동의 목표 그리고 불확실한 상황에 대한 반응을 중심으로 요약되어 있다. 일반적인 선택 상황과 메타선택 상황에서의 사고 특징을 비교해서 소개하면 다음과 같다.

〈표 5〉 일반적인 선택 상황과 플로리시를 위한 메타선택 상황에서의 사고 특징 비교

	일반 선택 상황에서의 사고	메타선택 상황에서의 사고
적용 영역	보이는 세계	보이지 않는 세계
초점	분석적 사고	패러독스 사고
연산의 종류	덧셈식 사고	뺄셈식 사고
목표	더 낮은 비용으로 더 좋게	다르게 틀짜기(framing)
불확실성에 대한 반응	최적화	잉여와 여유

보이지 않는 세계를 고려해야 하는 이유

사람들은 일반적으로 미스터리보다는 수수께끼에 더 많은 관심을 갖는 경향이 있다. 미스터리를 풀기 위해서는 불확실성에 대한 인내력을 갖추어야 한다. 반면, 구글과 같은 현대적인 문명은 우리들에게 마치 모든 질문에는 정답이 존재하는 것 같은 착각을 불러일으킨다.

알베르트 아인슈타인(Albert Einstein)은 미스터리에 관해 다음과 같이 평했다. "우리가 경험할 수 있는 것 중 가장 아름다운 것은 미스터리이다. 미스터리는 모든 진정한 예술과 과학의 원천이다."[110]

아마도 세상에 존재하는 미스터리 중에서 가장 아름답고 가장 신비하며 가장 놀라운 것이 바로 우리 마음에 관한 미스터리일 것이다. 내면의 세계를 들여다보고자 하는 사람은 일종의 심리학 탐정이 될 필요가 있다. 그리고 심리학 탐정이라면, 보이지 않는 세계에 세심한 주의를 기울여야 한다.

셜록 홈즈(Sherlock Holmes)의 「실버 브레이즈(Silver Blaze)」[111] 이야기는 왜 명탐정이 보이지 않는 세계에 주의를 기울이는지를 잘 보여 준다. 「실버 블레이즈」는 유명 경주마인 실버 블레이즈의 실종과 그 말의 조련사인 존 스트레이커가 살해된 사건에 대한 이야기이다.

로스(Ross) 대령이 사건 현장에 도착한 셜록 홈즈에게 물었다. "뭔가 짚이는 것이 있소?" 그러자 셜록 홈즈가 "그날 밤 사건 현장에 있던 개의 반응이 매우 흥미롭군요."라고 대답했다. 그때 로스 대령이 반문했다. "그날 밤 개는 아무 짓도 하지 않았소." 그 얘기를 들은 셜록 홈즈가 대답했다. "바로 그 점이 흥미롭다는 겁니다." 뒤이어 홈즈는 자초지종을 설명했다. "분명 한밤중의 방문자는 그 개가 알고 있는 사람이었습니다. 존 스트레이커가 왔기 때문에 개가 전혀 짖지 않았던 겁니다. 따라서 마굿간에서 실버 블레이즈를 끌고 황무지로 나간 사람은 바로 스트레이커입니다."

철학자이자 과학자였던 프랜시스 베이컨(Francis Bacon)은 사람들이 흔히 눈에 보이지 않는 것을 고려하지 못하는 심각한 실수를 저지르는 경향이 있다고 지적하였다. "인간의 이해에서 가장 큰 방해 요인은 여러 사물 가운데 감각을 직접적으로 자극하는 것을 중시한다는 점이다. 아무리 중요한 요인이라도 그것을 감각을 통해 경험하지 않으면 경시하기 마련이다. 따라서 무언가를 심사숙고하는 행위는 '보는 것'에 국한되고, 보이지 않는 것에는 거의 주의를 기울이지 않는다."[112]

하지만 기본적으로 마음은 눈에 보이지 않는 세계에 해당된다. 따라서 심리학 탐정이라면, 마음읽기에서는 보이는 세계만큼 보이지 않는 세계 역시 중요할 수 있다는 점에 유념할 필요가 있다. 이러한 문제와 관련해 알베르 카뮈(Albert Camus)는 다음과 같은 의미심장한 말을 남겼다. "사실은 우리가 가장 포기하기 힘들어했던 것이 결국에는 정말 우리가 원했던 것이 아닐 수 있다."[113] 다시 말해, 행복한 삶을 위해서 우리가 선택해야 할 것은 어쩌면 우리가 삶 속에서 가장 강렬하게 얻고자 하는 것이 아닐 가능성을 열어 둘 필요가 있음을 보여 준다. 이 문제에 관해서는 차후에 가치 지향성의 문제에서 보다 구체적으로 다루게 될 것이다.

패러독스 사고

벤저민 프랭클린(Benjamin Franklin)은 후손들을 위해 다음과 같은 조언을 남겼다. "나는 어려움을 극복할 때 종이를 반으로 나눠 한쪽에는 찬성, 다른 쪽에는 반대라고 적습니다. 3~4일 정도 생각을 하면서 여러 가지 동기에 따라 짧은 생각을 적습니다. 그렇게 찬성과 반대의 이유를 한눈에 볼 수 있게 되면 각각의 무게(가중치)를 생각합니다. 그리고 서로 무게가 같은 것끼리 지웁니다. 찬성하는 이유 하나와 반대하는 이유 두 가지의 무게가 같다면 이 세 가지를 지웁니다. 이렇게 무게가 같은 것끼리 지우고 나서 하루 이틀 더 생각합니다. 새로운 이유가 떠오르지 않으면 결정을 합니다. 비록 이유의 무게를 판단하는 게 어려울 수 있지만, 각각의 이유를 비교해서 생각하다 보면 모든 것이 확실하게 보여 더 나은 결정을 할 수 있습니다."[114]

현대의 의사 결정 이론에 따르면, 합리적 결정은 기대효용 계산법과 같은 사고 방법에 따라 이루어진다. 경제학의 관점에서 보자면, 어떤 주식을 살 것인지를 결정하는 것처럼 중요한 선택을 할 때 우리는 가능한 선택지들 중 해당 결과들을 면밀하게 분석할 필요가 있다. 그 후 해당 조건들이 일어날 확률을 계산해서 최적의 기댓값, 즉 기대효용에 해당되는 항목을 선택해야 한다.

하지만 심리학 연구에 따르면, 사람들은 실제로는 벤저민 프랭클린처럼 생각하지는 않는다. 이 모순을 극명하게 보여 주는 재미있는 예가 있다. 유명한 의사 결정 이론가가 경쟁 대학으로부터 매력적인 제안을 받고 컬럼비아대학교에 계속 머물 것인지 아니면 새로운 대학교로 적을 옮길 것인지를 고민하게 되었다.[115] 그때 철학을 전공한 친구가 그를 조용한 곳으로 데려가 조언을 했다.

"도대체 문제가 뭔가? 자네가 글로 쓴 대로만 하면 되지 않나? 자네가 학생들에게 가르친 대로 하라고! 기대효용을 극대화하면 되잖아!" 그러자 그 의사 결정 이론가는 화를 내며 다음과 같이 답했다. "이봐, 좀 진지하게 조언해 줄 수 없나!" 이처럼 현실에서의 의사 결정은 다른 방법에 의해 내려질 수 있다.

우리가 행복한 삶을 위해 깨우쳐야 할 덕목 중 하나는 세상이 상식대로만 흘러가지 않는다는 사실이다. 플로리시한 삶을 위해 패러독스 사고가 필요한 이유 중 하나는 현대 사회의 윤리가 수많은 모순을 내포하고 있기 때문이다. 예를 들면, 윌리암 가넷(William C. Gannett)이 말한 '축복받는 고역(Blessed be Drudgery)'은 일의 윤리에서의 모순적인 측면을 잘 보여 준다.[116] 부모의 윤리에서도 마찬가지 문제가 존재한다. 저널리스트 제니퍼 시니어(Jennifer Senior)는 육아의 경험을 "모든 게 기쁨, 그러나 재미는 전혀 없음(All Joy and No Fun)."[117]으로 표현하기도 했다.

현대 사회의 윤리 속에 잠재되어 있는 모순의 문제들을 해결하기 위해서는 상식을 뛰어넘는 형태의 패러독스 사고가 필요하다. 이런 맥락에서 소설가 스콧 피츠제럴드(F. Scott Fitzgerald)는 "최고 수준의 지성은 두 개의 상반된 아이디어를 동시에 생각하면서도 여전히 자신의 일을 다하는 능력이다."[118]라는 말을 남겼다. 경영학의 구루 피터 드러커(Peter F. Drucker)는 "미래를 예측하는 가장 좋은 방법은 미래를 만드는 것이다."[119]라는 유명한 말을 남겼다. 이것이 바로 패러독스식 사고의 힘인 것이다.

뺄셈식 사고

일찍이 노자(老子)는 "지식을 얻고자 한다면 하루하루 무언가를 더하라. 그리고 지혜를 얻고자 한다면 하루하루 무언가를 버려라."[120]라고 말했다. 하지만 많은 사람들은 이러한 지혜에 귀 기울이지 않고, 자꾸 더하고 확장하는 데 더 큰 관심을 쏟는 경향이 있다.

경제학에서는 이미 지불했기 때문에 다시 회수할 수 없는 비용을 '매몰비용(sunk cost)'이라고 부른다. 기회비용은 어떤 것을 선택하기 때문에 불가피하게 다른 것을 포기해야 할 때 발생하는 비용을 말하는 반면, 매몰비용은 우리가 무엇을 선택하든지 간에 어차피 지불할 수밖에 없는 비용에 해당된다.

매몰비용에 대해서 우리는 더 이상 아무 것도 할 수 없다. 따라서 현시점에서는 이것 때문에 우리가 포기해야 하는 것은 아무것도 없으므로 매몰비용에 대한 기회비용은 '제로(0)'다. 따라서 합리적인 선택을 하고자 한다면, 이미 지출된 매몰비용은 무시하는 것이 옳다. 어떻게 하든지 간에 이미 엎질러진 물을 되담는 것은 불가능하기 때문에, 이것이 미래의 선택에 영향을 주는 것은 지혜롭지 못한 일이 된다. 하지만 사람들은 매몰비용의 문제에 취약한 경향이 있다.

예를 들면, 10만 원을 내고 뮤지컬 공연에 간 사람이 공연이 재미없다고 느끼면서도 '본전' 생각에 자리에 계속 지키고 앉아 있는 경우를 살펴보자. 사람들은 재미없는 공연을 보는 것보다 차라리 집에 가서 비디오를 시청하는 것이 더 낫다고 평가하면서도, 이미 들인 노력과 시간이 아까워 이러한 상황에서 그대로 눌러앉아 공연을 보기로 결정하는 경향이 있다. 본전을 뽑기 위해 사실상 또 다른 손실(시간 낭비)을 감수하는 의사 결정을 내리는 것이다.

이러한 문제와 관련해서 피터 드러커는 체계적 폐기(systematic abandonment)의 중요성을 강조하였다. 새로운 일을 진행하기 위해서는 시간과 자원을 투입해야 한다. 이때 해당 자원을 조달하기 위해서는, 외부에서 도입하기보다는 먼저 기존의 과제에서 충분히 성과를 달성하지 못하는 일들을 폐기해야 한다는 것이다.

이러한 사고방식은 그가 잭 웰치(John F. Welch Jr.) 회장에게 했던 질문과 일맥상통한다고 할 수 있다. "만약 당신이 지금껏 이 사업을 하고 있지 않고 있었다고 합시다. 그렇다면 지금 이 사업을 새로 시작하겠어요?"[121] 피터 드러커의 이러한 질문은 이미 진행 중인 작업들에 대해 의문을 제기함으로써, 사람들이 스스로 인생 행로를 재검토하도록 도울 수 있다. 이런 점에서 피터 드러커의 체계적 폐기 주장은 칭기즈칸의 참모였던 야율초재(耶律楚材)의 "새로운 것 하나를 잘하는 것은 잘못된 것 하나를 제거하는 것보다 못하다."는 사상과 유사하다고 평가할 수 있다.

메타선택을 위해 중요한 질문 중 하나는 "지금 내 인생에서 단 한 가지의 일만을 할 수 있다면 나는 무엇을 할 것인가?"라는 물음을 스스로에게 던져 보는 것이다. 대부분의 사람들에게 보통 이러한 질문에 대한 답변은, 그 사람이 현재 하고 있는 일은 아닐 가능성이 높다.

다르게 틀짜기(framing)

행복의 세계에서 '다르게 틀짜기(framing)'는 매우 중요하다. 틀짜기 효과(framing effect)는 질문 혹은 자료 제시 방법(즉, 틀)에 따라 사람들의 선택과 판단이 달라지는 현상을 말한다. 가톨릭 수도회인 트라피스트회(Trappist) 수도승 이야기는 이러한 틀짜기 효과를 잘 보여 준다.

어느 트라피스트회 수도승이 수도원장에게 기도할 때 담배를 피워도 되는지 물어보았다.[122] 그러자 수도원장은 노발대발하면서 말했다. "그걸 질문이라고 하나. 그건 거의 신성모독이야." 이번에는 옆에 있던 또 다른 수도승이 수도원장에게 담배를 피울 때 기도를 해도 되는지 물어보았다. 그러자 수도원장은 다음과 같이 대답했다. "물론이지. 하느님은 언제든지 우리 말을 들어주시니까."

이처럼 자료 제시 순서를 바꾸는 것도 '다르게 틀짜기'의 일환이 될 수 있다. 위의 일화에서 두 번째 수도승은 자신의 요구 사항을 틀짜기할 때 정보를 건네는 순서의 중요성을 활용했던 것이다. 하지만 우리들의 삶에서 때때로 다르게 틀짜기의 중요성은 간과되는 경향이 있다.

앞서 소개한 것처럼, 이지선 교수는 "인생은 동굴 아닌 터널."

이라고 명명했다. 그리고 "인생은 맛있는 것이다."라고 평하면서, "때로 쓴맛이 있기는 하지만 그래도 맛있다."라는 부연 설명을 했다. 이러한 것이 바로 '다르게 틀짜기'의 사례에 해당된다.

행복한 삶을 위해서 승화된 긍정성을 이해하는 것은 중요하다. 사실상 삶 속에 내재한 승화된 긍정성 혹은 긍정적 정신건강의 문제를 이해하기 위해서는 다르게 틀짜기의 메타인지가 필요하다. 앞서 소개한 대로, 긍정적 정신건강의 관점에서 본다면 정신적으로 더 번영된 삶을 사는 것은 정신적 쇠약 집단이 아니라, 플로리시와 정신장애가 공존하는 집단이다. 이러한 시각도 전통적인 질병 이데로올로기에 대해 다르게 틀짜기를 적용한 사례라고 할 수 있다.

최적화가 아닌 잉여와 여유를 선택해야 하는 이유

1984년 영국의 『이코노미스트』지는 참여자 16명에게 10년 후에 세계 경제가 과연 어떻게 될 것인지에 관해 예측해 보라고 요청했다.[123] 참여자 16명은 전직 재무부 장관 4명, 다국적 기업 회장 4명, 옥스퍼드대학생 4명 그리고 청소부 4명으로 구성되어 있었다. 그리고 질문 내용은 인플레이션, 환율, 경제 성장 등에 관한 것이었다. 10년 후 이들이 답변했던 내용을 조사한 결과, 미래를 가장 정확하게 예측했던 집단은 놀랍게도 청소부들이었고, 예측을 가장 잘못했던 집단은 전직 재무부 장관들인 것으로 나타났다.

심리학자 필립 테틀록(Philip E Tetlock)에 따르면, 전문가 284명이 16년간 전 세계의 주요 사건들에 관해 예측했던 8만 2,000건을 분석해 본 결과, 그 정확성이 원숭이가 무작위로 핀을 꽂아 예측했을 때와 그다지 다르지 않은 것으로 나타났다.[124] 이러한 결과들은 야구 선수 요기 베라(Yogi Berra)의 명언, 즉 "예측은 어려운 일이다. 특히 미래에 대해서는."[125]이라는 말을 떠올리게 해 준다.

흔히 발생 가능성은 낮고 예측하기 힘들지만 일단 발생하면 엄청난 충격을 가져오는 사건들을 블랙스완(black swan)이라고 부른다.[126] 2008년 서브프라임 모기지 사태처럼 통계적 예측치를 넘어서는 극단의 상황이 몰고 왔던 파국적 사건들이 거기에 해당된다.

만약 S&P가 부채담보부증권(CDO: 회사채나 금융회사의 대출채권 등을 한데 묶어 유동화시킨 신용파생상품)에 AAA 등급을 매긴다면, 이러한 자료가 뜻하는 바는 이 증권이 5년 안에 지급 불능 상태가 될 가능성이 0.12%, 즉 850건 가운데 1건밖에 되지 않는다고 말하는 것이 된다. 하지만 S&P의 조사 결과에 따르면, AAA등급이 매겨진 CDO 가운데 무려 28%가 지급 불능이 되었다. 이것은 CDO의 실제 지급 불능률이 S&P의 통계적 예측치보다 무려 200배나 더 높았다는 말이 된다.[127]

일반적으로 불확실한 상황에서 사람들은 자연스럽게 최적화 모델을 추구하는 경향이 있다. 하지만 예측 전문가 나심 탈레브(Nassim N. Taleb)는 우리가 희귀한 사건의 비정형성에 각별히 주목할 필요가 있다고 경고한다. 그에 따르면, 최적화를 추구하는 시스템은 필연적으로 외부의 충격에 취약해질 수밖에 없기 때문에, 모름지기 행복한 삶을 추구하는 이라면 최적화를 피하고 잉여를 사랑하는 법을 배워야 한다. 그래야 블랙스완에 당할 가능성이 줄어들기 때문이다.

불확실성이 증가하는 시대와 메타선택의 중요성

예측 전문가 네이트 실버(Nate Silver)는 학술 전문 데이터베이스인 'JSTOR'에 등록된 논문들을 대상으로 '예측 가능한'이라는 단어와 '예측 불가능한'이라는 단어가 1900년대부터 2012년 사이에 각각 얼마나 많이 사용되었는지를 조사하였다. 그에 따르면, 20세기 초에는 그 두 단어가 유사한 비율로 사용되었다. 하지만 경제대공황과 제2차 세계대전을 거치면서 '예측 불가능한'이 압도적으로 많이 사용되었다. 그 후 인류 사회가 위기를 극복해 나감에 따라 '예측 가능한'이 더 많이 사용되다가, 1970년대에 정점을 찍은 후부터 다시 '예측 불가능한'이 증가하는 추세에 있는 것으로 나타났다.

네이트 실버의 데이터는 향후 우리의 삶에서 메타선택이 더욱더 중요한 역할을 하게 될 것이라는 점을 시사한다. 앞서 소개한 알베르트 아인슈타인의 표현을 빌리자면, 앞으로 다가올 불확실한 세계에서는 자신의 미래 삶에 대해 고민할 시간이 1시간 주어질 경우, 마땅히 문제가 무엇인지를 규정하는 데 55분을 쓰고 해결책을 찾는 데 5분을 할애할 필요가 있기 때문이다.

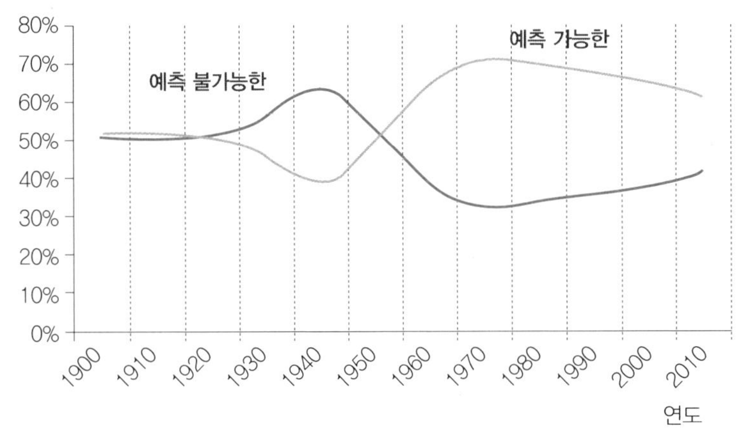

[그림 14] 학술지에서의 예측 가능성에 대한 인식 변화(1900~2012)

원하는 것과 좋아하는 것, 그리고 플로리시

"쾌락이 심오하다면 문화적으로 학습된 것이어야 한다.
반대로 쾌락이 진화의 결과라면 단순해야 한다."
–폴 블룸(Paul Bloom)–[128]

빅 옴바사, 원하는 것을 손에 넣어도 행복하지 않은 이유

삶에서는 메타인지가 언제나 효율적으로만 기능하지는 않는다. 때때로 '안다는 느낌'은 우리의 삶을 잘못된 방향으로 몰고 가기도 한다. 그 대표적 예가 바로 '빅 옴바사(Big Wombassa)'의 문제이다. 빅 옴바사는 '자신이 원하는 일이 실제로 이루어졌을 때 과거에 기대했던 것을 실제로는 체험하지 못하게 되는 심리적 현상'을 말한

다.[129]

프리드리히 니체는 삶에 대한 메타인지적 성찰의 중요성을 강조하면서 '영원한 반복'이라는 사고 실험을 제안했다.[130] 만약 지금 당신이 살고 있는 삶의 모습이 영원히 반복된다고 생각해 보라. 현재의 삶이 영원히 지속되고 평생 당신에게 그 어떤 변화도 일어나지 않는다고 가정해 보자. 만약 당신이 이것을 싫어하게 된다면, 이때는 오직 한 가지 해석만이 가능하다. 당신은 한 번뿐인 삶을 제대로 살고 있지 않은 것이다!

현대 사회의 주요한 특징 중 하나는 소비 사회라는 점이다. 과거 조상들에 비해 현대인은 훨씬 더 강렬한 소비 욕구를 경험한다. 이것은 현대 사회가 뇌의 보상 추구(reward seeking) 체계를 과거보다 더 자극하는 형태로 구조화되어 있기 때문이다.[131]

과거에 신경과학자들은 뇌의 쾌락중추 및 도파민이라는 신경전달물질이 인간의 행동을 강화시키는 보상 시스템에 관여한다고 믿었다. 그래서 당시의 신경과학자들은 인간이 스스로 선호하는 행동을 하면 기쁨을 느끼기 때문에 해당 활동을 계속 반복하게 된다고 설명했다.

하지만 최근 신경과학자들은 뇌의 보상 체계가 원함 시스템(wanting system)과 좋아함 시스템(liking system), 두 가지 양식으로 존재한다는 것을 규명하였다. 다시 말해, 뇌에서 원하는 것과 좋아하는 것을 조절하는 부위가 서로 다르다는 것이다.[132]

쾌락을 추구하는 행동에는 중변연계의 오피오이드 시스템(mesolimbic opioid system)이 관여한다. 이러한 체계는 특정 자극과 연합된 쾌락을 추구하는 행동을 주로 관장한다. 여기서 오피오이드(opioid)는 엔도르핀(endorphin)이나 모르핀(morphine)과 같은 향정신성 마약 제제를 일컫는 용어이다.

이와는 대조적으로, 특정 대상을 간절하게 열망하는 보상 추구 행동은 중변연계의 도파민 시스템(mesolimbic dopaminergic system)과 관계가 있다. 이러한 시스템은 보상을 얻기 위해 행동하는 시스템을 관장한다. 이처럼 도파민 체계는 섭식 행동 그 자체 혹은 성(性)행동 그 자체보다는 음식을 구하기 위해 노력하거나 성적인 파트너를 찾아다니는 행동과 밀접한 관계가 있다. 이때 목표 대상을 찾아다니는 과정에서 도파민이 활성화되었을 때는 그다지 커다란 즐거움을 경험하지 못한다. 단지 음식과 섹스 파트너를 갈구하는 강렬한 욕구만 경험하게 될 뿐이다. 하지만 적극적으로 노력한 결과, 실제 목표 대상을 손에 쥐고 나면 엔도르핀의 작용에

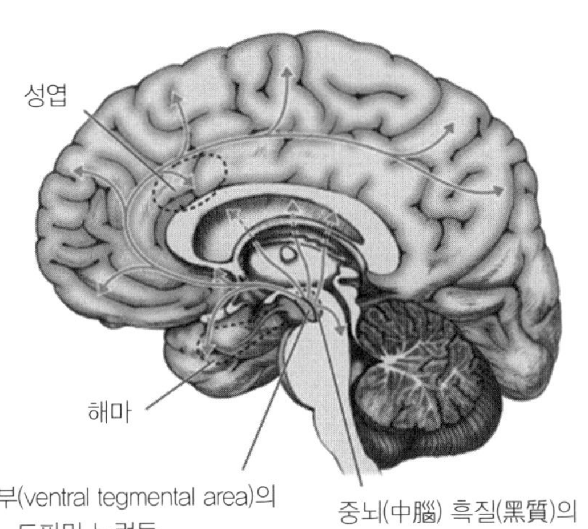

[그림 15] 뇌의 보상 체계 중 도파민 회로

의해 커다란 기쁨을 체험할 수 있게 된다.

예를 들면, 쥐의 경우 원함 시스템(도파민 체계)이 차단되면 설사 주변에 먹이가 있더라도 먹는 행동을 나타내지 않기 때문에 기아를 경험하게 된다. 어떤 의미에서 이것은 중독과는 정반대되는 현상이라고도 할 수 있다. 하지만 이러한 경우에도 쥐의 입에 먹이를 넣어 주면, 쥐는 먹는 것을 즐기는 모습을 나타낸다. 만약 좋아함 시스템(오피오이드 체계)을 차단하면, 쥐는 음식을 상대적으로 덜 맛있는 것처럼 느끼게 된다. 이 경우, 쥐는 맛있는 음식을 봤을 때 흔히 보이는 행동들, 즉 앞발 또는 입술을 핥거나 혀를 날름거리는 행동 등을 나타내지 않으며 상대적으로 적게 먹게 된다.

이처럼 긍정정서와 내재 동기가 꼭 일치하는 것은 아니며, 그 둘은 생리적으로 서로 다른 기제를 바탕으로 작동하는 것으로 보인다.[133] 다시 말해서, 특정 자극에 개체가 계속해서 접근하고자 하는 동기가 꼭 그 자극을 좋아해서만은 아니라는 것이다. 이런 점에서 보상에는 좋아하는 정도에 대한 지표인 '쾌락적 가치(hedonic value)'와 원하는 정도에 대한 지표인 유인가(incentive value)가 존재할 수 있다.[134] 이때 좋아하는 상태가 자극을 처리한 후 자극의 질을 평가한 결과를 반영하는 것이라면, 원하는 상태는 자극이 처리되기 전 자극을 추구하는 능동적인 상태를 뜻한다.

원함은 추동이나 욕구와 같은 욕망의 상태가 아니라, 감각 혹은 인지의 측면에서 특정 자극이 매력적인 가치를 지니게 되는 과정이다. 이런 점에서 원함은 방향을 의미하는 것이지 강도를 나타내는 것은 아니라고 할 수 있다. 실제로 코카인과 같은 약물을 통해 측중격핵을 활성화시킨 쥐의 정서적 반응을 살펴본 결과, 쥐는 약물을 섭취하는 동안 혐오 반응을 보이고 있는 것으로 나타났다.[135] 이는 약물에 중독된 사람이 지속적으로 약물을 원하기는 하지만, 실제로는 해당 약물을 좋아하는 것은 아니라는 점을 의미한다.

현대 사회에서의 중독 문제

최근 한국 사회에서는 인터넷 중독과 스마트폰 중독 그리고 도박 중독 등의 행위 중독 문제에서의 위험성이 점차 심화되고 있는 추세이다.[136] 인터넷 중독은 유선 및 무선 인터넷을 과도하게 사용해 인터넷 이용과 관련된 금단 및 내성을 갖게 되어 이로 인해

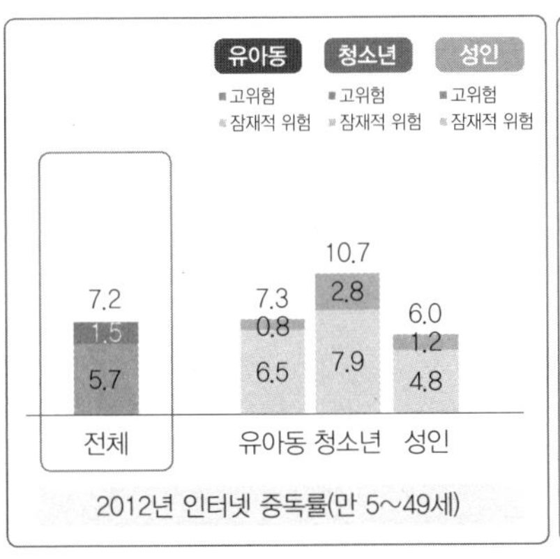

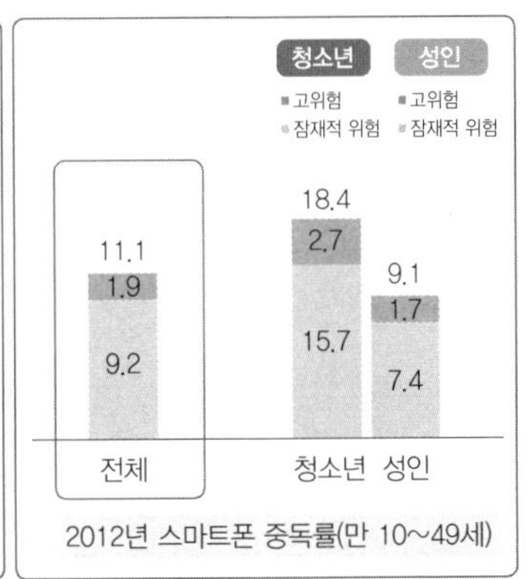

[그림 16] 인터넷 및 스마트폰 중독률

일상생활에서 문제가 유발되는 상태를 말한다. 그리고 스마트폰 중독은 스마트폰을 과다하게 사용함으로써 금단 및 내성을 갖게 되어 이로 인해 일상생활에서 문제가 유발되는 상태를 말한다.

2012년을 기준으로 할 때, 한국 사회에서 유아 및 아동부터 시작해 성인에 이르는 전체 인구의 인터넷 중독률은 7.2%로서, 그 중독 인구 수는 무려 2백만 명이 넘는다. 연령대별 중독률은 유아 및 아동 7.3%, 청소년 10.7% 그리고 성인 6.0%로서 청소년의 중독률이 가장 높은 것으로 나타났다.

2012년을 기준으로 할 때, 한국 사회에서의 스마트폰 중독률은 11.1%로 전년(8.4%) 대비 약 3% 증가하였다. 특히 청소년의 스마트폰 중독률은 18.4%로서 전년(11.4%) 대비 7.0%p 증가해 성인(9.1%)에 비해 2배 더 높은 것으로 나타났다.

정부의 '정신건강 종합대책(2016~2020년)'에 따르면, 정신과 치료가 시급한 알코올, 인터넷 · 게임, 도박, 마약 중독자의 경우가 294만 명에 달한다.[137] 보다 구체적으로는 알코올 중독 159만 명, 인터넷 · 게임 중독 68만 명, 도박 중독 57만 명 그리고 마약 중독 10만 명이다. 이들 모두는 생산성의 저하 및 취업 기회의 상실 등으로 사회경제적 비용을 증가시킬 뿐만 아니라, 사회의 발전을 저해하는 요인으로 작용해 우리 사회의 적극적인 관심 및 대책 마련이 필요한 실정이다.

기본적으로 중독 현상에는 뇌의 보상 추구 체계가 관여하는 것으로 알려져 있다. 이 중 게임 중독의 경우 다른 중독에 비해 상대적으로 더 쉽게 용인되는 경향이 있지만, 엄연히 게임 중독도 증상이 심각할 경우 중독 현상의 범주에 포함될 수 있다.

게임과 도파민 회로

1997년 영국 해머스미스(Hammersmith) 병원에서는 유명한 '배틀존(Battlezone)' 게임 시합이 진행되었다.[138] 이 경기가 유명해진 이유는 시합이 진행되는 동안 양전자 단층촬영(PET)이 같이 진행되었기 때문이다. 이 실험을 위해 게임 참여자들은 누운 상태에서 스캐너 속으로 들어간 다음 머리 방향의 스크린을 보면서 손 안의 조이스틱으로 탱크를 조종하면서 전장을 누볐다.

배틀존 게임에서 참여자들은 적군의 공격을 피해 가면서 동시에 적의 탱크를 박살 내는 방식으로 목표인 깃발을 수집하게 된다. 시간이 흐를수록 점차 게이머들의 과제 난이도가 높아지게 되는데, 레벨이 상승하게 될 때마다 참여자들은 상금으로 만 원씩 지급받았다.

연구 결과, 참여자들이 적군의 탱크들을 박살 내면 그들의 뇌 속에서 도파민이 분비되는 것을 확인할 수 있었다. 또 게임의 레벨이 올라가며 갈수록 뇌에서 분비되는 도파민의 양이 증가하였다. 여기서 놀라운 점은 게임 중 분비되는 도파민의 양이 필로폰의 주요 성분인 암페타민(amphetamine)이 투약될 때만큼이나 많았다는 것이다. 이러한 연구 결과는 게임과 중독 현상 간 밀접한 관계가 있음을 보여 준다.

이러한 연구 결과가 발표된 이후에 해머스미스 병원의 연구진들은 학계에서는 스타로 떠올랐지만, 수많은 게임 업체로부터는 연이은 고발과 소송 위협에 고통을 받아야 했다. 하지만 여기서 중요한 점은 뇌의 보상 체계로서 도파민 시스템과 오피오이드 시스템이 상호 밀접한 관련이 있을지라도, 도파민 시스템 자체는 마약 관련 오피오이드 시스템과는 분명히 다른 체계에 해당된다는 점이다.

예를 들면, 동물들이 어떤 대상을 열심히 찾아다닐 때 도파민의 양을 측정해 보면 상당히 많은 양을 관찰할 수 있다. 특히 원숭이 실험 결과에 따르면, 보상받을 확률이 '50 대 50' 수준인 경우 도파민이 최대로 분비되는 것으로 나타났다. 이러한 결과가 뜻하는 바는, 두뇌의 보상 추구 시스템은 손익 예측이 불가능하거나 어려울 때 가장 크게 흥분하게 된다는 점이다. 즉, 인간은 보상이 충분히 예측 가능한 형태로 주어질 때보다는 예측 불가능한 형태로 주어질 때 보다 더 강하게 이끌리게 된다는 것이다. 바로 이러한 점 때문에 인간에게 도박 중독의 문제가 나타나게 되는 것이다.

만약 보상이 주어지는 조건이 완벽하게 예측 가능하거나, 일단 목표 대상을 발견한 후 욕구가 이루어지고 나면, 뇌는 더 이상 도파민을 분비하지 않는다.[139] 이런 점에서 도파민은 목표 달성 자체보다는 해당 과정에 더 밀접하게 관여하는 신경전달물질이라고 평가할 수 있다. 실제로 목표를 달성하는 것 자체보다도 성취에 대한 기대감이 더 커지는 것 역시 도파민과 관계가 있는 것으로 보인다.

부정적 중독 행동의 신경학적 특징

심리학자 밀너(Milner)와 올즈(Olds)는 수면과 각성 주기를 조절하는 중뇌 망상계를 표적으로 해서 쥐의 뇌에 전극을 이식하는 시술을 한 후 전기 자극을 주는 실험을 했다.[140] 그런데 이 과정에서 전극이 우연히 표적을 벗어나 '중격(septum)'에 닿게 되었고, 그 결과 과거에는 미지의 영역이었던 쾌락중추를 새로 발견하게 되었다.

이러한 발견에 흥분한 올즈와 밀너는 쥐가 지렛대를 누르면 똑같은 뇌 부위를 직접 전기자극할 수 있도록 제작된 장치를 활용해 추가 실험을 진행하였다. 그 결과, 신경과학계를 뒤흔드는 놀라운 사건 중 하나가 발생했다. 쥐들이 자신의 뇌를 전기 자극하기 위해 엄청난 속도로 지렛대를 누른 것이다.

그들의 실험에서 쥐들이 자극했던 부위는 뇌의 쾌감중추였다. 이때 쥐들이 실험에서 체험한 뇌의 활성화 수준은 자연 상태에서 주어지는 그 어떤 자극보다도 더 강했다. 실제로 실험용 쥐들은 물이나 먹이보다도 쾌감 회로가 선사해 주는 전기 자극을 훨씬 더 선호했다. 심지어 그 실험에서 수컷들은 발정기 암컷을 옆에 두고도 지렛대를 누르는 데 집착했으며, 암컷들은 갓 태어난 새끼를 무시하고 계속 지렛대를 누르는 데만 열중했다. 특히 어떤 쥐는 시간당

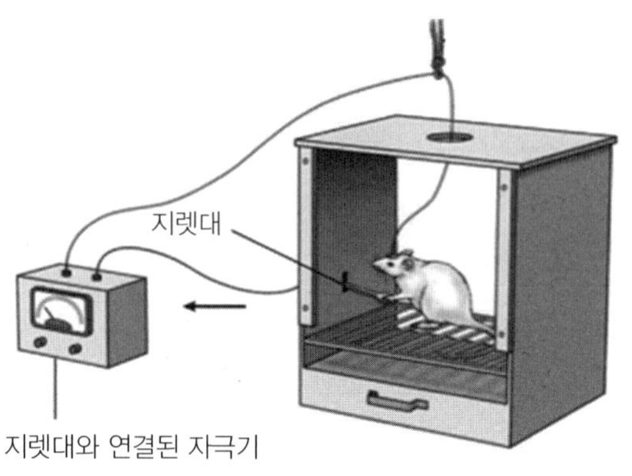

[그림 17] 쥐의 쾌감중추 자극 실험

평균 2천 번씩 하루에 무려 48,000번이나 지렛대를 눌렀다. 이 쥐들에게는 쾌감 회로를 자극하는 일이 세상에서 가장 커다란 기쁨을 주는 자극이었던 것이다.

외견상 올즈와 밀너의 실험용 쥐들이 고통 대신 쾌감을 경험한 것처럼 보일 수 있다. 하지만 실험용 쥐들의 행동은 부정적 중독의 전형적 사례에 해당된다. 부정적 중독에서는 필연적으로 내성(tolerance)의 문제가 나타나게 된다. 내성은 과거와 동일한 수준의 만족감을 경험하기 위해서 이전보다 더 높은 수준의 자극이 요구되는 것을 말한다. 이러한 내성 때문에 부정적 중독에서는 비록 쾌감을 원하더라도 실제로는 언제나 고통을 겪을 수밖에 없다.

부정적 중독의 또 다른 특징은 욕구를 충족시키고자 노력하는 과정에서 주체성을 상실하게 된다는 것이다. 중독에 관한 한 실험에서 마약 중독자들에게 모르핀과 식염수를 주사하였다.[141] 이때 마약 중독자들이 스스로 원하는 만큼 주사를 맞을 수 있도록 하였다. 단, 그들은 자신이 어떤 주사를 맞는 것인지는 모르는 상태에서 주사를 맞은 후 자신의 기분이 어떤지를 말하도록 요청하였다. 그 결과, 모르핀 주사를 적당량으로 맞는 경우 마약 중독자들은 모르핀 주사가 쾌감을 준다고 보고하였으며, 바로 그렇기 때문에 계속 주사를 맞고 싶어 했다. 반면에 식염수 주사를 맞는 경우, 마약 중독자들은 그 주사가 자신에게 별로 도움이 되지 않는다고 응답했으며 더 이상 주사를 맞고 싶어 하지도 않았다. 하지만 모르핀 주사를 극소량 투약하는 경우, 마약 중독자들은 겉으로는 그 주사가 전혀 도움이 안 된다고 말하면서도 특별한 이유 없이 그 주사를 계속해서 맞고 싶어 했다.

이 실험에서 마지막 조건은 마약 중독자들이 보이는 양상을 잘 나타내 준다. 마약 중독자들은 시간이 흐를수록 마약이 처음에 주었던 쾌락을 재경험하지 못하지만, 그래도 해당 약물을 계속해서 사용하고자 하는 욕망은 지속된다. 마지막 실험 조건의 경우, 모르핀이 마약 중독자들의 원함 시스템은 활성화시켰지만, 쾌감 시스템은 활성화시키지 못했다고 할 수 있다. 이러한 예가 보여 주듯이, 기본적으로 부정적 중독은 쾌감을 동반하지 않는 조건하에서도 지속될 수 있으며, 그때 행위자는 자신이 왜 특정 대상에 그토록 집착하게 되는지 그 이유를 이해하지 못할 수 있다.

부정적 중독과 자극의 초정상화

지구에 인류가 최초로 출현한 것은 약 500만 년 전의 일로 보인다. 인류의 조상은 아프리카에서 화석이 발견된 오스트랄로피테쿠스(Australopithecus)라고 할 수 있다. 그리고 호모 사피엔스(Homo sapiens)라는 현대적 인간이 출현한 것은 약 20만 년 전의 일이다.[142] 하지만 실제로 인간이 동물과 구분되는 문명 생활을 한 것은 기원전 1만 년 무렵에 그림 문자를 사용하면서부터라고 할 수 있다.

인류의 역사를 24시간으로 환산해 본다면 문명화된 생활을 한 것은 불과 3분도 되지 않는다. 이런 점을 고려해 보면 인간의 뇌는 아직까지도 원시적(原始的) 특성을 간직하고 있을 뿐만 아니라, 사실상 작동 방식도 동물의 뇌와 유사하다고 보는 것이 타당해 보인다.

진화심리학적인 관점에서 본다면 인간의 마음은 생존에 필요한 여러 회로를 가진 일종의 컴퓨터에 해당된다. 이때 두뇌 회로들은 무의식적인 동시에 자동화된 반응을 나타낸다고 할 수 있다. 네덜란드의 노벨상 수상자이자 동물학자인 니코 틴버겐(Niko Tinbergen)은 '초정상 자극(Supernormal Stimulus)'이라는 흥미로운 개념을 제안하였다.[143] 그의 이러한 개념은 부정적 중독 현상의 기제를 이해하는 데 매우 유용하다.

초정상 자극은 동물이 본능적 행동을 유발하는 자연의 실제 자극보다 훨씬 더 강렬한 반응을 나타내도록 유인하는 과장된 모조품을 말한다. 한 실험에서 니코 틴버겐은 자신의 알을 굴려 둥지로 가져가는 습성이 있는 회색야생거위의 행동을 관찰하였다. 그는 초정상 자극 실험을 위해 거위 알의 색과 크기, 그리고 무늬를 과장시켜 인공 알들을 만들었다. 그러자 회색야생거위는 자신의 알들 대신 인공 알(예컨대, 배구공)을 구출하려고 덤벼들었다. 니코 틴버겐에 따르면, 동물은 진화의 역사 속에서 본능적으로 몇 가지 외부 자극 특성에 대해 자동화된 반응을 보이도록 코드화되어 있다. 그렇기 때문에 만약 이러한 자연적 특성들이 인공적으로 과장된 자극에 노출될 경우, 해당 동물들은 쉽게 속아 넘어갈 수 있다.

동물학자들은 진화 과정 속에서 암호화된 본능 코드를 발견하기 위해 다양한 실험을 진행한다. 예를 들면, 수컷 칠면조의 성행동 유발 요인을 찾기 위해 처음에 동물학자들은 암컷 칠면조 모형을 가지고 수컷을 자극한다. 수컷이 암컷 모형을 보고 흥분해서 올라타는 것을 확인하고 나면, 그다음에는 그러한 성행동을 유발하는 최소 자극을 발견해 내기 위해 모형에서 순차적으로 꼬리와 날개 그리고 발 등을 떼어 낸다. 그 결과, 수컷 칠면조는 오로지 암컷의 머리만 봐도 성적으로 흥분하는 것으로 나타났다. 수컷 칠면조는 '머리 없는 암컷 몸통'보다는 '몸통 없이 머리만 붙어 있는 막대'를 더 좋아했다.

동물행동학은 인간 역시 본능 유발인자가 과장된 형태로 표현된 초정상 자극에 의해 희생당할 가능성이 있는 존재임을 보여 준

[그림 18] 니코 틴버겐의 거위 알 실험

다. 그 대표적인 예로는 컴퓨터 화면에 제시된 야한 사진을 바라보면서 성적인 흥분감을 즐기는 것을 들 수 있다.

인간의 삶에서 부정적 중독의 문제를 야기하는 모든 대상은 사실상 초정상 자극의 속성을 가지고 있는 것으로 보인다. 알코올, 마약, 담배, 포르노그래피, 비만을 야기하는 정크 푸드와 초콜릿 등이 그것이다. 사람들이 과도하게 집착하는 대상 모두가 초정상 자극에 해당되지는 않을지라도 현대 소비 사회에 만연되어 있는 과도한 탐닉 활동의 대부분은 부정적 중독과 밀접한 관계가 있으며, 그때의 집착 대상은 초정상 자극의 속성을 지니고 있다고 할 수 있다. 이처럼 초정상 자극의 속성을 갖고 있는 대상에 대해 집착하게 될 경우, 인간은 원하는 것을 손에 넣게 되더라도 행복해지는 것이 아니라, 마치 바닷물을 마시면 마실수록 더 큰 갈증을 경험하게 되는 것처럼 고통을 겪게 될 것이다.

하지만 초정상 자극에 집착하는 것을 몰입과 같은 긍정적 행동과 구분하는 일이 마치 칼로 무를 자르는 것처럼 쉬운 일은 아니다. 인간이 황홀경을 경험하는 것은 그 루트도 다양할 뿐만 아니라, 그러한 체험과 관계된 심리학적인 시스템들도 매우 다양하기 때문이다.

엑스터시 경험과 지적인 오르가슴

'스탕달(Stendhal) 신드롬'이라는 말이 있다. 뛰어난 작품을 보았을 때 순간적으로 느끼는 황홀경 증상을 말한다. 이것은 프랑스의 작가 스탕달이 1817년 산타크로체성당에서 레니(Guido Reni)의 작품을 감상한 후 황홀경을 경험했다는 사실을 자신의 일기에 기록한 데서 유래한 표현이다.

21세기에는 스탕달 신드롬과 같은 감성적이고 지적인 오르가슴을 추구하는 사람들의 수가 더욱 더 늘어날 것으로 보인다. 물론 우리가 감성적이고 지적인 형태의 오르가슴을 경험할 수 있는 활동은 무수히 많다. 사람들이 오르가슴을 경험하는 모습을 생물학적인 관점에서 기술한다면, 그것은 뇌 속에서 엔도르핀이 활성화되는 상태에 해당된다. 따라서 이런 관점에서 본다면 오르가슴을 유발하는 최고의 비법 중 하나는 바로 엔도르핀의 분비를 촉진시키는 활동을 하는 것이 된다.

이러한 엔도르핀의 효과를 잘 보여 주는 예로는 러너스 하이(runner's high)라는 현상을 들 수 있다. 조깅을 할 때처럼 오랫동안 달리다 보면, 어느 순간에 가서 굉장히 힘들고 고통스럽지만 마치 약에 취한 것처럼 기분이 좋아지는 체험을 하게 된다. 이때에는 마치 몸이 날아가는 것처럼 가벼워진다고 해서 러너스 하이라고 부르기도 하는데, 이것이 바로 엔도르핀의 전형적인 효과에 해당된다.

전통적으로 서구의 철학과 미학에서는 시각과 청각을 대표적인 감각으로 간주해 왔다. 그리고 감각의 서열 체계 내에서 터치(touch), 즉 촉각은 상대적으로 열등한 감각으로 치부되어 홀대받아 왔다. 촉각이 상대적으로 평가절하되어 왔던 이유는 동물적 감각 같은 인상을 줄 뿐만 아니라, 정신적인 고매함과는 거리가 먼 육체적인 쾌락을 떠올리게 하기 때문이다.

하지만 20세기가 시청각의 시대였다면 21세기는 '터치의 시대'라고 할 수 있다. 아마도 최고의 촉각 경험으로서의 오르가슴, 즉 엑스터시(ecstasy)에 관해 살펴보면 이러한 주장의 의미를 보다 쉽게 이해할 수 있을 것이다.

보통 오르가슴은 성관계(sex)를 통해 경험하게 되는 엑스터시를 말한다. 여성이 오르가슴을 느낄 때 보이는 전형적인 행동적 특징으로는 [그림 19]에서 보이는 것처럼, 고개를 뒤로 젖히고 눈을 감으며 입이 벌어지는 것을 들 수 있다.

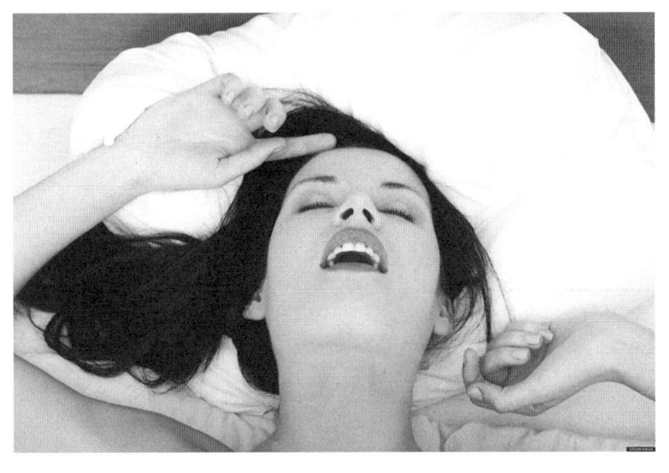

[그림 19] 오르가슴의 행동적 특징

오르가슴 상태에 있는 여성의 뇌를 촬영한 fMRI(자기공명영상) 자료에 따르면, 오르가슴 상태에 있는 여성은 두뇌의 80% 부위가 활발하게 반응하는 것으로 나타났다. 처음에 성적 쾌감은 생식기 감각 피질 부위에서 활성화되기 시작해서 절정기 때는 사실상 뇌 전체 부위가 활성화되는 것으로 나타났다.

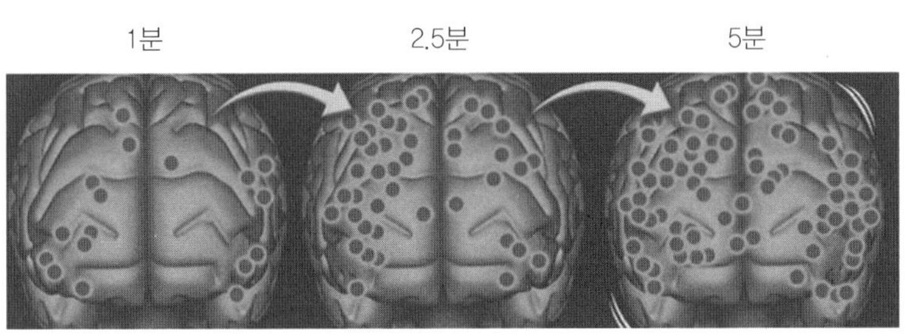

[그림 20] 오르가슴과 fMRI 영상 자료

촉각 경험의 진가를 이해하기 위해서는 오르가슴에 대한 사회·문화적인 편견으로부터 벗어나 객관적인 관점을 취하는 것이 중요하다. 예를 들면, 영국의 국가건강서비스(NHS)에서는 2009년에 '일상적인 오르가슴은 의사가 필요없게 해 줍니다(Orgasm A Day Keeps Doctors Away)'라는 캠페인을 진행한 적이 있다. 게다가 영국은 7월 31일을 '오르가슴의 날'로 정하고서 다양한 행사를 진행하기도 한다.

중요한 것은 우리는 파트너와의 섹스 등 직접적인 성적 자극이 없어도 오르가슴을 느낄 수 있다는 점이다. 예를 들어 인디애나 대학에서 진행된 연구에 따르면, 여성들 중 약 40% 이상이 헬스클럽에서 운동 중 10회 이상 성적 쾌감이나 오르가슴을 느낀 적이 있다고 보고하였다.[144] 흥미로운 점 중 하나는 오르가슴을 느끼기 위해 일부러 헬스클럽을 찾는 여성들도 있었다는 점이다.

일종의 지적인 오르가슴 현상과 가치판단 체계의 오류가 결합되면 '생각 중독(idea addiction)'이 유발될 수 있다. 생각 중독은 뇌 속의 가치함수가 오류를 일으켜 특정 과정을 기계적으로 반복하게 되는 것을 말한다.[145] 비유적으로 표현하자면, 생각 중독은 컴퓨터 프로그램에서 가치함수에 이상이 생겨 장기를 두면서 게임에서 승리할 수 있는 길을 찾는 것이 아니라, 오로지 장기말 중 하나인 차(車)를 보호하는 길로만 의사 결정을 내리는 상황과 유사하다. 실제로 이러한 일이 벌어졌을 때조차도 컴퓨터는 이미 그 방향으로 재프로그램되었기 때문에 그러한 선택이 왜 잘못되었는지 이해하지 못할 수 있다.

지적인 오르가슴과 덕후 문화:
정보가 주는 쾌감

예전에 인기를 끌었던 tvN 드라마 〈응답하라 1988〉에는 온갖 잡다한 지식의 소유자로 김정봉이라는 인물이 등장한다. 그 드라마에서 김정봉은 오락실 게임에 열광하고, 대학가요제 연도별 엘피판을 모으는 취미를 갖고 있으며, 전화번호부 책에서 희한한 이름들을 찾는 데서 희열감을 느끼고, PC통신 '천리안'에서 퀴즈방을 만들어 방장 노릇을 하는 등 '원조 덕후'로 소개된다. 그렇다면 드라마 속 김정봉의 삶은 플로리시하다고 평가할 수 있을까? 앞서 행복한 삶의 4가지 조건을 소개한 적이 있는 것처럼, 단순히 특정 분야에 몰두해서 생활한다고 해서 행복한 삶이 보장되지는 않는다. 그보다는 특정 영역에 몰두하는 행동이 나타나는 전체적인 맥락을 고려하는 것이 중요하다.

덕후는 오덕후의 줄임말로서 오덕후는 일본어인 오타쿠(オタク)의 한국식 표기법에 해당된다. 오타쿠는 1970년대 일본에서 등장한 신조어로서 특정 분야에 마니아급의 열정과 흥미를 가지고 있는 사람을 뜻한다. 이러한 덕후들이 활동하는 주 무대로는 게임, 애니메이션, 만화, 피규어 등을 들 수 있다.

1992년 4월 9일자 동아일보 기사에 따르면, 일본의 PC통신 인구가 백만 명에 육박할 때, 한국의 PC통신 가입자는 7만여 명 수준이었다. 당시의 주요 PC 통신 서비스 가입자 수는 데이콤의 PC

서브(천리안) 3만 5천여 명, 한국PC통신주식회사 코르텔 3만여 명, 그리고 포스데이타주식회사의 POS서브 5천여 명이었다. 그리고 1993년 7월 7일자 동아일보 기사에 따르면, 당시 한국의 인터넷 이용자 수는 약 1만여 명 수준에 불과했다. 이처럼 20여 년 전만 하더라도 PC통신을 활용해 인터넷을 이용하는 사람은 한국인 중 겨우 0.02%에 불과했다. 따라서 오늘날 기준으로 평가한다면, 이들은 '원조 덕후'로 불릴 만하다.

인터넷진흥원이 발표한 '2015 인터넷이용실태조사' 결과에 따르면, 국내 인터넷 이용자 수는 4,194만 명으로 인터넷 이용률은 85.1%이었다. 여기서 인터넷 이용률은 최근 한 달 이내에 인터넷을 사용한 사람의 비율을 뜻한다. 따라서 오늘날에는 더 이상 인터넷을 이용한다고 해서 덕후로 불릴 이유가 없다. 이런 점은 덕후 문화가 늘 '서브 컬쳐(subculture)', 즉 비주류 문화의 하나로 머무는 것이 아니라, 언제든지 주류 문화로 성장하게 될 가능성이 존재함을 보여 준다.

흔히 인터넷을 '정보의 바다'라고 부른다. 그렇다면, 덕후들의 주 사냥 대상 중 하나인 정보도 섹스나 마약처럼 두뇌의 쾌감 회로를 자극할 수 있을까?

이 문제를 조사하기 위해 에단 브롬버그-마틴(Ethan Bromberg-Martin)과 동료들은 일련의 실험을 진행했다.[146] 그들은 목마른 원숭이들에게 간단한 의사 결정 과제를 훈련시켰다. 비디오 화면의 좌우 양측에 각각 표적이 나타나면, 원숭이가 그중 하나를 선택해 두 눈을 깜박거리게 하였다. 그러면 몇 초 뒤, 원숭이에게 다량의

물 또는 소량의 물이 보상으로 주어졌다. 이때 보상은 원숭이가 어떤 표적을 선택하든지 간에 관계없이 무작위로, 그리고 똑같은 빈도로 제공되었다. 이 실험에서의 핵심 사항은 만약 원숭이가 특정 표적을 선택하면 몇 초의 지연시간 후 그다음에 나올 물의 양을 알려 주는 의미 있는 정보가 화면에 제시되는 반면, 만약 다른 표적을 선택하면 무의미한 기호가 무작위로 나타나게 된다는 것이다.

의미 있는 정보를 보든지 아니면 무의미한 기호를 보든지 관계없이, 원숭이가 큰 물방울을 먹게 될 확률은 동일했다. 하지만 원숭이들은 열 번의 시행이 채 끝나기도 전에, 거의 매번 의미 있는 정보를 주는 표적 자극을 선택하기 시작했다. 그리고 도파민 회로 속 뉴런들에서 나온 측정 기록을 봤을 때, 원숭이가 큰 물방울을 예고하는 기호를 보면 그 뉴런들의 점화율이 상승하고, 반대로 작은 물방울을 예고하는 기호를 보면 점화율이 떨어지는 것으로 나타났다.

중요한 대목은 여기부터라고 할 수 있다. 훈련을 마친 후 실시한 탐침 실험에서 이 뉴런들은 의미 있는 정보를 예고하는 표적을 보기만 해도 활성화되었고, 무의미한 표적을 볼 때는 약화되었다. 물이 주는 쾌감에 대한 기대치를 나타내 주는 그 도파민 뉴런들은 실험이 끝나서 해당 정보가 더 이상 쓸모없어졌을 때조차도, 여전히 정보에 대한 기대감을 나타냈다. 이런 점에서 원숭이들은 정보 그 자체에서 쾌감을 얻고 있었다고 해석할 수 있다. 에단 브롬버그-마틴과 그의 동료들의 실험은 완전히 무가치한 정보조차도 뇌의 쾌감-보상 회로를 가동시킬 수 있다는 놀라운 사실을 알려 준다.

신경과학자 리드 몬태규(Read Montague)는 추상적인 정보로부터 쾌감을 이끌어 내는 인간의 이러한 능력을 '슈퍼파워(superpower)'라고 불렀다.[147] 추상적인 관념을 통해 쾌감 회로를 가동시키는 이 거대한 능력은 덕후 활동과 밀접한 관계가 있다. 바로 이런 점 때문에 덕후 문화가 정보의 바다로 불리는 인터넷의 등장과 불가분의 관계에 있다고 말하는 것이다.

정보의 바다 인터넷을 통해 덕후들이 추구하는 호기심의 특징을 이해하기 위해서는, 세상에는 두 가지 유형의 문제가 존재한다는 점을 고려할 필요가 있다. 하나는 수수께끼이고 또 다른 하나는 미스터리이다.

수수께끼에는 답이 존재한다. 낱말풀이 문제에서처럼, 수수께끼를 푸는 사람은 설사 자신이 정답을 모르고 있는 경우에도 문제에 정해진 답이 존재한다는 사실을 알고 있다. 이러한 경우, 답이 알려지고 나면 더 이상의 호기심은 작동하지 않게 된다.

대조적으로 미스터리에서는 모호한 문제를 다루기 때문에 분명하게 정답이 주어지기 어렵다. 미스터리에서는 어떤 정보가 중요하고 또 어떤 정보가 중요하지 않은지, 그리고 주어진 정보를 어떻게 해석하는 것이 좋은지 등을 고민하는 것이 중심 과제가 된다. 당연히 덕후들은 수수께끼가 아니라 미스터리를 더 좋아한다. 사실상 덕후들은 미스터리들을 끊임없이 탐험하게 되는데, 수수께끼와는 달리 미스터리에서는 호기심의 반감기가 사실상 존재하지 않는 것과 마찬가지이기 때문이다.

하이퍼텍스트:
덕후 문화의 매체

기본적으로 인터넷에는 PC통신과는 달리 서비스 제공의 중심축 역할을 하는 호스트 컴퓨터도 없고, 이를 관리하는 특별한 조직도 없다. 이런 점에서 인터넷의 핵심적인 특징 중 하나는 '탈중심화'라고 할 수 있다.

웹에서는 하이퍼텍스트(hypertext)라는 형식으로 작성된 정보가 홈페이지(home page) 단위로 관리되며, 링크(link) 정보에 의해 세계 전역의 하이퍼텍스트와 연결될 수 있다. 이 하이퍼텍스트는 약 50년 전인 1965년에 테드 넬슨(Theodor H. Nelson)이 제작하였다. 하이퍼텍스트 기술은 정보의 검색과 활용 면에서 혁명적인 기술

[그림 21] 테드 넬슨

이라고 할 수 있다. 테드 넬슨은 대화형 문장 시스템을 개발한 후 스스로 자신의 시스템이 미래의 매체가 될 것으로 확신했다.

하이퍼텍스트가 개발될 당시 미국 정부의 과학자들은 정보들이 알파벳이나 숫자를 바탕으로 한 색인 목록에 따라 저장 및 배열될 경우 검색하기 어렵다고 판단했다. 그래서 그들은 가나다순이나 알파벳순보다 더 편리한 정보 검색 방식에 관해 고민하게 되었다. 그러한 고민 과정에서 탄생하게 된 것이 바로 하이퍼텍스트다.

하이퍼텍스트는 인터넷에서 사용되는 웹문서 형식(HTML)을 떠올리면 이해가 빠를 것이다. 웹사이트는 종이책과는 달리 마우스를 누르면 원하는 부분으로 다양하게 이동해 나갈 수 있다. 이런 점에서 인터넷 사용자는 작가나 홈페이지 디자이너가 정해 놓은 고정된 순서로 정보를 읽어 나가는 것이 아니라, 자기가 원하는 순서와 방식대로 정보를 탐색해 나갈 수 있다.

하이퍼텍스트는 인간의 사고 과정에 매우 친화적인 형태의 정보 시스템이라고 할 수 있다. 사람들은 정보를 책의 기록처럼 선형적으로, 즉 순서대로 활용하지 않는다. 사람들은 이 생각에서 저 생각으로 자유롭게 자신의 생각을 이어 나간다. 자유 연상을 바탕으로 사고하는 인간에게 책의 기록 방식은 사고의 흐름을 인위적으로 배열한 어색한 행위일 수 있다. 이러한 점 때문에 하이퍼텍스트는 인간이 기계처럼 선형적으로 사고해야 하는 압박에서 벗어나 무한한 상상력과 창조력을 발휘할 수 있는 기회를 제공해 준다.

하이퍼텍스트의 이런 특성을 이용해 작품 활동을 할 경우, 매우 창발적인 형태의 작품이 탄생할 수 있다. 창발성(emergent property)은 하위 수준의 개체 단위에서는 나타나지 않던 특성이 상위 수준의 군집 단위에서 발현되는 것을 말한다. 예를 들면, 2002년 월드컵 당시에 수많은 한국인들이 빨간 옷을 입고 거리로 나와 응원을 했다. 그런데 그들 중 대부분은 사실 평소에는 빨간색 옷을 입지 않던 사람들이었다. 그런데 사회적으로 복잡한 형태의 상호작용으로 인해, 마침내 거리의 한국인들이 "Be the Reds!" 라고 새겨진 빨간 티셔츠를 입고 뭉치게 되었다.

전통적으로 책에서는 정보가 순차적으로 배열되어 있기 때문에 독자는 작가가 배열해 놓은 순서에 따라 작품을 읽어 나갈 수밖에 없다. 하지만 하이퍼텍스트 시스템에서는 원작자가 제시한 무한한 가능성의 세계에 대해 독자 스스로 자신이 원하는 방향을 선택해 작품을 감상할 수 있다. 이러한 점 때문에 하이퍼텍스트는 다양한 문화적 활동의 가능성을 우리에게 선사해 주며, 오늘날 덕후들의 주 무대 중 하나인 인터랙티브 픽션(텍스트 어드벤처) 게임에서 많이 활용되고 있다. 이러한 게임들에서는 텍스트 위주의 소설 형식에 시각과 음향 효과가 부가된다.

윈스턴 처칠은 대단히 통찰력 있는 말을 남겼다. "사람들은 건물의 형태를 만들고 건물은 사람을 만든다."[148] 그에 따르면, 무릇 인간이 만든 것들이 인간을 변화시키는 법이다. 인터넷은 탄생한 지 아직 50년도 채 지나지 않았다. 하지만 한 가지는 분명해 보인다. 인터넷은 인간의 문화를 근원적으로 변화시킬 만큼 앞으로 더 큰 영향력을 발휘하게 될 것이라는 점이다. 이러한 점은 비록 전 세계적으로 오타쿠라는 용어가 정신병리와 구분해서 사용하기 어

려울 정도로 부정적인 인식이 팽배해 있을지라도, 덕후 문화와 정신병리 현상은 구분할 필요가 있음을 시사한다.

기본적으로 덕후 그 자체를 부적응적이라고 평가절하할 필요는 없어 보인다. 그리고 덕후의 삶과 플로리시한 삶의 차이 역시 대단히 미묘한 것일 수밖에 없다. 그 둘 간의 차이는 콘텐츠가 아니라, 그 이면의 심리적 기제에 있다고 할 수 있다.

덕후 문화의 핵심
콘텐츠로서의 성(sex)

덕후 문화에서의 대표적인 콘텐츠 중 하나는 바로 '섹슈얼리티(sexuality)'라고 할 수 있다. 섹슈얼리티는 성에 대해 가지고 있는 태도, 사고, 감정 및 가치관을 말한다.

덕후의 세계에서 남성 덕후들이 미소녀가 등장하는 성인 만화와 게임을 좋아하고, 여성 덕후들이 미소년 동성애자들이 등장하는 '야오이(やおい)'를 좋아한다는 것은 유명하다. 이처럼 특정 대상에게 매력을 느끼는 것을 덕후의 세계에서는 '모에(萌え)'라고 부른다. 일상적인 표현으로는 '마음이 동(動)하는 것'을 의미한다.

모에는 만화, 애니메이션, 게임 등의 캐릭터에 대해 연정을 품는 것을 가리킬 때 사용되는 표현이다. 이때 모에의 속성은 다양한 사람들의 취향 중에서 상대적으로 많은 사람들에게 어필하기 쉬운 황금 패턴을 말한다. 이런 점에서 모에의 속성은 사람들 사이에서 인기를 끄는 유행 아이템과도 유사하다고 할 수 있다.

하지만 모에는 단순히 특정 캐릭터를 좋아하는 것과는 다른 개념이다. 그보다는 마치 남녀 간의 사랑처럼 캐릭터와 사랑에 빠지는 것에 해당된다. 이런 점에서 모에는 정신-성(psych-sexuality)적인 특성을 갖는다고 해석할 수 있다. 단순한 섹슈얼리티와는 달리, 정신-성적 행동에서는 일반적인 '섹스'와 관계없어 보이는 것도 성적인 함의를 지닐 수 있으며, '섹스'인 것처럼 보이는 행동에도 성적인 함의가 존재하지 않을 수 있다.

전자의 예로는 한 남성이 미사일이나 전차와 대포 같은 피규어를 수집하는 데 집착하는 것을 들 수 있다. 이러한 수집 대상들은 전형적인 남성 성기 상징에 해당된다는 점에서 정신-성적인 특성을 갖는 것으로 해석할 수 있다. 또 후자의 예로는 열등감이 많은 어느 남성이 강박적으로 성행동에 집착하는 경우를 들 수 있다. 이때 그 남성이 집착하는 성행동은 전형적으로 성욕과 관계된 것처럼 보일지라도, 실제로는 성욕보다는 열등감이 표출된 것으로 볼 수 있다.

모에의 두드러진 특징 중 하나는 '카와이(可愛)'라고 불리는 귀여운 대상에 집착하는 현상이다. 이것은 비단 일본 문화에서만 국한된 것은 아니다. 일례로, 월트 디즈니(Walt Disney)는 애니메이터의 책상에 "귀여움을 유지하라!"라는 메모를 둔 것으로 유명하다. 전 세계적으로 보편적인 이러한 현상은 '유형성숙(neoteny)'과 밀접한 관계가 있는 것으로 보인다.[149]

유형성숙은 어른에게 어린아이와 같은 특징이 남아 있을 때 사

[그림 22] 유형성숙과 호감의 관계

람들이 더 귀엽다고 느끼는 것을 말한다. 성인은 성체에게 유형성숙의 특징이 나타나는 동물들에게 더 끌리는 경향이 있다. 예를 들면, 북극곰은 어린이들에게 인기가 있지만 어른들은 판다(곰)나 코알라를 더 좋아한다.

덕후 문화의 핵심 콘텐츠로서의 공격성

성(sex)과 더불어 공격성은 덕후 문화에서의 핵심적인 키워드 중 하나다. 프로이트에 따르면, 인간의 삶에서는 생물학적으로 고정된 행동 패턴을 뜻하는 본능(instinct)보다는 주어진 환경 조건 하에서 행동을 특정 방향으로 몰아가는 역할을 하는 추동(drive)이 더 중요하다. 본능의 예로는 새가 둥지를 만드는 것을 들 수 있다. 그리고 추동의 예로는 성난 사람이 분풀이할 대상을 찾아다니는 행동을 하는 것을 들 수 있다. 이때 화가 난 사람은 하나의 고정된 행동을 하는 것이 아니라, 때와 상황에 따라 여러 가지 행동 중 하나를 선택하게 된다. 예를 들면, 자신을 화나게 만든 사람을 찾아가 폭력을 휘두를 수도 있고, 엉뚱한 대상에게 화풀이를 할 수도 있으며, 아예 화가 난 내색을 하지 않기로 결심할 수도 있다. 이처럼 본능과 추동의 주요한 차이점은 바로 행동의 가변성 여부이다.

프로이트는 인간을 행동하도록 만드는 가장 기본적인 추동에는 두 가지가 존재한다고 주장하였다. 그것은 성(sex) 충동인 에로스(Eros)와 죽음의 충동인 타나토스(Thanatos)이다. 에로스는 사랑과 관계되어 있고, 타나토스는 공격성과 관계가 있다. 에로스와 타나토스는 상극인 것처럼 보일지라도, 실제 삶에서는 동전의 앞뒷면 같은 역할을 한다.

에로스와 타나토스가 결합된 대표적인 예로는 가학-피학(SM)

커플 사례를 들 수 있다. SM 커플 중 가학적인 파트너는 피학적인 파트너가 보내는 '중지' 신호에 즉각적으로 반응한다. 이때 피학적인 파트너가 보내는 신호는 상호 간의 안전을 보장해 주는 역할을 한다. 이런 점에서 겉으로 보이는 것과는 달리 마조히즘(Masochism), 즉 피학증에서의 핵심은 모욕과 고통이 아니라 '통제'라고 할 수 있다. 이런 점 때문에 어떤 마조히즘 사례에서는 강도 높은 SM 플레이에는 응하더라도 치과에 가는 것은 거부하기도 한다.[150] 치과를 방문하는 것은 스스로 선택한 고통이 아니기 때문이다.

많은 사람들은 인간에게 공격적인 충동이 존재한다는 프로이트의 주장에 거부감을 느끼기도 한다. 하지만 찰스 다윈(Charles R. Darwin)에 따르면, 모든 생명체의 진화는 경쟁을 통해 진행되어 왔으며, 이때 경쟁은 다른 종에 대해서만 일어나는 것이 아니라 같은 종끼리도 이루어져 왔다. 자신의 대표작 『이기적 유전자(selfish gene)』에서 리처드 도킨스(Richard Dawkins)는 진화 과정에서 자연선택이 이루어지는 단위는 개체가 아니라 유전자이며, 생물의 다양한 특성은 해당 특성에 영향을 주는 유전자의 생존 및 증식에 유리하도록 진화해 왔다고 주장하였다.

이러한 주장들에 대한 명백한 지지 증거 중 하나는 중앙아시아인을 대상으로 한 DNA 분석 결과이다. 여성의 성염색체는 XX인 반면에 남성의 성염색체는 XY이다. 따라서 남성의 Y성염색체는 아버지에게서 아들로 직접 전해지기 때문에 부계는 정확하게 추적하는 것이 가능하다. 놀랍게도 중앙아시아 남성의 8퍼센트가 사실상 동일한 Y염색체를 지니고 있었는데, 이는 중앙아시아 남성의 8퍼센트가 한 남성의 후손이라는 점을 뜻한다.[151] 그 선조는 바로 칭기스칸이었으며, 칭기스칸의 후손은 무려 약 1,600만 명에 이르는 것으로 보고되었다.

이러한 일이 가능했던 이유는, 칭기스칸이 전쟁이 끝날 때마다 수많은 여성을 전리품의 일종으로 간주했기 때문이다. 이러한 예에서 확인할 수 있는 것처럼, 호전적인 성향이 강할수록 유전자가 생존 및 증식될 가능성이 크기 때문에 진화 과정에서는 호전적인 성향이 자연선택되어 왔던 것으로 보인다.

전쟁과 테러의 근원이 되는 집단적 공격 행동은 4,000여 종의 포유류 중에서 침팬지와 인간 등 지극히 일부 종에서만 나타난다. 물론 그중 집단 공격을 가장 분명하게 나타내는 종이 바로 인간이다. 이런 점에서 인류학자 레이먼드 다트(Raymond A. Dart)는 인간을 '도살자 유인원(Killer Ape)'이라고 명명하였다.[152] 그리고 인류 역사의 95%는 전쟁과 싸움으로 점철되어 있다는 점에서 말콤 포츠(Malcolm Potts)와 토마스 헤이든(Thomas Hayden)도 인간에게는 '전쟁의 본능'이 있다고 제안하였다.[153] 이런 점들을 고려해 볼 때, 해머스미스 병원의 배틀존 실험 결과가 보여 주듯이, 공격성을 테마로 하는 전투 게임을 할 때 뇌의 보상 체계가 마치 마약 성분인 암페타민이 주사될 때만큼 활성화되는 것은 자연스러운 일로 보인다.

플로리시로서의 긍정적 중독

해머스미스 병원 연구진의 실험은 인간이 특정 활동에 집착하게 되는 데에 도파민 시스템이 관여한다는 점을 보여 준다. 하지만 도파민 시스템이 관여한다고 해서 그 활동이 무조건 병리적인 중독 행동에 해당되는 것은 아니다. 엑스터시를 유발하는 뇌의 활성 효과가 긍정적 중독과 연결될 경우, 플로리시한 삶을 사는 데 긍정적인 기여를 할 수 있다.

정신과 의사인 동시에 현실치료의 주창자인 윌리암 글래써(William Glasser)는 중독 현상을 두 가지로 구분하였다.[154] 그 하나는 일상생활에서 사회적으로 문제를 일으키는 약물 중독 혹은 알코올 중독과 같은 '부정적 중독'이다. 또 다른 하나는 취미 활동이나 운동을 통해 경험하게 되는 '긍정적 중독(positive addiction)'이다. 긍정적 중독은 우리가 일상생활에서 도파민과 엔도르핀을 매개로 하는 활동을 온전하게 즐길 수 있도록 도울 수 있다. 긍정적 중독의 예로는, 날마다 조깅 또는 웨이트 트레이닝 등의 운동을 안 하면 인이 박혀 참을 수 없게 되는 것을 들 수 있다.

윌리암 글래써는 긍정적 중독이 다음의 특징을 갖는다고 제안하였다. 첫째, 긍정적 중독에서는 목표 활동을 능동적으로 즐길 수 있게 해 주지만 해당 활동이 다른 영역이나 활동에 부정적인 영향을 주지는 않는다. 둘째, 긍정적 중독은 심리적인 자원을 증진시켜 적응에 기여한다. 셋째, 긍정적 중독은 외부의 보상이 주어지는지의 여부와는 무관하게 지속될 수 있다. 넷째, 부정적인 중독은 일시적으로만 쾌감을 주고 장기적으로는 해로운 반면에, 긍정적 중독은 외견상 소소한 일 같은 인상을 주더라도 실제 심리적 효과는 클 수 있다. 다섯째, 긍정적 중독은 몰입의 경험을 제공해 준다. 여섯째, 긍정적 중독에서는 부정적 중독과는 달리 중독 관련 행동을 개시하고 종료하는 시기를 주체적으로 선택하는 것이 가능하다. 일곱째, 긍정적 중독은 자기통제감을 증진시켜 줌으로써 과음이나 흡연 등의 나쁜 습관을 조절할 수 있도록 도울 수 있다. 마지막으로, 긍정적 중독에서는 단순히 쾌락뿐만 아니라, 성취감과 충만감 등의 정서적 만족을 추가로 제공해 준다. 이런 점에서 긍정적 중독의 과정에는 좋아함의 시스템이 관여하는 것으로 보인다.

긍정적 중독은 두 가지 측면에서 플로리시와 밀접한 관계가 있다. 첫째, 긍정적 중독이 몰입을 낳는 측면이다. 긍정적 중독은 우리에게 '놀듯이 일하고 일하듯이 놀 줄 아는 몰입의 노하우'를 선사해 줄 수 있다. 플로리시에서 이처럼 놀듯이 일하고 또 일하듯이 놀 줄 아는 몰입의 기술이 중요한 이유는, 바로 긍정적 중독 과정을 통해 일과 여가가 하나로 통합되는 것이 가능해지기 때문이다.

둘째, 긍정적 중독이 스트레스에 대한 효과적인 대처를 도울 수 있다는 점이다. 앞서 소개한 것처럼, 몰입은 우리가 사고 억제의 역설적인 효과를 극복할 수 있도록 도울 수 있다. 긍정적 중독을 유발하는 활동들에 몰두하는 동안, 우리는 몰입의 효과 덕분에 다양한 스트레스 문제로부터 자신을 보호할 수 있다.

해머스미스 병원의 실험 결과가 보여 주듯이 비록 긍정적 중독 관련 활동들이 도파민 분비와 밀접한 관계가 있을지라도, 그러한 활동 자체가 부정적 중독의 위험성을 내포하는 것은 아니다. 긍정적 중독 관련 활동의 주체가 자기 행동에 대한 통제권을 잃어버리게 되어 강박적이고 기계적인 방식으로 해당 활동에 집착하게 될 때, 비로소 부정적 중독의 문제가 나타나게 된다.

결론적으로 말하자면, 어떤 영역에서든지 덕후로서 살아가는 것 그 자체는 긍정적이지도, 동시에 부정적이지도 않은 중립적인 것일 수 있다. 만약 덕후 활동 과정에서 부정적 중독이 현저해진다면 그것은 역기능적인 것이 될 것이고, 만약 긍정적 중독이 우세해진다면 그때는 플로리시한 삶에 근접해 갈 수 있을 것이다. 단, 그 둘을 구분하는 중요한 기준은 좋아함의 시스템이 관여하느냐, 아니면 원함의 시스템이 관여하느냐, 그리고 해당 활동의 주체가 자신의 행동에 대한 통제력을 얼마나 갖고 있는가에 달려 있다.

V
플로리시를 위한 남녀의 동업과 분업

"결혼한 두 사람이 서로에게 지는 빚의 합은 계산이 불가능하다.
빚의 액수가 무한하므로."
-요한 볼프강 폰 괴테(Johann Wolfgang von Goethe)-[155]

가장 이상적인 형태의 동업을 위해 약간의 분업이 필요한 남녀

심리학자 로이 바우마이스터(Roy F. Baumeister)에 따르면, 인류의 역사상 성별은 인생행로에 커다란 영향을 주었다. 많은 사회에서 역사적으로 남녀의 차이는 일의 종류, 교육의 종류와 양, 전쟁 참전 여부, 사회 활동에서 의사 결정권을 갖게 될지 여부 등에 결정적인 역할을 해 왔다.[156]

최근 한국 사회에서는 '여미족(Yummies)'이 부상하고 있다. 이들은 젊고(Young) 도시(Urban)에 사는 남성(Male)을 가리키는 신조어로서, 자신의 삶의 질을 위해 다양한 명품 소비에 관심을 보이는 남성을 뜻한다. 하지만 여기서 문제는 명품이 우리를 행복하게 만들어 주지는 않는다는 점이다. 여미족의 출현은 전통적인 결혼 적령기에 미혼인 상태로 남아 있게 되는 남녀의 수가 증가하는 추세와 밀접한 관계가 있다.

통계청이 발표한 '2015 인구주택총조사' 결과에 따르면, 한국에서 전통적인 결혼 적령기에 해당되는 30대에 미혼인 젊은이의 수가 1980년에는 100명 중 3명 수준이었지만, 2015년에는 36명 수준으로 약 12배 증가한 것으로 나타났다. 또 2017년 듀오휴먼라이프연구소의 조사 결과에 따르면, 미혼 남녀의 평균 결혼 계획 나이

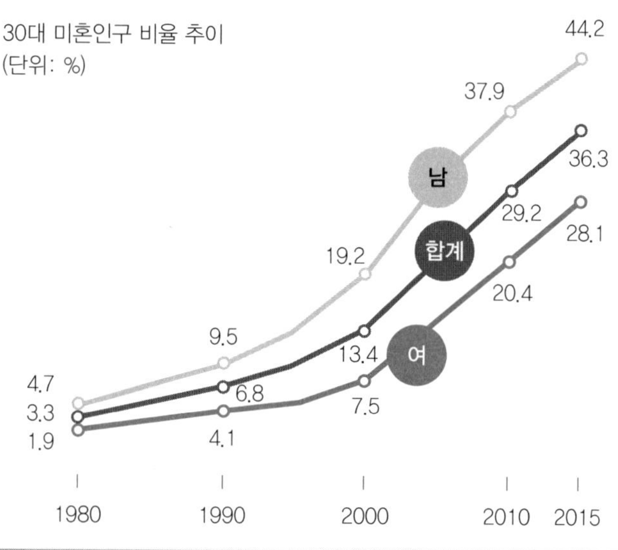

[그림 23] 한국에서의 30대 미혼 남녀 비율

는 남성 34.9세, 여성 33.7세인 것으로 파악되었다.[157] 그리고 한국보건사회연구원의 '2015 출산력 조사'에 따르면, 미혼자들의 결혼 연기 또는 기피로 인한 미혼 비율이 증가하고 있어 늦게 결혼하는 만혼(晩婚)이 사회적 트렌드로 대두되고 있다. 특히 미혼 여성 중 반드시 결혼해야 한다고 생각하는 여성은 10%도 안 되는 것으로 나타났으며, 미혼 여성 중 과반수 이상이 결혼을 반드시 하지 않아도 좋다고 대답한 것으로 조사되었다.

진화론적인 관점에서 보면, 남성과 여성 중 결혼은 사실 여성에게 더 급한 문제였다. 생물학적인 측면에서 볼 때 여성은 35세 이전에 아기를 갖는 것이 필요한 반면에, 남성은 이 나이가 지난 후에도 아빠가 될 수 있는 능력을 갖추고 있기 때문이다. 따라서 전통적으로 30세 이후부터는 남성이 여성보다 더 유리한 고지를 점해 왔다.

하지만 여미족의 출현은 여성이 30세 이후에도 여전히 협상 테이블에서 주도권을 쥐고 있음을 시사한다. 이러한 점에 대해서는 다음의 두 가지 측면을 고려해 볼 수 있다.

첫째, 과학기술의 발전으로 출산 기간이 연장된 것이다. 통계청의 2017년 인구동향조사 출생 · 사망 통계 자료에 따르면, 산모의 평균연령이 지난 10년간 지속적으로 증가하고 있다. 특히 35세 이상의 고령 산모의 출산 비중도 계속 증가 추세에 있으며, 2017년 기준 약 30%에 달하는 것으로 나타났다.

둘째, 한국 남성의 평균 결혼 예상 연령이 약 35세라는 것은 그 연령이 되어서야 비로소 한 사회 속에서 남성의 사회경제적인 지위가 안정됨으로써 결혼 준비도 갖출 수 있다는 것을 의미한다. 여기에서 중요한 점은, 여성은 남성의 사회적 지위 혹은 잠재적인 사회적 지위에 민감하게 반응하는 존재이며, 이러한 사회적 지위에 대한 판단은 남성 자신이 아니라 여성이 주로 내리게 된다는 점이다.

기본적으로 남녀 간에는 차이가 존재한다. 그러한 차이와 관련해서 우디 앨런(Woody Allen)은 1978년 아카데미 최우수 영화상과 감독상을 수상한 영화 〈애니 홀(Annie Hall)〉에서 다음과 같은 유머러스한 장면을 선보였다.[158] 그 영화에서는 주인공 알비(Alvy Singer)와 애니(Annie Hall)가 개별적으로 심리 상담을 받는 장면을 교차 편집해서 보여 준다. 상담자가 알비와 애니에게 각각 섹스를 얼마나 자주 하는지 질문을 하자, 두 사람 모두 서로 다른 이유로 불평을 털어놓는다.

알비: (한탄하며) "거의 안 해요. 아마도 일주일에 한 세 번?"

애니: (짜증을 내며) "많이 해요. 일주일에 세 번이나."

이처럼 남성과 여성은 다르다면 충분히 다르다고 볼 수 있는 존재이지만, 동시에 같다면 같다고도 볼 수 있는 존재이기도 하다. 이러한 문제는 전적으로 초점을 어디에 두는가에 달린 문제라고 할 수 있다. '차이'에 주목하면 다르게 보일 것이고, '공통점'에 주목하면 같게도 보일 것이기 때문이다.

하지만 그보다 더 중요한 점은, 남자든 아니면 여자든 간에 플로리시한 삶을 위해서는 서로가 차이로 인해 반목하기보다는 서로 파트너로서 손을 잡아야 한다는 것이다. 로이 바우마이스터의 표현에 따르면, 남녀는 '가장 이상적인 형태의 동업을 위해서 약간의 분업이 필요한 존재'라고 할 수 있다.[159] 이런 관점에서 이 장에서는 먼저 남녀의 차이에 관해 살펴본 후, 플로리시한 삶을 위해 서로가 손을 잡는 것을 진지하게 고려해 볼 만한 중요한 이유를 소개하고자 한다.

남성과 여성은 능력에서 차이가 나는 것이 아니다!

1960년대만 하더라도 심리학에서는 남성을 인간 정신의 표본으로 삼았다. 이 시기에 여성은 열등한 존재로 평가되었기 때문에 남녀 간 차이를 설명할 때도 모든 기준을 남자로 잡고, "여성에게는 남성에게는 있는 어떤 것이 없거나 부족하다."는 식으로 설명했다. 하지만 1970년대 이후로 이러한 남성 우월의식에 대해서는 시간이 흐를수록 반대하는 사람의 수가 증가하고 있다.[160]

1970년대 후반 이래로 사람들은 전반적으로 여성들이 남성보다 우월하며, 남성들은 여성의 열등한 형태라는 관점이 대두되기 시작했다. 이러한 시각은 1960년대까지의 남성 우월적 사고방식에서 남녀만 뒤바꾼 것이었다.

와우효과(WAW effect)라는 말이 있다. 여기에서 와우는 "여성은 훌륭하다(Women are wonderful)."는 문장의 첫 글자를 표기한

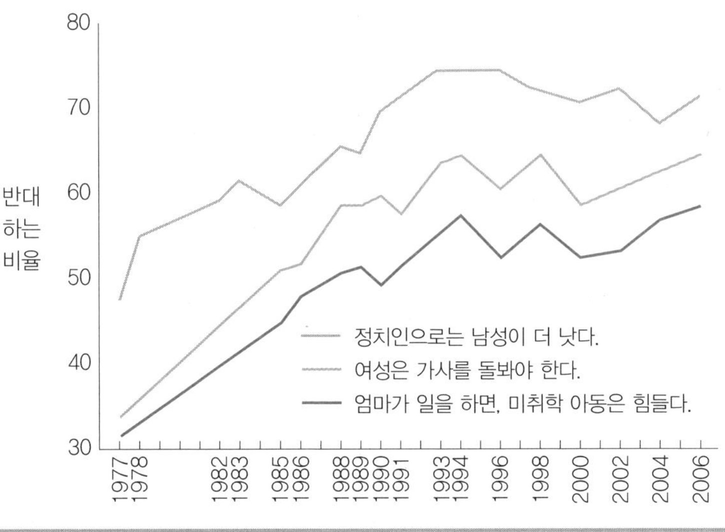

[그림 24] 성 관련 고정관념에 대한 미국의 사회조사 자료

것이다. 와우효과가 지칭하는 바는 한마디로 말해서 적어도 남성들보다는 여성이 더 훌륭하다는 것이다. 이러한 추세에 발맞추어 사실상 거의 대부분의 광고 속에서는 성대결에서 여성을 승리자로 표현하는 경향이 있다. 이에 『이코노미스트』 지(誌)는 한 기사에서 “미래 세대들은 왜 남성들이 좀 더 여성스러워질 수 없는지를 안타깝게 묻게 될 것이다…….”[161]라고 선언하기까지 했다.

와우효과를 지지하는 대표적인 예로는 바로 여성이 남성에 비해 여러 가지 일을 동시에 처리하는 멀티태스킹 능력이 뛰어나다는 주장을 들 수 있다. 비록 일부 연구 자료들에서는 여성이 남성보다 멀티태스킹을 잘한다는 주장을 제시했지만, 보다 더 정교하게 진행된 연구들에서는 그러한 차이를 발견하지 못했다. 특히 최근의 심리학 연구들은 이러한 멀티태스킹이 전체적으로는 작업의

질을 떨어뜨린다는 점을 보여 준다.[162]

마크 트웨인은 세상에 세 가지 거짓말이 있다고 주장했다. "거짓말, 망할 놈의 거짓말, 그리고 통계치."[163] 남녀 간의 능력을 비교 대상으로 삼을 경우, 어느 한쪽이 더 우월하다는 관점은 타당성에 의문이 제기될 수밖에 없다. 왜냐하면 능력상에서 대부분의 남녀 간 차이는 실제로는 매우 작고 사소한 것으로 나타났기 때문이다. 예를 들면, 미국의 대학수학능력시험은 오랜 시간에 걸쳐 반복 시행되면서 남학생이 여학생에 비해 평균적으로 수학 적성이 더 높다는 것을 보여 주었다. 하지만 이 차이는 전체 설명량 중 겨우 3%에 불과한 것으로 나타났다.[164] 이 정도의 차이를 가지고 숫자를 다루는 일에는 남성이 더 뛰어나다거나, 여성은 물리학보다는 생물학을 배워야 한다고 주장하는 것은 분명히 문제가 있는 주장이다.

남성과 여성의 동기 혹은 선호도 차이

남녀 간의 차이를 살펴볼 때, 동기 혹은 선호도에서의 차이에 주목하는 것은 많은 장점이 있다. 그중 한 가지는 남녀 간에 서로 얼굴을 붉힐 필요가 없다는 점이다. 이처럼 남녀 간의 동기 차이에 집중하면 남녀가 서로 다른 일을 하는 것이 능력의 차이가 아니라, 각자의 선호도를 반영하는 것이 된다. 남녀 간에 존재하는 이러한 선호도 차이 혹은 좋아하는 대상에서의 차이는 비교적 생애 초반

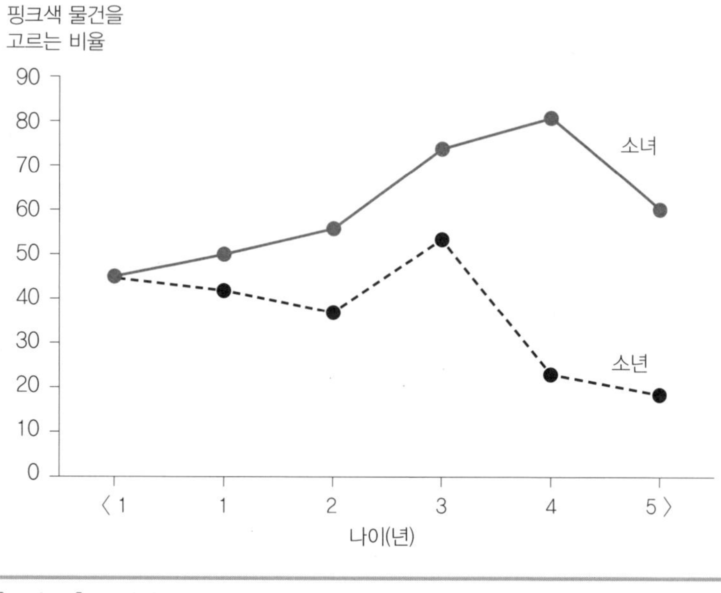

[그림 25] 소년과 소녀 간 핑크색 물건을 고르는 비율의 차이

부터 분명하게 나타난다.

[그림 25]는 소년과 소녀가 핑크색 물건을 고르는 비율의 차이를 연령대별로 도시한 것이다. 만 3세에서 5세 사이에 소년과 소녀는 자신이 좋아하는 물건의 색깔에서 분명한 선호도상의 차이를 드러낸다.[165]

사실, 이러한 선호도의 차이는 생의 초기부터 분명하게 나타난다. 출생 직후부터 남자아이는 사람이 아닌 시스템 혹은 체계에 더 강한 홍미를 나타내는데 반해, 여자아이는 사람 얼굴에 더 큰 관심을 보인다. 생후 1년 된 남자아이들은 말하는 얼굴이 나오는 비디오보다 자동차에 관한 비디오를 더 좋아하는 반면에, 생후 1년 된 여자아이들은 그 반대의 모습을 보였다.

극단성을 드러내 주지 못하는 통계 기법의 문제

앞서 설명한 것처럼, 전통적으로 남녀 간의 성차를 드러내는 수학, 물리학, 공학 분야 같은 영역에서 남성은 평균적인 능력의 측면에서는 여성보다 더 뛰어나다고 보기는 어렵다. 하지만 남성은 이러한 분야들에서 극단성의 패턴을 보인다. 바로 남성이 보이는 이러한 극단적인 패턴 때문에 지금까지 성차에 관해 오해를 낳을 수 있는 결과들이 양산되었다. 사실 남성과 여성이 평균적으로 완벽히 동일하다 해도 전체 분포값 중 일부 값만을 측정할 경우, 남녀의 평균 차이를 보여 주는 역설적인 통계 데이터를 얻는 것이 가능하다.

[그림 26]은 성차가 나타나는 대표적인 영역에서 남녀의 수행 점수 분포를 비교한 것이다. 상대적으로 여성이 남성보다 공감하기(empathizing) 점수가 더 높고, 남성은 여성보다 규칙에 따라 작동하는 체계를 이해하는 능력을 뜻하는 체계화(systemizing) 점수가 더 높다.[166] 이러한 체계화 점수는 수학, 물리학 및 공학 분야에서 요구하는 사고 능력과 밀접한 관계가 있다. 이미 앞에서 언급한 것처럼, [그림 26]에서도 남녀 간 차이가 나타나는 부분보다는 중복되는 부분이 상대적으로 더 크기 때문에 성차와 관계된 설명량은 상대적으로 적을 수밖에 없다는 점이다.

이러한 비교 방법에서의 가장 심각한 문제는 극단치를 평준화

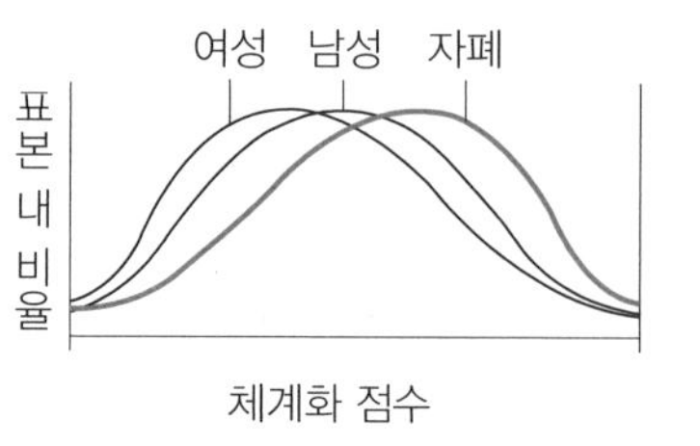

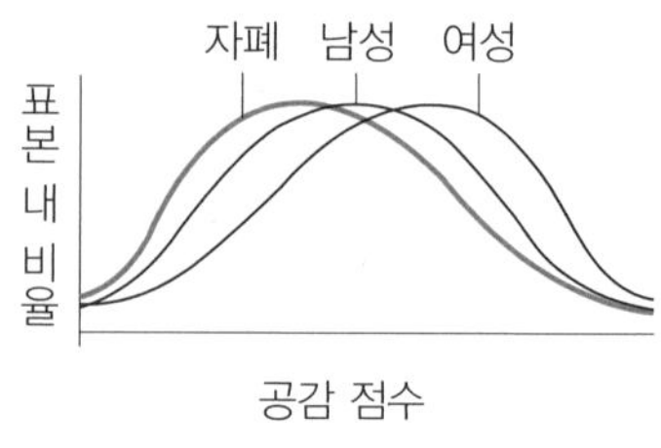

[그림 26] 남녀 간 체계화 점수와 공감 점수 분포 비교

한다는 점이다. [그림 26]은 자폐와 남성 간 차이가 여성과 남성 간 차이와 비슷해 보이도록 만든다. 하지만 이것은 현실을 왜곡하는 것이다. 자폐는 그 진단적 특성상 극단치로 표시되어야 한다. 하지만 [그림 26]에서처럼 통계적으로 표준화 점수를 사용하는 경우, 자폐의 극단적인 특성은 마치 존재하지 않는 것처럼 나타날 수 있다. 마찬가지로 남성에게 존재하는 극단적인 특성 역시 자폐에서처럼 두드러지지 않은 것처럼 보일 수 있다.

남성성의 본질: 극단성 패턴

남성의 극단성 패턴은 '키'와 같은 자연 현상에서도 나타나는 분명한 현상이다. 평균적으로 남성은 여성에 비해 키가 크다. 하지만 남성의 평균 키에서 벗어나 양극단에 있는 남성의 숫자는 여성 평균 키의 양극단에 있는 여성의 숫자보다 훨씬 더 많다. 이러한 점들은 성격강점 검사에 포함된 다양한 성격 특성의 양극단에 대해서도 마찬가지로 나타난다.

사실상 사회 전반에 걸쳐 남성의 극단성 패턴을 관찰하는 것이 가능하다.[167] 여성보다는 남성 중에 성공한 기업가가 더 많지만, 교도소에 수감되어 있는 수나 노숙인 수도 남성이 더 많다. 1986년까지 여성에 의해 설립된 그 어떤 회사도 『포춘』의 500대 기업에 소속되지 못했다. 예컨대, 패션 디자이너 리즈 클레이본(Liz claiborne)이 세운 '리즈클레이본'은 포춘의 500대 기업 중 여성이 설립한 최초의 회사였다. 그리고 미국 법무부 통계에 따르면, 수감자 10명 중 9명 이상이 남자인 것으로 나타났다.

이렇게 볼 때, 만약 남성이 여성보다 우월하다고 믿고 싶을 때는 영웅과 자선가, 발명가, 천재, 정치가가 있는 사회의 상층부를 바라보면 된다. 그 반대로 남성이 여성보다 열등하다고 믿고 싶을 때는 범죄자, 마약 중독자, 실패자, 사기꾼, 전쟁광, 지적 장애자, 알코올 중독자, 깡패 등이 있는 사회의 하층부를 쳐다보면 된다.

남녀 간 차이에서 두드러지는 남성의 극단성 패턴을 보여 주는 대표적인 예가 바로 대학 수학능력검사의 수학 부분 시험(SAT-M)이다.[168] 이 시험에서 남자는 여자보다 약 50점 정도 더 높은 점수를 받는다. 이러한 시험 결과를 점수대별로 살펴보면, 높은 점수대로 올라갈수록 성차가 더욱 두드러진다. 예를 들어, 남자 대 여자 비율은 500점 이상 점수대에서는 2 대 1, 600점 이상 점수대에서는 6 대 1, 그리고 700점 이상 점수대에서는 13 대 1이 된다.

전통적으로 수학, 물리학 및 공학 분야에서 남자 대 여자의 비율은 약 9 대 1이었으며 이러한 추세는 지금도 변하지 않고 있다. 예컨대, 미국 국립 과학 재단이 수행한 조사 결과에 따르면 생물학자의 약 23%가 여자인 반면에 물리학자는 5%, 그리고 공학자는 겨우 3%만이 여자인 것으로 나타났다. 비록 선발 과정에서 어느 정도 성차별이 존재했을 가능성이 있을지라도, 물리학과 공학이 생물학보다 여자에게 덜 우호적이라는 증거는 존재하지 않는다. 이러한 점은 노벨상 수상자의 성비에도 분명하게 드러난다. 170명의 노벨 과학상 수상자 중에서 여자는 겨우 세 명에 불과하다.

미국 특허청 자료에 따르면, 지난 20년간 발행된 특허의 94.3%가 남성 개인 또는 남성 집단에서 출원된 것이었다. 나머지 5.7%는 남녀 혼성 집단이나 여성 집단 혹은 여성 개인이 신청한 것이었다. 하지만 여성이 포함된 경우 그 대부분은 기업체에 의한 것이며, 그나마도 남녀 혼성에 의한 것이 일반적인 패턴이었다.

또 세계 포커 대회에서 상위 250위에 속하는 포커 플레이어의 무려 98.4%가 남성이었다.[169] 남성은 미국 상품거래소 직원과 회원의 90% 이상, 고위직 트레이더와 행정직의 95% 이상을 차지하며, 상품 선물거래자의 95.6%를 차지한다.

지금까지 살펴본 주요 활동 영역들에서 드러나는 커다란 남녀간 불균형은 능력의 차이보다는 동기 혹은 선호도의 차이를 반영한다고 해석할 수 있다. 남성은 여성보다 해당 분야에서 평균적으로 능력이 뛰어난 것이 아니다. 그보다는 사회 속에서 해당 직업 혹은 활동에 참여하는 것에 대한 심리적 동기가 더 큰 것이다.

남성이 가장 좋아하는 것

니체에 따르면, 진정한 남자가 좋아하는 것은 두 가지다.[170] 그것은 바로 위험과 놀이다. 비록 니체의 주장이 틀린 것은 아닐지라도 진화심리학적인 관점에서 본다면, 남자가 위험과 놀이보다 더 좋아하는 것이 있다. 그것은 바로 '섹스'다.

대학 캠퍼스에서 진행된 한 흥미로운 연구에서는 실험자가 처음 만나는 남성과 여성에게 "캠퍼스를 걷다가 매력적인 당신을 발견했어요. 오늘 밤 나와 잘래요?"라고 제안하였다. 그 결과가 [그림 27]에 제시되어 있다. 갑작스러운 이 제안에 무려 남성의 75%가 찬성했다. 반면, 이러한 요구에 응한 여성은 단 한 명도 없었다.[171]

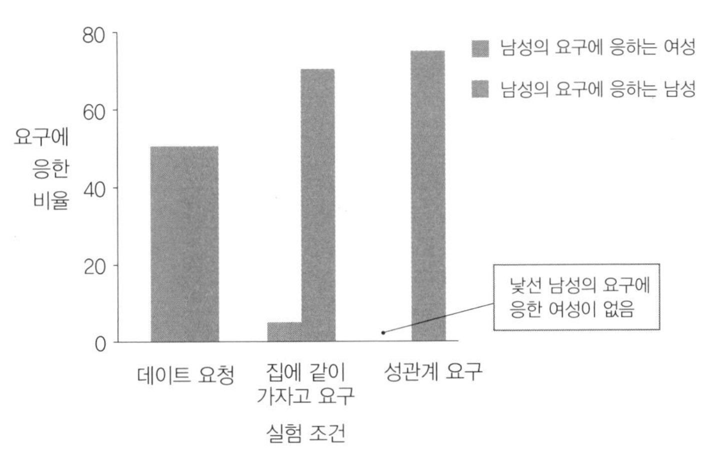

[그림 27] 갑작스런 성관계 요구에 응하는 남녀 간 비율

미국인 4,000명을 대상으로 조사한 결과에 따르면, 배우자와 다투는 핵심 원인은 남녀 간에 서로 다른 것으로 보인다.[172] 남성과 여성이 각각 선택한 가장 중요한 부부 갈등의 원인은 다음과 같았다. 그 결과에 따르면, 남녀 모두 돈이 중요한 갈등 요소 중 하나라고 보고했다. 하지만 부부 관계에서 가장 중요한 갈등의 원인으로는 남자는 성생활, 그리고 여자는 육아 문제를 들었다.

〈표 6〉 부부 관계에서의 대표적인 갈등 원인

순위	남성	여성
1	성생활	육아
2	돈	가사
3	여가	돈

다음의 부부 연구 결과는 이러한 결과가 왜 나타나는지를 잘 보여 준다. 아내들은 이상적인 성관계 횟수와 자신의 실제 성관계 횟수가 일치한다고 보고하는 경향이 있다. 반면, 남편들이 평가한 이상적인 성관계 횟수는 실제 부부관계 횟수보다 무려 50%나 더 많은 것으로 나타났다.

사실 남자가 여자보다 섹스에 대한 동기수준이 더 높다는 점을 보여 주는 증거 자료는 대단히 많다. 남성의 이러한 특징은 생물학적으로 특성과 밀접한 관계가 있는 것으로 보인다. 예를 들면, 남자의 뇌 부위 중 시상하부에는 성적 충동과 관계된 영역이 여자의 뇌보다 약 2.5배 더 크다.

생물학적으로 여자의 성염색체는 XX, 그리고 남자의 성염색체는 XY이다. 남성의 Y염색체에는 총 21개의 유전자가 있는데 Y염색체는 자신의 유전자를 다른 암컷에게 전달하는 것 이외의 임무는 맡고 있지 않는 것으로 보인다. 다시 말해, 여성에게는 없는 남성의 Y염색체의 핵심 임무가 바로 '재생산'이라는 것이다.

남성의 극단성 패턴에 관한 진화심리학적 분석

여자와는 달리 남성에게서 두드러지게 나타나는 극단성은 진화 과정과 밀접한 관계가 있는 것으로 보인다. 진화 과정에서 나타난 남녀의 차이를 이해하기 위해서는 먼저 "우리 조상의 몇 퍼센트가 남성이었을까?" 하는 의문을 해결하는 것이 필요하다.

이 질문에서의 포인트는 지금까지 태어난 적 있는 모든 사람들이 아니라, 이전에 생존했던 사람들 중 오늘날 그 자손이 생존하고 있는 사람들의 성비를 묻는 것이다. 최근의 DNA 연구 결과는 현대인의 조상들 중 여성이 남성보다 약 2배 더 많았음을 보여 준다.[173] 다시 말해, 인류 조상의 약 67%는 여성이고 그 나머지인 33%가 남성에 해당된다는 것이다. 이런 점에서 과거에 여성이 오늘날의 후손을 갖게 될 확률은 남성의 2배였다고 할 수 있다. 이러한 결과는 만약 외딴 섬에 남자 두 명 그리고 여자 두 명이 사는 경우, 남자 한 명이 여자 두 명 각각에게서 자식을 얻고 나머지 남자 한 명은 자식을 남기지 못한 상황과 유사하다.

이처럼 과거에 성인기까지 생존했던 여성들 중 대부분은 최소한 한 명 이상의 자식을 두었던 데 반해, 성인기까지 살아남았던 남성들 중 상당수는 자신의 생물학적 흔적을 남기지 못한 것으로 보인다.

남성의 낮은 번식 성공률은 진화적인 관점에서 볼 때 남성 개체들에게 매우 불리하다. 따라서 번식에 성공하기 위해서 남성은 동기적으로 충만한 상태를 유지하고 있어야 한다. 번식의 가능성이 있다면 어떻게 해서든 안간힘을 써야 했던 남성의 입장에서 볼 때, 섹스에 대한 욕망은 번식에의 성공을 위해 강력한 동기를 부여하는 역할을 했던 것으로 보인다. 그 결과, 남성의 삶은 마치 '정자 경쟁'의 전장 같은 속성을 띠게 되었다.

성인 웹사이트를 조사한 결과, 한 여성과 여러 남성이 등장하는 일처다부의 이미지(정자 경쟁을 상징함)가 한 명의 남성과 여러 명의 여성이 등장하는 일부다처의 이미지보다 1.79배 더 많은 것으로 나타났다.[174] 이러한 점은 동영상에서도 마찬가지였다. 또 참여자들에게 사진, 동영상 그리고 소설 중 가장 보고 싶은 장면의 유형을 질문하였다. 그 결과, 일부다처 장면보다 일처다부 장면을 선호하는 비율이 자료 유형별로 각각 1.96배, 2.03배, 1.58배 더 높았다.

또 남성들은 정자 경쟁을 연상시키는 성적 이미지에 시각적인 흥분을 경험하는 것으로 보인다. 한 실험에서 남성들에게 정자 경쟁을 연상시키는 성적 이미지(한 여성과 두 남성)와 그렇지 않은 성적 이미지(세 여성)를 제공했다. 남성 참여자들은 그 이미지를 보면서 자위를 한 다음에 해당 작업의 결과물을 연구자에게 제공했다. 그 결과, 정자 경쟁을 자극하는 이미지를 활용해 얻게 된 정자 샘플의 운동성이 상대적으로 더 높은 것으로 나타났다.

아직까지도 많은 사람들은 진화론이 '적자생존'을 뜻하는 것으로 오해하는 경향이 있다. 진화의 핵심 과정은 생존이 아니라, 바로 재생산이다. 자신의 유전자를 후세에 남긴다는 자연의 성공 기준을 적용할 경우, 상당수의 남성들은 실패한 것으로 볼 수 있다. 이러한 진화론적 시각은 남성과 여성이 왜 다르게 행동하는지를 이해하게 해 주는 강력한 참조틀을 제공해 줄 수 있다.

여성과 주요한 차이를 보이는 남성의 극단적 패턴의 전형적인 예 중 하나는 바로 자식 수이다. 자식 수에서 대다수의 여성들은 최소한 한 명 이상의 자식을 가지며, 생존해 결국 증손자까지 낳은 자식만을 계산에 포함시킬 경우, 과거의 여성들 중 6명 이상의 자식을 출산한 여성은 극히 드물다. 이와는 대조적으로 대다수의 남성들은 자식이 하나도 없는 반면에, 일부 극소수의 남성들은 자녀를 가장 많이 낳은 여성들보다도 훨씬 더 많은 자녀를 얻는다. 예를 들어, 모로코의 '피에 굶주린 황제' 물레이 이스마일(Moulay Ismail)은 자식 수가 무려 888명이나 되었다.[175]

현대인이 남성에 비해 2배 더 많은 여성의 후손으로 구성되어 있다는 사실은 두 가지 의미를 갖는다. 첫째, 남성들은 실패자가 되지 않기 위해 노력해야 하는 반면에, 여성들은 그럴 필요가 없다는 점이다. 둘째, 인간의 마음이 재생산에 기초한 진화에 의해 영향을 받는 한 남성들은 안전한 선택보다는 모험을 선택할 가능성이 더 크다는 점이다. 왜냐하면 남성은 자연으로부터 보상이 큰 게임에 참여하도록 강요받기 때문이다.

진화 과정에서 남성이 선택한 짝짓기 전략

진화론적인 관점에서 본다면, 남성이 여성보다 유전적으로 더 극단적인 특성을 나타낼 만한 이유가 있다. 돌연변이는 진화의 핵심 과정 중 하나다. 만약 돌연변이가 실패자라면 자식이 없는 쪽이 더 낫다. 반면에 돌연변이가 승리자가 된다면, 자식들이 많은 것이 더 바람직한 결과가 될 수 있다. 이런 점에서 남성은 여성보다 자연의 실험 대상으로 상대적으로 더 적합하다고 할 수 있다. 왜냐하면 여성들은 1년에 단 한 차례만 자식을 낳을 수 있지만, 같은 기간 동안 남성은 수많은 아이들의 아버지가 될 수 있기 때문이다.

진화적으로 성공하기 위해서 남성은 아이를 가질 수 있는 능력이 있는 여성과 결혼해야 한다. 따라서 남성에게 다산 능력이 있는 여성은 아이를 전혀 낳지 못하거나 많이 낳지 못하는 여성에 비해 더욱 가치 있는 존재가 된다.

남성들은 어떤 여성이 가장 높은 번식적 가치(reproductive value)를 지니는지 파악할 단서로 젊음과 건강에 주목해 왔다.[176] 나이 들거나 건강하지 않은 여성은 젊고 건강한 여성에 비해 출산이 어렵다. 이런 점에서 여성의 번식 가치는 20세 이후에는 나이

가 들어 감에 따라 계속 감소한다. 40세에는 현저하게 낮아져서 50세에 이르러 거의 0에 가까워진다.

50년에 걸쳐 미국의 주요 대학들을 조사한 결과, 평균적으로 21세의 남성은 18.5세의 여성을 선호했다. 그런데 남성은 나이가 들수록 자기보다 더 어린 여성을 배우자로 선호하는 것으로 나타났다. 30대 남성들은 대략 25세 정도의 여성을 선호했고, 50대 남성들은 30대의 여성을 선호했다.

전통적으로 사회적인 지위가 높은 남성은 지위가 낮은 남성들보다 상대적으로 더 젊은 신부를 얻었다. 예컨대 물레이 이스마일 황제의 경우, 그의 곁에는 500명의 여인들이 있었는데 30세가 되면 쫓겨나 다른 곳으로 보내졌고 그 빈자리는 상대적으로 더 젊은 여인들로 채워졌다.

또 독일의 한 데이트 웹사이트 조사에 따르면, 남성은 수입이 높을수록 더 젊은 여성을 원한다. 연봉 약 9,000만 원의 남성은 자신보다 최대 15세 어린 배우자를 찾는 반면, 연봉이 1,000만 원 수준인 남성은 자신보다 최대 5세 어린 배우자를 찾는 것으로 나타났다.[177]

남성에게 여성의 모래시계 체형은 건강과 임신 가능성을 가늠해 볼 수 있는 중요한 표지이다. 전 세계의 광고에 등장하는 총 1,068명의 여성을 대상으로 허리 대 골반의 비율을 조사한 결과, 허리 대 골반의 평균 비율은 0.72였다.[178] 이러한 수치는 파푸아뉴기니의 오지에 사는 남성들에게 자신이 선호하는 여성의 허리 대 골반 비율을 질문했을 때도 비슷했다. 남성들이 선호하는 여성의 허리 대 골반 비율의 평균은 0.72로서 모래시계 체형에 부합되는 것으로 나타났다. 또 선천적인 시각 장애인에게 촉각을 통해 측정했을 때에도 비슷한 수준의 허리 대 골반 비율 선호도가 나타났다. 더불어 수술로 허리 대 골반 비율을 0.72에 맞춘 여성의 수술 전후 사진을 남자들에게 제시했을 때, 수술 후 사진을 본 남성의 뇌 속 보상 체계가 활성화되는 것으로 나타났다.

결론적으로, 남녀 간 교환 패턴은 명확하다. 남자들은 여자들에게서 성적인 매력을 찾고 그 대가로 물적인 자원을 제공해 준다. 반면, 여자들은 남자들에게서 능력과 경제력을 찾고 성적 매력을 제공해 준다. 천여 건의 미국 광고를 분석한 결과, 여자들은 남자들에 비해 물적 자산을 11배쯤 더 중요하게 생각하는 것으로 나타났다. 또 기혼 여성 2천 명을 대상으로 실시한 조사에서는 남편의 지위가 높은 여성이 자녀 수가 더 많고, 이혼율이 더 낮으며, 상대적으로 더 행복한 결혼 생활을 하는 것으로 나타났다.

남성 호르몬의 제왕, 테스토스테론

테스토스테론(testosterone)은 남성 호르몬의 제왕이다. 사실, 남성의 행동에 영향을 주는 호르몬은 테스토스테론 이외에도 바소프레신 등 다양한 호르몬이 있지만, 이 글에서는 주로 테스토스테론에 초점을 맞추고자 한다. 남성은 여성에 비해 테스토스테론이

10배쯤 더 많다. 이 호르몬은 성행동, 공격성, 집중력, 목표 지향적 행동, 위계질서 내에서 다른 남자보다 우위에 서려는 충동을 포함한 거의 대부분의 남성적 행동을 주관한다. 같은 남성 중에서도 테스토스테론 수치가 높다는 것은 성욕을 비롯한 관련 특성들이 강하다는 것을 예측하게 한다. 테스토스테론은 남성에게 자신감과 용기를 발휘하도록 돕지만, 지나칠 경우 무뚝뚝하고 난폭한 행동을 유발할 수 있다.

평생 남자의 뇌는 유전자와 테스토스테론에 의해 초안이 새겨진 청사진에 따라 형성되고 변형된다. 임신 8주가 되면, 남자 아기의 고환은 자신의 뇌 속을 가득 채우고 또 뇌의 구조 자체를 변화시키기에 충분한 양의 테스토스테론을 생산한다.

남자아이들이 자기 성 유형에 기초한 놀이를 선택하는 비율은 손가락 길이의 비율과 밀접한 관계가 있는데, 이러한 성차는 자궁에서 테스토스테론에 노출되는 정도의 차이에서 유래한 것으로 보인다. '2D : 4D'로 불리는 '검지(2D)와 약지(4D)의 길이 비율'은

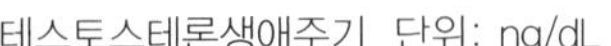

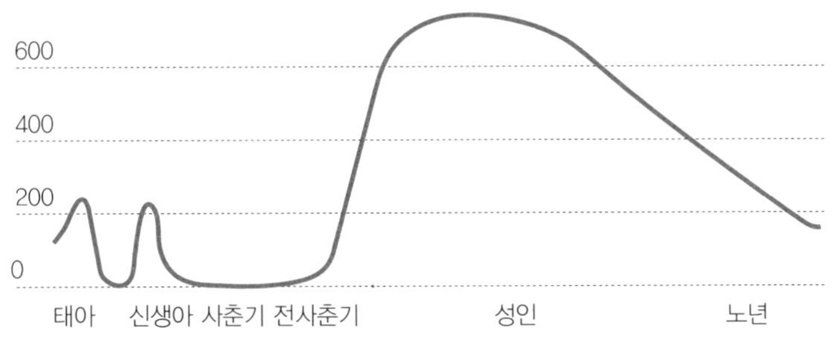

[그림 28] 남자의 테스토스테론 생애 주기

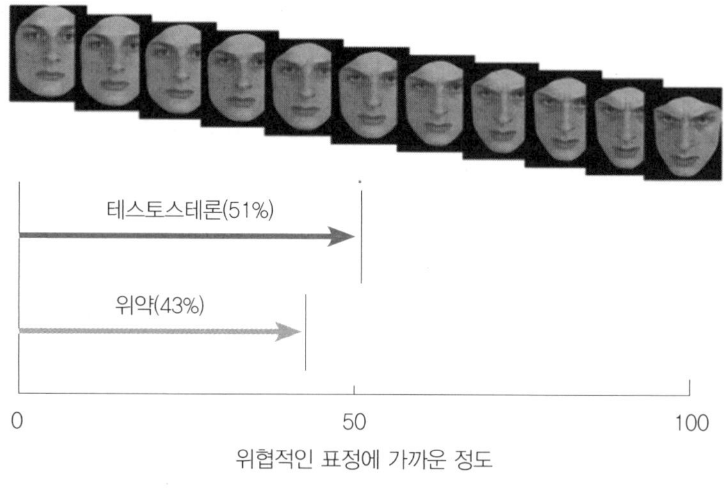

[그림 29] 테스토스테론과 위협 표정 지각

남성이 여성보다 더 낮은 수치를 나타낸다. 즉, 남자의 경우 약지가 검지보다 더 길다.

9세에서 15세 사이에 남자의 뇌 회로에서 테스토스테론은 무려 20배나 증가하게 된다.[179] 이것을 비유적으로 표현하자면, 만약 9세 아이가 매일 음료수를 한 잔씩 마신다면 15세 때에는 하루에 무려 7리터를 마시는 것과 마찬가지가 된다.

테스토스테론은 외부의 위협을 지각하는 것을 둔화시킨다. [그림 29]가 보여 주는 것처럼, 테스토스테론을 주입받으면 위약을 투약했을 때에 비해 위협 표정을 인식하는 데 어려움을 겪는다.[180] 다시 말해, 다른 사람들에게는 위협으로 읽히는 표정이 테스토스테론을 주입받은 사람에게는 위협 표정으로 인식되지 않는다는 것이다.

또 테스토스테론은 의사소통 방식에도 중요한 영향을 미친다. 테스토스테론 호르몬 치료를 받는 남자 환자들은 문자로 의사소통을 할 때, 사람에 관한 단어의 사용 빈도는 점점 줄어드는 대신 사물과 비개인적 주제에 관한 단어 사용 빈도는 더 늘어나는 패턴을 보였다.

여미족의 명품 소비 경향성은 상징적 정자 경쟁과 밀접한 관계가 있는 것으로 보인다.[181] 명품은 이성으로부터 매력적이라는 평가를 받는 한 가지 방법이 될 수 있다. 고급 자동차를 모는 것만으로도 남성의 신체적 매력은 향상될 수 있다. 한 실험에서 비슷한 수준의 매력도를 가진 남성과 여성이 고급 자동차(벤틀리)와 일반 자동차(포드)에 번갈아 탄 모습을 사진으로 찍었다. 그리고 그 사진을 이성의 실험 참여자에게 보여 주면서 그들의 매력도를 평가하도록 했다. 그 결과, 여성들은 동일한 남성이라도 일반 자동차에 탑승했을 때보다 고급 자동차에 탑승했을 때 더 매력적이라고 평가하였다. 이러한 형태의 사진들을 웹사이트에 업로드한 후 방문자들로 하여금 매력도를 평가하도록 했을 때도 똑같은 결과가 나왔다.

이러한 여미족의 과시적 소비 경향성은 테스토스테론과도 밀접한 관계가 있다. 고급 스포츠카를 몰 때 남성의 테스토스테론 수치는 상승하는 것으로 나타났다. 이런 점에서 포르쉐는 마치 성적 신호로서의 효력을 갖고 있는 것으로 보인다. 왜냐하면 포르쉐에 의해 남성의 내분비 엔진도 가속되는 것처럼 보이기 때문이다.

일반적으로 결혼은 과소비 행동과 관계가 있는 남성의 테스토스테론 수치를 낮추는 역할을 한다.[182] 약 4천 명의 미 육군 전역자를 대상으로 한 연구에 따르면, 미혼이거나, 이혼 경력이 있거나, 별거 중이거나, 혼외정사 경험이 있는 남성의 테스토스테론 수치가 상대적으로 더 높은 것으로 나타났다. 또 약 4천 명의 미 공군 전역자를 대상으로 장기간에 걸쳐 연구한 결과, 결혼한 남성의 테스토스테론 수치는 낮아졌다가 이혼을 전후로 상승하는 것으로 밝혀졌다. 그리고 하버드대학교 졸업생 및 경영대학원생을 조사한 연구 결과도, 결혼 여부와는 관계없이 여성과 장기적인 관계를 맺는 남성은 그렇지 않은 남성에 비해 상대적으로 테스토스테론 수치가 낮다는 것을 보여 주었다. 한편, 자식이 태어나는 경우에도 남성의 테스토스테론 수치는 그 전에 비해 33% 정도 낮아졌다. 이러한 점은 여미족의 과소비 경향성은 단기적인 형태의 짝짓기 전략 그리고 평균 결혼 연령이 증가하는 것과 관계있다고 할 수 있다.

남성과 여성의 자기존중감 비교

남성의 자기존중감 점수는 생애의 대부분 동안 여성보다 높은 것으로 조사되었다.[183] 그리고 이러한 남녀 차이는 배우자 및 지위를 놓고 경쟁하는 청소년기와 성인 초기에 가장 두드러진 것으로 보인다. 여기서 중요한 점은 이 자료가 자기보고식 검사를 활용해 작성되었다는 점이다. 이것은 남성이 객관적으로 여성보다 자기존중감이 더 높은 것을 뜻하는 것이 아니라, 남성 스스로 그렇게 믿고 있다는 점을 보여 준다. 그럼에도 불구하고 이 자료는 중요한 의미를 갖는다.

자연의 세계에서 젊은 수컷들이 우두머리에게 도전하기 위해서는 자신감이 필요하다. 자신감이 부족한 수컷들은 번식을 하지 못했다. 물론 자신감만으로는 충분하지 않다. 하지만 자신감 없이는 성공도 없다.

생애의 대부분 동안 남성의 자기존중감이 여성보다 높다가, 60대를 지나면서부터 남성과 여성 간 자기존중감의 차이가 급격히 줄어드는 것 역시 테스토스테론의 효과와 밀접한 관계가 있는 것으로 보인다. 남성 갱년기 동안 고환은 20대 때의 1/3에서 절반 정도의 테스토스테론을 생산한다. 100년 전에는 남성 갱년기가 상대적으로 드물었다. 왜냐하면 남자의 평균 수명이 갱년기를 맞을 만큼 길지 않았기 때문이다. 20세기 초반까지만 해도 미국 남성의 평균 수명은 약 45세 정도였다. 하지만 21세기에 남성들은 호르몬이 감소하기 시작한 이후에도 몇 십 년 정도는 더 살 수 있다.

그러다가 85세가 되면, 테스토스테론의 수치는 20대 때의 절반 이하로 감소한다. 하지만 이 시기에도 여전히 임신의 가능성은 존재한다. 그리고 섹스 및 매력적인 여성에 대한 관심도 지속된다. 이 시기에는 테스토스테론의 감소로 공격성이 감소하지만 옥시토신 때문에 애정과 감정에 더욱 민감해진다. 기본적으로 남성의 테스토스테론 수치는 녹음된 어린 아기의 울음소리에 공감하는 반응과는 반비례하였다. 이런 점에서 이 시기는 전체적으로 남자와

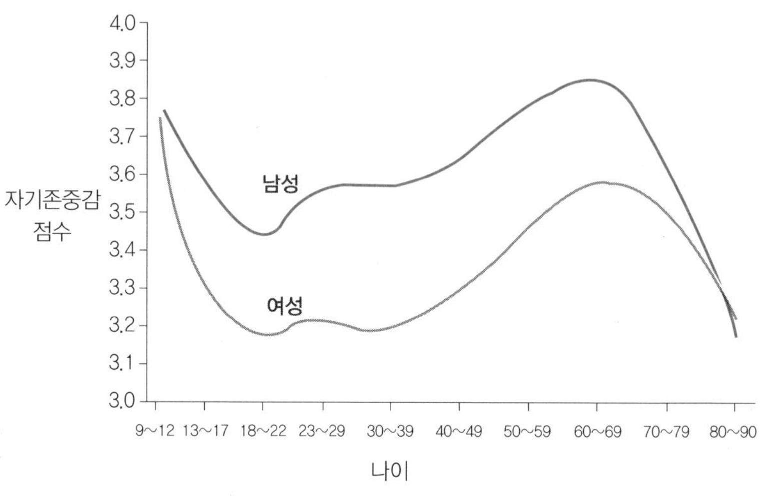

[그림 30] 남성과 여성의 자기존중감 비교

여자가 가장 유사해지는 시기에 해당된다. 그리고 이때에는 자기존중감에서의 남녀 간 차이도 사실상 사라지게 된다.

남성과 여성 간 스포츠에 대한 태도 비교

현대 사회에서 스포츠는 전형적인 대규모 사회적 상호작용 방식의 하나이다. 남성이 여성보다 스포츠에 더 큰 매력을 느끼는 점도 사회생활 방식에 대한 선호도와 밀접한 관계가 있다. 여성의 관점에서 본다면, 대부분의 스포츠는 생물학적 가치와 실용적 가치가 없는 '쓸모없는 짓'에 불과한 것 같은 인상을 줄 수 있다.

하지만 남성이 경험하는 스포츠의 매력은 누가 더 잘하는지를 증명하는 데 달려 있다. 상대적으로 여성은 큰 집단에서 상호작용하는 방식에 익숙하지 않기 때문에 스포츠에 광분하는 남성의 심리에 대해 잘 이해하기 어려울 수 있다. 먼저 생물학적인 측면에서도 여성보다는 남성이 스포츠를 더 잘 즐길 수 있도록 구조화되어 있다.

마치 비디오 게임을 할 때처럼 남자는 자신이 실제로 움직이지 않더라도 운동선수의 움직임을 지켜보는 것만으로도 스릴을 경험할 수 있다. 몸을 직접 움직이지 않아도 뇌에서 송출된 신호가 신경세포를 통해 근육으로 전달되기 때문이다. 실제로 컴퓨터 게임에 집중하고 있는 소년의 뇌를 fMRI로 조사하면, 게임 캐릭터의 움직임과 상응하는 뇌 속 신경세포가 활성화되는 것을 확인할 수 있다. 남자는 이런 방식으로 여자와는 다르게 외부 환경에 대해 신체적으로 반응하는 경향이 있다. 남자의 근육이 눈에 보이는 움직임에 반응해 실제로 꿈틀거리는 것이다. 이것을 심리학에서는 체화된 인지(embodied cognition)라고 부른다. 이러한 현상은 여자의 뇌에도 해당되는 것이지만 상대적으로 남자에게 두드러진다.

통상 남자 축구 선수들의 테스토스테론 수치는 원정경기보다 홈경기에서 더 높아지는데, 이것은 영역 방어와 관계가 있는 것으로 보인다.[184] 흥미로운 점은 승패 여부에 따라 선수들의 테스토스테론 수치뿐만 아니라, 홈구장의 남성 팬들의 테스토스테론 수치도 유사한 양상을 나타낸다는 점이다. 이것이 바로 남성 패거리 문화의 생물학적 기초를 이룬다. 특히 남성의 패거리 문화 중에서도 세계 각지의 축구 훌리건(hooligan)들의 모습은 테스토스테론이 유대관계에서 얼마나 강력한 효과를 나타낼 수 있는지를 잘 보여 준다.

남성과 여성의 동행이 주는 이점

만약 '사회적'이라는 용어가 가깝고 친밀한 일대일 관계를 뜻한다면, 남성보다 여성이 더 사회적이라고 할 수 있다. 하지만 사회를 더 큰 규모의 집단으로 정의할 경우, 남성이 여성보다 더 사회적이라고 주장하는 것도 가능하다.[185] 이러한 남녀 간의 차이를 이해하기 위해서는 사회성의 두 가지 측면을 모두 알아야 한다.

사회성에는 두 종류가 있다. 한 영역은 가깝고 친밀한 상호작용을 포함하는 양자관계(dyad)이다. 반면, 또 다른 영역은 친밀감은 덜하지만 보다 많은 사람들을 포함한다. 이러한 집단의 크기는 몇 명에서부터 수만 명에 이르기까지 다양하다. 이렇게 볼 때 여성들은 일대일로 연결된 가까운 관계에 잘 맞게 설계된 반면, 남성들은 많은 사람들과 연결된 대규모 조직에 더 잘 맞게끔 설계된 것으로 보인다.

공정성은 사회적 관계에서 중요한데, 공정성에는 두 가지 종류가 있다. 그것은 바로 공평(equity)과 평등(equality)이다. 평등은 모든 사람을 동일하게 대하는 것을 뜻하고, 공평은 각 개인이 기여한 바에 따라 보상을 제공하는 것을 말한다. 공평한 시스템에서는 더 많이 기여하거나 더 잘한 사람이 그에 상응하는 만큼 자기 몫을 더 많이 갖게 된다.

친밀한 관계에서는 평등이 효과적일 수 있다. 예를 들면, 한 사람이 집안 청소를 하고 나머지 한 사람이 식사 준비를 할 경우, 누구의 공로가 더 큰지를 따지는 것은 불화를 야기할 수 있다. 하지만 상대적으로 큰 규모의 집단에서는 평등보다 공평이 더 효과적일 수 있다. 평등은 모든 사람에게 똑같은 수준의 지위와 권한을 부여하지만, 위계적 조직에서는 구성원들이 피라미드 형태로 배치된다. 남성들은 지위에 의해 커다란 영향을 받던 선조들의 후손에 해당된다. 반면에 여성들은 사회적 지위와 무관하게 거의 동등한 수준의 자손을 남길 수 있었다.

남성이 여성과는 다른 형태의 사회적 관계를 향유한 결과로서, 노년기에는 여성에 비해 상대적으로 고독의 문제에 취약해지기도 한다. 50대 그리고 60대의 남성이 스스로 보고한 자기존중감 수준이 여성보다 더 높음에도 불구하고, 이것이 남성이 객관적으로 여성보다 자기존중감 수준이 더 높다는 것을 의미하지는 않는다고 말하는 이유도 바로 여기에 있다.

[그림 31]은 결혼 상태를 유지하는 조건에 비해 사별을 한 조건, 미혼 상태로 생활하는 조건, 이혼한 조건 간의 생존율 차이를 비교한 것이다.[186] 그 결과, 남편과 사별한 여성은 결혼 상태를 유지하는 조건에 비해 생존율이 떨어지지 않았으나, 부인과 사별한 남성은 결혼 상태를 유지하는 조건에 비해 생존율이 크게 떨어지는 것

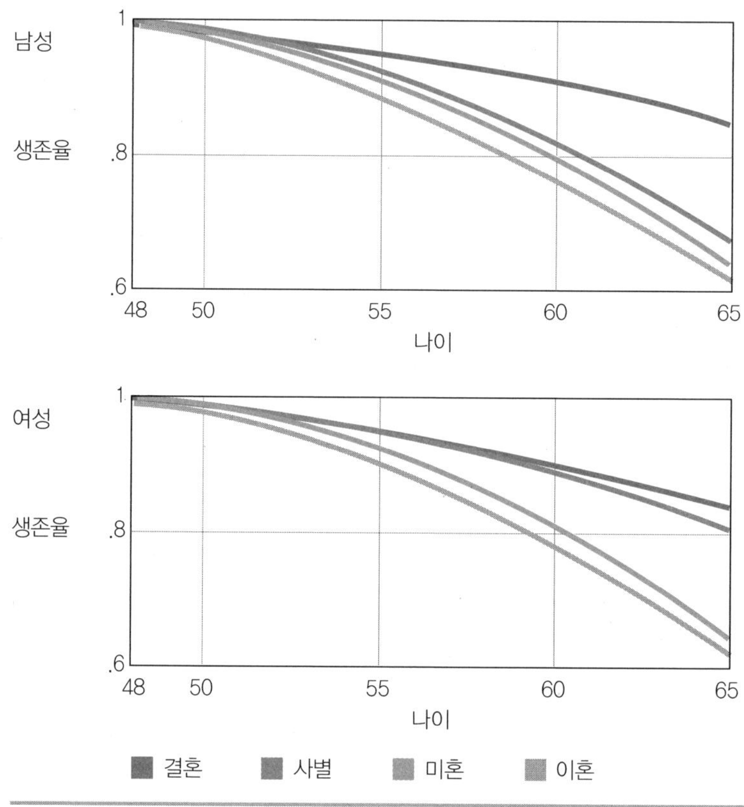

[그림 31] 남성과 여성의 결혼 상태 유지 조건별 생존율 비교

으로 나타났다.

기혼 남성들은 친밀한 관계의 측면에서 지나치게 아내에게 의존하는 경향이 있다. 노년기에 아내들은 남편 이외에도 친밀한 관계를 맺는 대상이 있는 반면에, 대규모 조직에 소속되어 생활하던 남편들은 은퇴 후 아내 이외에는 친밀한 관계를 맺을 수 있는 대상을 발견하지 못할 수 있다.

결론적으로 [그림 31]은 남녀 모두 결혼 상태를 오래 유지하는 것이 생존율에 분명한 도움을 준다는 것을 보여 준다. 아마도 이러한 효과는 괴테가 '결혼한 두 사람이 서로에게 지는 빚'이라고 표현한 것의 일부에 해당될 것이다.

남녀 간 차이에 대한 '트레이드 오프(tradeoff)' 이론[187]에 따르면, 남녀 간에는 선천적인 동시에 실제로 의미 있는 차이가 존재한다. 여기에는 능력뿐만 아니라 선호에서의 차이도 포함된다.

만약 특성 A가 특성 B보다 절대적으로 적응적 가치가 더 높다면, 진화 과정에서 A의 특성을 가진 개체는 많이 살아남고 B의 특성을 지닌 개체는 도태될 것이다. 하지만 때때로 진화 과정에서는 개체들 간의 차이점 중 일부가 보존되기도 한다. 바로 남녀 간 차이처럼, 어떤 점에서는 특성 A가 낫고 또 다른 측면에서는 특성 B가 나은 경우이다. 이러한 조건에서는 진화 과정에서 A의 특성을 가진 개체와 B의 특성을 지닌 개체 모두가 살아남게 될 것이고, 그 두 가지 특성 모두 후대에 전승될 것이다.

인류의 역사는 남자들만의 역사도 아니고 여자들만의 역사도 아니다. 지금까지 인류 사회에서는 남녀가 파트너로서 공동의 발전에 기여해 왔다. 트레이드 오프 이론이 제시하는 것처럼 남녀 간에 실질적으로 의미 있는 차이가 존재한다면, 인류가 선택해야 할 가장 지혜로운 방향은 동행(同行)이 될 것이다. 그리고 그 형태는 이상적인 형태의 동업을 위해 약간의 분업을 선택하는 것이 될 것이다.

성공은 동행이 있는 것

로이 바우마이스터는 남녀의 차이에 관한 심리학적인 분석을 다룬 『소모되는 남자』라는 저서의 결말을 다음과 같은 자신의 경험담으로 끝맺는다.

> 우연히 그는 한 대학신문에 룸메이트로 남성과 여성 중 어느 쪽이 더 좋은지를 묻는 설문조사 기사가 실린 것을 읽게 되었다. 그 기사에 실린 대부분의 응답 내용들은 갈등의 원인을 남녀 간 차이에 귀속시키는 것이었다. 기사 속에서 남녀 간 상호 비방에 가까운 공격적 응답들이 난무하는 가운데 유독 그의 눈에 하나의 편지 내용이 들어왔다. 그에 따르면, "편지를 작성한 여성은 남성과도, 여성과도 동거해 본 적이 있다면서 남녀 모두 같이 살기에 좋았다고 한다. 물론 차이는 있지만 일장일단이 있다는 것이다. 여성과 함께 살면 집안이 깔끔하게 정리정돈되어서 좋고, 남성과 함께 살면 끊임없는 감정의 굴곡을 경험하지 않아도 되니 편하다는 것이다."[188]

이 글은 처음에 남녀 관계에 관한 논의로부터 출발했다. 그리고 지금 종착역에 이르러서는 플로리시한 삶을 위해 동행이 중요하다는 점을 강조하였다. 그런데 동행의 문제에 도달하면서부터는 굳이 남녀 관계로 한정지을 필요는 없어 보인다. 동행은 모든 행복한 관계의 핵심 요소에 해당된다.

이어령 교수는 지식인으로서 둘째가라면 서러워할 만큼 화려한 삶을 살았다. 그가 29세에 발표한 처녀작 『흙 속에 저 바람 속에』는 당시에 30만 부가 넘는 판매고를 올릴 정도로 초베스트셀러를 기록했다. 그는 평생 100권이 넘는 책을 집필하는 등의 활약을 보임으로써 '시대의 지성'으로 불리기도 했다. 하지만 그는 '인생에서 가장 소중한 것'을 묻기 위해 방문했던 리포터가 그에게 성공한 삶을 살았냐고 질문하자, 다음과 같이 고백하였다.

> "문필가로, 교수로, 장관으로 활동했으니 세속적인 의미에서 성공했다고 할 수 있을 겁니다. 그러나 나는 실패한 삶을 살았습니다. 겸손이 아닙니다. 그것을 항상, 절실하게 느끼고 있습니다. … 내게는 친구가 없어요. 그래서 내 삶은 실패했습니다."[189]

이어령 교수는 인터뷰 말미에 다음과 같이 첨언하였다. "동행자가 없다는 것은 사랑에 실패했다는 의미죠. 그것이 이성이건, 동성이건……."[190] 그에 따르면, 가족은 주어지는 것이기 때문에 인생의 성패를 가르는 기준 역할을 하기는 어렵다. 그렇기에 성공적이고 행복한 삶의 기준은 스스로 선택하고 창조한 인간관계여야 한다는 것이다.

인간관계의 핵심은 '상호주관적(intersubjective) 경험을 공유하는 것'이다. 여기에서 상호주관성이란 나의 주관적 정서 경험이 상대의 주관적 정서 경험에 영향을 주고, 다시 상대의 주관적 정서 경험이 나의 주관적 정서 경험으로 공유되는 것을 말한다. 인간관계에서 이러한 상호주관적 경험을 공유하려면 서로 중요한 현안에 대해 '공통의 관심'을 갖고, 상대의 감정을 함께 '공감'하며, 서로 상대를 '배려'하는 조건하에서 상호 발전적인 '협력'을 시도해야 한다. 윤복희가 부른 불후의 명곡 중 하나인 「여러분」이라는 노래의 가사는 상호주관적 경험의 중요성을 잘 보여 준다. 그 가사는 다음과 같이 시작된다.

> 네가 만약 외로울 때면, 내가 위로해 줄게.
> 네가 만약 서러울 때면, 내가 눈물이 되리.
> 어두운 밤 험한 길 걸을 때,
> 내가 내가 내가 너의 등불이 되리.[191]

플로리시를 위한 가치와 성격강점의 선택

"벌은 밀랍으로 집을 짓고 살지만,
사람은 개념으로 집을 짓고 산다."
–프리드리히 니체(Friedrich W. Nietzsche)–[192]

가치 지향성 검사: 내 삶은 올바른 궤도를 따라가고 있는가?

플로리시를 위한 가치 지향성의 문제에 관해 자세히 살펴보기에 앞서 삶의 여정에 대한 점검 목적으로 체크업(checkup)을 해 보기 바란다. 다음에 제시된 물음에 신중하게 고민을 한 뒤 답해 보기 바란다. 비록 단축형 검사일지라도, 다음의 가치 지향성 검사는 현재 당신의 삶이 올바른 궤적을 따라가고 있는지를 짚어 보는 데 도움을 줄 것이다.

아래에는 16가지 사회적 가치들이 제시되어 있다. 그 목록을 찬찬히 살펴본 후, 현재 당신이 가장 커다란 관심을 갖고 있고 또 가장 중요하게 생각하는 가치 3가지를 선택해서 〈표 7〉의 답지에 적기 바란다. 이때 중요한 점은 반드시 '현재 나의 삶'을 기준으로 응답해야 한다는 것이다. 과거에 중요했던 가치도 아니고 미래에 중요해질 가치도 아닌, 오직 현재 당신이 중요하게 관심을 갖고 있는 가치를 선택하기 바란다.

비록 제시된 목록 속 가치들이 당신이 추구하는 삶의 가치와 완벽하게 들어맞지 않더라도, 지금 현재 다른 가치들보다 상대적으로 자신에게 더 중요하게 느껴지거나 자신이 더 큰 관심을 갖고 있는 항목들을 선택하기 바란다. 단, 아무리 3가지를 고르는 것이 어렵다 하더라도 반드시 3개만을 선택해야 하며 제한 시간은 3분이다.

- **희망**: 어려움 속에서도 좌절하거나 무기력감에 빠지지 않는 것
- **지능**: 지적으로 우수해지는 것
- **의지**: 자신의 행동을 타인의 힘에 의해서가 아니라 스스로의 힘으로 통제하는 것
- **목적성**: 삶의 목표를 정한 후 그 방향으로 삶을 이끌어 가기 위해 최선을 다하는 것
- **인기**: 다른 사람들이 커다란 관심을 갖고 좋아해 주는 것
- **유능성**: 주어진 문제를 스스로 해결해 나갈 수 있다는 자신에 대한 믿음

- 즐거움: 기분 좋은 경험을 제공해 주는 활동을 실천하는 것
- 충심: 자신이 세운 신념을 외압 등의 어려움 속에서도 굳건하게 지켜 내는 것
- 권력: 자신이 원하는 뜻을 관철할 수 있는 정치적 힘을 갖는 것
- 사랑: 인간관계에서 발생할 수 있는 갈등에도 불구하고 상호호혜적 태도를 유지하는 것
- 학력: 사회적으로 명성이 있는 학교에서 교육받는 것
- 개성: 세상 사람들 중 나만이 갖고 있는 특징
- 보살핌: 자녀를 포함해 다른 사람들을 적극적으로 돕는 것
- 신체적 매력: 성적인 매력을 포함해 매력적인 외모를 갖는 것
- 지혜: 세상일들에 대해 어느 한쪽으로 치우치지 않고 균형 잡힌 시각을 갖는 것
- 사회적 지위: 현재 활동하고 있는 분야에서 높은 자리로 승진하는 것

〈표 7〉 내가 선택한 3가지 상위 가치

순위	1순위	2순위	3순위
사회적 가치			

가치 지향성 검사의 채점

본 가치 지향성 검사를 채점하기 위해서는 먼저 중심가치와 이차가치를 구분할 필요가 있다. 여기서 중심가치는 심리학 연구들(예컨대, 긍정심리학)에서 인간의 행복에 중요한 영향을 미치는 가치로 평가된 것들을 말한다. 심리학자 에릭 에릭슨(Erik H. Erikson)은 이러한 중심가치들을 발달 덕목(virtue)이라고 불렀다. 다음으로 이차가치는 상대적으로 행복에 큰 영향을 주지는 않지만 사람들이 선호하는 가치에 해당된다.

- **중심가치:** 희망, 의지, 목적성, 유능성, 충심, 사랑, 보살핌, 지혜
- **이차가치:** 지능, 인기, 즐거움, 권력, 학력, 개성, 신체적 매력, 사회적 지위

본 가치 지향성 검사에서는 다음의 두 가지를 확인하는 것이 중요하다. 첫째, 당신이 선택한 3가지 가치 중에서 중심가치가 이차가치보다 더 많은가 하는 점이다. 기본적으로 이차가치가 무가치하거나 삶에 해가 되는 것은 아니다. 분명히 이차가치도 사회생활에서 어느 정도는 가치를 인정받을 수 있는 자격을 지니고 있다. 그럼에도 불구하고 삶에서 이차가치가 중심가치보다 더 중요한 의미를 가질 수는 없다.

만약 중심가치가 이차가치보다 더 적거나 중심가치를 하나도 선택하지 않았다면, 당신은 현재 자신의 삶이 행복한지 그리고 자신이 다른 사람들에게 행복감을 선사해 주는 역할을 하고 있는지 차분하게 점검해 볼 필요가 있다. 왜냐하면 앞서 소개한 것처럼, 이차가치는 사람들이 선호할지라도 행복해지는 데는 별로 도움을 주지 않는 가치들이기 때문이다(다음 장 참조). 행복해지는 데 도움을 주지 않는 가치들을 더 중시하는 사람은 행복해지는 데 도움을 주는 가치들을 중시하는 사람에 비해 행복감을 경험하는 데 불리할 수밖에 없다.

둘째, 만약 당신이 중심가치를 선택한 경우, 그 중심가치가 심리사회적 발달의 측면에서 당신의 연령대에 부합되는 가치인가 하는 점이다. 자신의 연령대에 부합되는 가치를 선택하는 경우, 심리·사회적인 적합도가 높은 형태의 삶, 즉 자신의 나이와 조화를 이루는 형태의 삶을 살고 있다고 해석할 수 있다. 각 중심가치에 부합되는 연령대는 〈표 8〉에 제시되어 있다.

긍정심리학적인 관점에서 본다면, 좋은 삶이란 가치 있는 목표를 추구하는 것이다. 그리고 긍정심리학의 핵심 개념 중 하나인 개인의 성격강점은 가치 있는 목표를 위해 사용될 때 비로소 행복에 기여할 수 있다. 피터슨에 따르면, 성격강점은 때때로 잘못된 목적을 위해 사용될 가능성이 존재한다. 예를 들면, 독재자는 '용기'를 다른 사람 위에 군림하기 위한 권력투쟁에 활용할 수 있다. 따라서 성격강점과 가치의 문제는 불가분의 관계에 있다.

덕목(virtue)의 발달

흔히 사람들은 발달이라고 하면, 영·유아기에서 어른이 되기 전까지의 과정을 말하는 것으로 생각하기 쉽다. 하지만 에릭슨은 인간의 삶에서 가치 지향성 문제를 중심으로 한 발달적인 위기가 평생에 걸쳐 일어나며, 각 시기마다 사람들이 삶에서 추구해 나가야 할 중요한 발달적 가치들이 존재한다고 주장하였다.

에릭슨의 공헌은 무엇보다도 '가치 지향성(value orientation)'이라는 개념에 기초해 '전 생애 발달(life span development)'이론을 심리학적으로 정립한 것이라고 할 수 있다.[193] 에릭슨은 질적으로 다른 행동 특징을 나타내는 일련의 가치 지향성 발달 단계가 불변적인 순서로 진행되며, 이러한 단계들이 삶에서 보편적으로 나타난다고 믿었다. 그에 따르면, 개체는 각 단계마다 '심리사회적 위기'를 경험하게 되며, 이러한 위기를 어떻게 해결해 나가는가에 따라 특정 사회적 가치에 대한 개인적 통제력이 좌지우지된다고 보았다. 그에 따르면, 성숙한 개인은 각 발달 단계마다 심리사회적으로 요구되는 과제들을 잘 해결하기 위해 특정 가치에 대한 지향성을 나타내게 되며, 그 결과 각 발달 단계에 고유한 덕목(virtue)들을 터득하게 된다고 주장하였다.

〈표 8〉 에릭슨의 심리사회적 발달 단계와 중심가치

단계	연령	중심가치 혹은 발달 덕목
Ⅰ	출생~18개월	희망
Ⅱ	18개월~3세	의지
Ⅲ	3~5세	목적성
Ⅳ	5~12세	유능성
Ⅴ	청소년기	충심
Ⅵ	20~30대	사랑
Ⅶ	40~50대	보살핌
Ⅷ	60대 이후	지혜

기본적으로 에릭슨은 학자로서 프로이트의 정신적 유산을 물려받은 상속자라고 할 수 있다. 비록 에릭슨의 이론이 프로이트의 심리-성적 발달 이론에 담겨 있는 구강기, 항문기, 남근기 그리고 잠복기 개념에 의해 커다란 영향을 받았을지라도, 발달 이론의 가치를 기준으로 평가한다면 에릭슨의 이론은 프로이트의 모델보다 훨씬 더 우수하다.

첫째, 에릭슨의 이론에 담겨 있는 메타포는 프로이트의 본능에 기초한 메타포보다 훨씬 더 인간적인 인상을 준다. 프로이트에 따르면, 유아기에 어머니가 자신을 안아 주고 눈을 맞춰 주기를 바라는 유아기적 욕구가 잘 충족되지 않는 경우, 상징적으로 구강기적인 의미를 갖는 행동 패턴(예컨대, 먹는 것과 수다 떨기에 집착하는 것)을 보이게 된다고 주장하였다. 이처럼 프로이트는 유아기의 빨기 욕구가 마치 본능만큼이나 인간의 삶에서 중요한 요인이라고 보았다.

하지만 에릭슨은 프로이트의 구강성(orality)이라는 메타포를 '기본적 신뢰 대 불신(basic trust vs. mistrust)'이라는 심리-사회적인 특징을 갖는 메타포로 전환하였다. 에릭슨에 따르면, 인간은 기본적 영양 상태가 유지되는 한, 유아기에 빨기 욕구를 충족시키는 것이 발달 과정에서 본능이라고 평가될 만큼 중요한 의미를 갖지는 않는다. 반면에 정서적으로 따뜻하고 안정적인 양육자가 제공해 주는 사랑의 눈 맞춤과 포옹이 없다면, 인간은 발달 과정에서 심각한 문제가 발생할 수 있다.

둘째, 프로이트는 청소년기 이후의 발달에 대해서는 언급하지 않았던 반면, 에릭슨은 전 생애에 걸친 발달 과정을 소개하였다. 특히 프로이트는 인생을 결정짓는 주요한 사건들이 5세 이전에 진행된다고 주장한 반면, 에릭슨은 의미 있는 발달적인 변화가 전 생애에 걸쳐 계속된다고 주장하였다. 이런 점에서 에릭슨은 프로이트의 발달 이론을 확대 발전시켰다고 할 수 있다.

삶에서 터득해야 하는 8가지 가치들

첫 번째 가치: 희망

에릭슨에 따르면, 인간의 삶에서 첫 번째 심리 · 사회적 발달 과제는 출생 직후에 경험하는 무기력감에서 벗어나 세상에 대한 '기본적 신뢰감(basic trust)'을 형성하는 것이다. 이러한 과제가 문제되는 시기는 출생 후부터 약 18개월까지의 기간으로서 이 단계의 심리사회적 위기를 잘 해결하기 위해서는 양육에서의 일관성, 신뢰성 그리고 예측성이 중요하다. 만약 이 시기의 심리사회적 위기를 잘 해결하지 못하게 되면, 남의 말과 행동을 의심하는 불신(mistrust)의 늪에 빠지게 된다.

에릭슨은 개인이 생애 첫 번째 발달 단계에서 '희망(hope)'의 덕목을 터득하게 된다고 주장하였다. 희망은 생애 초기를 얼룩지우는 어두운 본능적 충동과 격렬한 노여움 속에서도 자신의 바람과 소망이 결국에 가서는 달성될 수 있다는 굳건한 믿음을 갖는 것을 의미한다. 이러한 희망은 영유아기에 자신의 곁을 지키는 신뢰로운 양육자가 자신의 욕구를 충족시켜 주고 또 영양가 있는 음식을 제공해 주는 등의 따뜻한 관계 경험을 통해 형성된다. 희망의 덕목을 터득한 사람은 일시적으로 좌절하고 낙담을 하게 되더라도 곧바로 더 나은 기대감을 가지고 세상을 바라보고 포기하지 않는 법을 배우게 된다.

최근 통계청이 발표한 '2017 대한민국 사회조사'는 우리 사회에서 계층 이동의 '사다리'가 급속도로 무너지고 있는 현상을 단적으로 보여 준다. 그 결과에 따르면, 사회경제적으로 하층에 속하는 국민일수록 자신과 자녀가 제아무리 노력하더라도 지위가 상승할 가능성이 낮다고 믿는 숫자가 증가하고 있다. '개천에서 용이 날수 있다.'는 믿음을 가진 사람들은 약 30% 에 불과한 것으로 나타났다. 에리히 프롬(Erich Fromm)의 말을 빌리자면, 바야흐로 이 땅의

젊은 세대에게는 '적절한 타이밍에 우리 앞에 등장하는 마법의 조력자'[194]가 필요해 보인다. 심리학에서는 그것을 바로 희망이라고 부른다.

철학자 임마누엘 칸트(Immanuel Kant)는 인간 존재의 본질을 탐구하는 과정에서 다음과 같은 세 가지 물음을 던졌다. "나는 무엇을 알 수 있는가." "무엇을 해야만 하는가." "무엇을 희망해도 좋은가." 이처럼 칸트는 희망이 인간 존재의 본질에 해당된다고 보았다.

두 번째 가치: 의지

에릭슨에 따르면, 두 번째 심리 · 사회적 발달 과제는 주변의 사회적 기대와 요구에 맞서 '자율성(autonomy)'을 획득하는 것이다. 이 단계는 18개월~3세 사이의 시기로서, 이때는 아동의 욕구와 사회의 규제 사이에 첨예한 대립이 이루어진다. 통상 배변 훈련에서 상징적으로 나타나듯이, 아동은 배변을 '보유(retention)'하거나 '배설(expulsion)'하고자 하는 상반된 충동 속에서 어느 하나를 선택하는 법을 훈련하게 된다. 아동의 욕구와 사회의 요구가 잘 조화된 상태에서 스스로 결정할 수 있는 여건이 주어지면 자율성이 획득되는 반면, 이에 실패하는 경우에는 수치심(shame)과 회의(doubt)를 경험하게 된다.

에릭슨은 개인이 두 번째 발달 단계에서 '의지(will)'의 덕목을 터득하게 된다고 주장하였다. 의지는 무기력한 유아기 때 불가피하게 경험하게 되는 실패와 수치 경험 속에서도 자유로운 선택을 고

수하는 것을 의미한다. 의지의 덕목을 터득함으로써 우리는 두 가지 상충되는 힘이 함께 존재하는 여러 복잡한 상황들 속에서도 적절히 판단 내리고 의사 결정하는 능력을 얻을 수 있게 된다.

세 번째 가치: 목적성

에릭슨에 따르면, 세 번째 심리 · 사회적 발달 과제는 '주도성(initiative)'을 갖추는 것이다. 이 단계는 3~6세에 해당하는 시기로서, 이때 아동들은 풍부한 상상력과 활동성을 통해 놀이의 재미를 깨닫게 된다. 이 시기의 아동들은 놀이를 통해 삶의 즐거움을 느끼며 무리 속에서 자신의 역할을 찾는 법을 배우게 된다. 이 시기에 아동이 목표 지향적이고 경쟁적인 시도들에 대해 충분히 인정받게 되면 주도성이 잘 발달된다. 반면에 아동의 행동에 대해 처벌적 금지가 가해지게 되면, 아동은 자신의 모습에 대해 죄의식(guilt)을 가지게 된다.

에릭슨은 개인이 세 번째 발달 단계에서 '목적성(purpose)'의 덕목을 터득하게 된다고 주장하였다. 목적성은 유아기 때 현실에서 벗어난 공상적 사고로 인해 맛보게 되는 좌절, 죄책감 그리고 처벌의 두려움에도 불구하고 목표 지향적인 태도를 유지하는 것을 뜻한다. 다음의 연설은 '목적이 이끄는 삶의 힘'을 잘 보여 준다.

"나의 친구인 여러분들에게 말씀드립니다. 고난과 좌절의 순간에도, 나는 꿈을 가지고 있다고. 이 꿈은 아메리칸 드림에 깊이 뿌리를 내리고 있는 꿈입니다. 나에게는 꿈이 있습니다. 언젠가 이 나라가 모든 인간은 평등하게 태어났다는 것을 자명한 진실로 받아들이고, 그 진정한 의미를 신조로 살아가게 되는 날이 오리라는 꿈입니다. 언젠가는 조지아의 붉은 언덕 위에 예전에 노예였던 부모의 자식과 그 노예의 주인이었던 부모의 자식들이 형제애의 식탁에 함께 둘러앉는 날이 오리라는 꿈입니다."[195]

네 번째 가치: 유능성

네 번째 단계에서의 심리 · 사회적 발달 과제는 '근면성(industry)'을 획득하는 것이다. 근면성은 여러 가지 작업에 대해 주의집중과 끈기를 발휘할 수 있는 능력을 말한다. 이 단계는 6~12세에 해당되는 시기인데, 이때에는 부모, 교사 그리고 또래 집단과의 상호작용이 자존감 형성에 중요한 역할을 하게 된다. 아동이 지적 발달 및 신체적 발달을 통해 주어진 과제들을 잘 해결할 수 있는 능력을 얻게 되면 근면성이 발달하게 된다. 반면에 실패와 좌절이 반복될 경우, 열등감(inferiority)과 부적절감을 경험할 수 있다.

에릭슨은 개인이 네 번째 발달 단계에서 '유능성(competency)'의 덕목을 터득하게 된다고 주장하였다. 유능성은 내적 열등감 혹은 불리한 여건에도 불구하고 과업을 완수하는 데 있어 뛰어난 솜씨와 지성을 자유롭게 발휘하는 것을 뜻한다.

다섯 번째 가치: 충심

다섯 번째 단계에서의 심리 · 사회적 발달 과제는 아이덴티티(정체성)를 형성하는 것이다. 이 단계는 청소년기(12~18세)에 해당되는 시기이다. 아이덴티티는 자신에 대해 느끼고 아는 모든 것으로서 과거, 현재, 미래의 자기개념을 모두 포함한다.

에릭슨은 개인이 다섯 번째 발달 단계에서 '충심(fidelity)'의 덕목을 터득하게 된다고 주장하였다. 충심(忠心)은 가치 체계의 피할 수 없는 모순에도 불구하고 자신이 선택한 것을 충실하게 지켜 나가는 능력을 뜻한다.

여섯 번째 가치: 사랑

여섯 번째 단계에서의 심리 · 사회적 발달 과제는 사회적 관계에서 친밀감을 형성하는 것이다. 이 단계는 초기 성인기에 해당하는 시기이다. 친밀감(intimacy)은 자기상실에 대한 두려움 없이 자신의 정체감을 다른 누군가의 정체감과 융합시키는 것을 말한다. 따라서 자기 자신의 정체감을 형성하는 과정이 없다면, 친밀감을 획득하는 것은 불가능해진다. 이 시기에 사회에서 진정한 상호관계를 획득하지 못하면, 고립감(isolation)에 빠지게 된다.

에릭슨은 개인이 여섯 번째 발달 단계에서 '사랑(love)'의 덕목을 터득하게 된다고 주장하였다. 사랑은 남녀관계를 비롯해 모든 관계 속에 본질적으로 내재되어 있는 갈등과 반목의 위험성에도 불구하고 상호 헌신적인 관계를 맺는 것을 뜻한다.

일곱 번째 가치: 보살핌

일곱 번째 단계에서의 심리·사회적 발달 과제는 생산성(generativity)이다. 중년기에 들어서면 사회적으로, 직업적으로, 가정적으로 후세대를 양성하는 활동들에 몰두하게 된다. 여기에는 자녀를 돌보는 것(양육과 지도), 물건을 생산하는 것, 사회적 이상을 수립하는 것 등 정신적인 면과 물질적인 면이 모두 포함된다. 이 시기에 생산적으로 활동하기 위해서는 사회와 사람에 대한 심리적 이해가 필요하다. 이 시기에 생산성을 획득하는 데 실패할 경우, 사회적인 관심을 잃어버리고 자신만의 세계에 빠져드는 침체감(stagnation)으로 고통받게 된다.

에릭슨은 개인이 일곱 번째 발달 단계에서 '보살핌(care)'의 덕목을 터득하게 된다고 주장하였다. 보살핌은 세상과 미래 세대에 대한 사회적 관심으로서, 사랑이나 필연 혹은 우연에 의해 관계를 맺게 된 대상에 대해 폭넓은 관심과 지지를 실천하는 것을 뜻한다.

최고의 가치: 지혜

생애 마지막 단계의 심리·사회적 발달 과제는 바로 자아통정(ego-integrity)이다. 자아통정은 자신이 살아온 삶을 하나의 주제로 통합하고자 하는 끊임없는 노력을 통해 지나왔던 자신의 과거

일들에 대해 삶의 필연성을 깨닫는 동시에, 자신의 삶을 다른 어떤 것에 의해서도 대치될 수 없는 것으로 받아들이게 되는 것을 뜻한다. 이러한 심리사회적 발달 과제를 해결하지 못하는 경우, 자신의 과거 삶이 무가치하게 느껴지면서 절망감(despair)을 경험하게 되며 죽음에 대한 공포로 인해 고통받게 된다.

에릭슨은 개인이 여덟 번째 발달 단계에서 '지혜(wisdom)'의 덕목을 터득하게 된다고 주장하였다. 지혜는 세상일로부터 초연해져 삶 자체에 대해 관조할 수 있는 안목을 터득하는 동시에, 죽음의 문제에 대해서도 마음의 여유를 갖게 되는 것을 말한다. 에릭슨에 따르면, 인간의 삶은 마치 나선형 계단처럼 점차적으로 복잡해지는 심리 · 사회적 문제들을 통달해 냄으로써 여러 가지 문제 상황들 속에서도 심리적인 안정감을 유지할 수 있는 형태로 발달해 나가게 된다.

심리적 성숙 과정에서의 유전의 영향력

만약 누군가가 연령을 고려했을 때의 발달 단계에 맞지 않는 사회적 가치를 추구하고 있다면, 혹은 중심가치를 고려하지 않고 오직 이차가치만을 추구한다면, 이것은 타고난 것일까 아니면 후천적인 것일까? 심리적 성숙 과정에서 유전이 미치는 영향력에 대해서는 개인의 IQ와 유전 간 관계[196]를 조사함으로써 유추해 볼 수

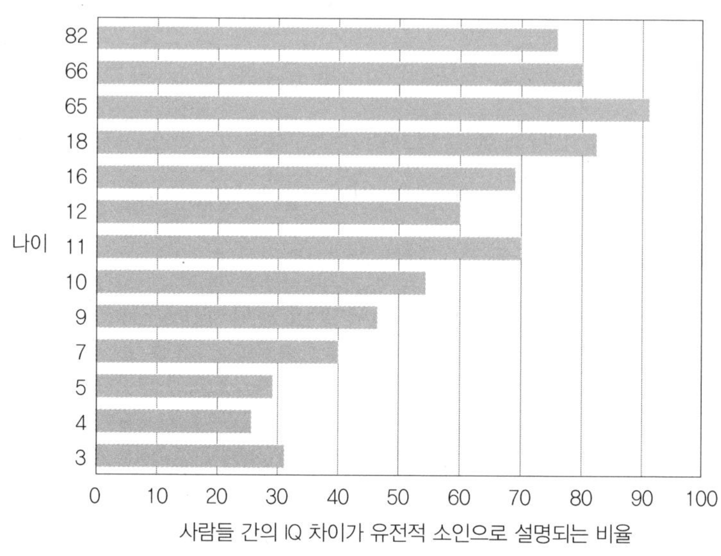

[그림 32] IQ상의 개인차와 유전의 관계

있다.

생애의 초반부에는 사람들 간 IQ 차이를 유전의 영향력으로 설명할 수 있는 비율이 상대적으로 높지 않다. 하지만 성인기 이후에는 사실상 유전이 IQ에 미치는 영향력은 평균적으로 80%를 상회한다. 이것은 충분히 오랜 기간 동안 추적 조사할 경우, 유전의 영향력이 가장 강력한 요인일 가능성을 시사한다.

심리적인 성숙 과정에서 신경생물학적 시스템이 영향을 준다는 이론에 대한 가장 확실한 지지 증거는 쌍생아 연구에서 찾아볼 수 있다. 과학적인 문헌들은 뇌의 유전적인 '설계'가 가정 양육의 효과보다 상대적으로 더 크다는 점을 보여 준다.[197] 예를 들면, 따로 떨어져 자라게 된 일란성 쌍생아는 함께 자라게 된 이란성 쌍생아

보다 상대적으로 더 유사한 기질과 특성을 보인다. 그리고 따로 떨어져 자란 일란성 쌍생아들 간 유사성은 시간이 지날수록 줄어들기보다는 오히려 더 증가하는 경향이 있다.

하지만 비록 심리적 성숙 과정에 미치는 유전적 소인 혹은 신경생물학적 시스템의 영향력이 제아무리 크다 할지라도, 그 영향력이 결코 100%가 될 수는 없다. 심리적 성숙 과정에서 양육과 환경의 영향력 역시 중요하기 때문이다. 이러한 입장을 자아발달에 관한 학습 이론 혹은 환경 모델(environmental model)이라고 부른다. 이것은 앨버트 반두라(Albert Bandura)와 월터 미셸(Walter Mischel)과 같은 사회학습 이론가들의 모델이자 스키너(B. F. Skinner)와 존 왓슨(John Watson)과 같은 행동주의 이론가들의 모델에 해당된다.

이러한 관점에 관해서는 철학자 존 로크(John Locke)가 잘 표현한 바 있다. 그는 뇌가 경험이 쓰이는 일종의 백지(tabula rosa)와 같은 것이라고 믿었다. 이러한 관점에서는 생물학적인 선천적 경향성을 중시하지 않으며, 뇌가 개인의 경험에 의해 프로그램되는 컴퓨터와 같다고 주장한다. 이런 점에서 심리적 성숙 과정은 무제한적인 수용 능력을 가진 마음을 사회가 프로그램화해 내는 일종의 소프트웨어 개발 과정과 유사하다. 이러한 모델에서는 경험이 없다면 심리적 성숙 역시 존재하지 않는다고 본다. 이러한 관점에 따르면, 정신장애인의 뇌는 소프트웨어가 단지 부정확하게 프로그램된 것일 뿐이다. 대조적으로 유전주의자들은 정신장애인의 결함이 유전자 안에 존재한다고 믿는다.

가족생활을 비롯한 사회적 환경은 심리적 성숙 과정에서 매우

중요한 역할을 한다. 가족환경이 청소년의 심리사회적 성숙에 미치는 효과에 관한 연구에서 연구자는, 청소년 자녀의 의견을 경청하고 또 적극적으로 알아차린 부모가 자녀의 자아발달을 효과적으로 돕는다는 점을 발견했다.[198] 이와는 대조적으로 사춘기 자녀들의 의견을 무시하고 인내하지 못하는 모습을 보인 부모는 자녀의 발달을 저해하는 것으로 나타났다. 이런 점에서 연구자는 변화와 성장을 촉진시키는 가족의 특징으로 청소년의 감정을 인내하는 것을 손꼽았다. 또 억압적인 가족 분위기 속에서 자라난 아동의 경우, 심리적 성숙 과정에서 어려움에 봉착하게 될 가능성이 높다.

일반적으로 우리는 다른 사람이 우리로 하여금 고통을 참고 이해할 수 있도록 도와주어야지만 비로소 고통을 감내해 내고 다루는 방법을 배울 수 있다. 따라서 심리적 성숙 과정에서 공감능력에 기초해 개인을 수용해 주는 사람의 존재는 필수 불가결한 요소라고 할 수 있다.

사회적 지지는 개인의 심리적 성숙을 촉진시킨다. 반면에 외로움은 미성숙한 행동을 유발할 수 있다. 그렇기 때문에 심리적 성숙 과정 혹은 정신적으로 건강한 삶은 언제나 유전과 양육 모두에 의해서 영향을 받게 된다.

하지만 때로는 사소해 보이는 환경상의 점화 경험만으로도 심리적 성숙이 촉진될 수 있다. 예를 들어, 기본적으로 노래하는 새의 소질은 미리 생물학적으로 프로그램된 발생학적 소인에 달려 있다. 그럼에도 불구하고 어린 새는 성숙한 개체가 되었을 때 노래를 할 수 있는 상태가 되려면 성인 개체의 노래 소리를 적어도 한

번 이상은 들은 적이 있어야 한다. 마찬가지로 인간의 삶에서도 사랑이라는 것이 무엇인지 이해하려면 어렸을 때 누군가로부터 진정으로 사랑받았다고 느껴 본 적이 있어야 한다.

결론을 요약하자면, 심리적 성숙은 유전의 영향을 받는다. 하지만 환경이 제공해 주는 사회적 지지를 비롯한 다양한 학습 경험은 개인의 심리적 성숙을 지연 혹은 정지시키거나 건강한 방향으로 역주행시키거나 혹은 가속화시킬 수 있다.

가치 지향적 삶을 위한 심리학적 필요-충분조건

가치 지향적 삶에서의 핵심이슈 중 하나는 바로 인생의 핵심가치를 어떻게 발전시켜 나갈 것인가 하는 점이다. 개인의 삶에서 핵심가치는 사회 속에서 어떤 분야에 관심을 갖고 또 어떤 일을 맡고 있는가에 따라 달라질 수 있다.

삶에서의 가치 문제와 관련된 심리학적인 해결방법 중 하나는 방편적인 측면에서 요인 분석적 관점을 활용하는 것이다. 바로 '공통가치'와 '특수가치'를 지혜롭게 구분하는 것이다. 여기서 공통가치는 사회 내 구성원들 중 비슷한 발달 시기에 해당되는 사람들이 상대적으로 많은 공유하는 보편적인 가치를 말한다. 예를 들면, 20대의 젊은이들이라면 사랑의 덕목을 공유할 것이고, 부모라면 보살핌의 덕목을 공유할 것이다. 반면에 특수가치는 사회 내 구성원들 중 비슷한 발달 시기에 해당되는 사람들끼리도 공유하기보다는 각자 개성에 기초해 선택하는 가치들로서 일종의 가치 선택에서의 개성을 반영한다.

가치의 문제와 관련해서 이러한 방편적인 구분이 필요한 이유는 인간의 삶에서 모든 사람들이 획일적으로 똑같은 가치를 추구할 수는 없기 때문이다. 또 마치 어떤 이는 처음부터 가치의 측면에서 특정 활동에 적합한 사람으로 태어나고, 또 다른 이는 본질적으로 다른 활동에 적합한 사람으로 태어난다고 볼 수 없기 때문이기도 하다.

가치 지향적 삶을 실천하기 위해서는 사회적 활동에서의 핵심가치, 즉 보편가치와 개인의 특수한 가치가 모두 요구된다. 개인이 삶에서 자신을 위해 추구해야 할 가치와 사회적 존재로서 추구해야 할 가치는 본질적으로 달라야 한다. 만약 이것이 일치하는 경우, 둘 중 하나는 존재할 이유가 없어지기 때문이다. 이런 점에서 사회적 활동을 위한 핵심가치는 희망, 의지, 목적성, 유능성, 충심, 사랑, 보살핌, 지혜의 보편가치와는 질적으로 구분되는 것이어야 한다. 만약 개인의 보편가치와 특수가치가 중첩될 경우, 개인은 정체성의 위기로 인해 심리적으로 '역할혼미(role confusion)'의 문제를 경험하게 될 위험성이 있다. 또 가치 지향적 삶은 개인의 심리 · 사회적 성숙을 필요로 한다. 어떤 직업 혹은 사회적 활동에서든지 간에 진정한 인재는 바로 심리 · 사회적으로 성숙한 사람을 뜻한다고 할 수 있다. 이들은 중심가치를 다른 이차적인 가치들보다 더 중시하고 자신의 연령대에 맞는 중심가치를 슬기롭게 선택할 줄 아는 동시에, 자신의 개성을 드러낼 수 있는 형태의 가치 추구 활동을 병행하는 사람들이라고 할 수 있다. 이런 점에서 성격강점체계는 개인이 자신의 특수가치를 탐색하는 데 유용할 수 있다.

플로리시와 성격강점

긍정심리학에서는 행복한 삶을 위해 배워야 할 핵심기술 중 하나로 성격강점을 활용하는 법을 제시한다. 벤저민 프랭클린은 인생에서의 비극은 우리가 천부적인 재능을 타고나지 못했기 때문에 일어나는 것이 아니라, 우리가 갖고 있는 강점을 지혜롭게 활용하지 못할 때 발생하게 된다고 말했다.[199] 이런 맥락에서 긍정심리학에서 특별히 강조하는 요소 중 하나가 바로 성격강점(character strengths)이다.

성격강점은 인간의 생각, 감정 및 행동을 통해 표현되는 긍정적 특성을 의미한다. 여기서 말하는 '긍정적 특성'이란 삶을 '탁월함(excellence)과 정신적 번영(flourishing)'으로 이끄는 것을 말한다.[200]

긍정심리학자 크리스토퍼 피터슨(Christopher Peterson)과 셀리그먼(Martin Seligman)은 긍정심리학적인 관점에서 미정신의학회의 DSM(Diagnostic and Statistical Manual) 체계의 문제를 보완하기 위해 'VIA Survey(Values in Action Survey)' 프로젝트를 수행하였

다.[201] VIA 분류법은 사람들의 문제점을 규명하기보다는 사람들이 행복한 삶을 살 수 있도록 돕는 성격 특성상의 강점을 확인하는 도구이다. 피터슨과 셀리그먼은 사람들의 긍정적 특성이 성격강점으로 평가받기 위해서는 다음의 10가지 기준을 충족시켜야 한다고 주장하였다.[202]

① 보편성(ubiquity)을 갖는 특성이어야 한다는 점이다. 다시 말해, 해당 긍정 특성은 대부분의 문화권에서 긍정적인 미덕으로 평가받아야 한다는 것이다.

② 안정적인 특성인 동시에 측정 가능해야 한다는 점이다. 해당 특성은 상황적인 맥락과 시간의 변화에 큰 영향을 받지 않으면서 측정 가능한 형태의 행동으로 표현되어야 한다는 것이다.

③ 특수한 측면을 내포하고 있어야 한다는 점이다. 만일 해당 긍정적 특성이 동시에 다른 강점으로 환원될 수 있다면, 독립된 성격강점으로 간주될 수 없다는 것이다.

④ 행복에 기여할 수 있어야 한다는 점이다. 긍정적 특성이 긍정적 행동 및 성취를 통해 궁극적으로 자신과 타인의 행복에 실질적으로 기여할 수 있을 때 비로소 성격강점으로 평가될 수 있다는 것이다.

⑤ 도덕적 가치의 기준을 충족할 수 있어야 한다는 점이다. 다시 말해, 긍정적 특성이 그 자체로 도덕적인 가치를 인정받을 수 있는 것이어야 한다는 것이다.

⑥ 해당 긍정적 특성이 발현될 때 타인에게 부정적인 영향을 주

지 않아야 한다는 점이다. 비록 개인에게 만족감을 주는 행동도 공동의 이익에 기여하지 않으면 성격강점이 될 수 없다는 것이다.

⑦ 해당 긍정적 특성을 양성하는 기관이나 제도가 존재해야 한다는 점이다. 즉, 사회문화적으로 학습 및 훈련이 가능한 특성이어야 한다는 것이다.

⑧ 해당 긍정적 특성과 직접 연관된 역할 모델이 존재해야 한다는 점이다. 다시 말해, 실효성 있는 사회문화적인 전승이 현실화될 수 있도록 멘토 혹은 선생님의 역할을 할 수 있는 인물이 존재해야 한다는 것이다.

⑨ 해당 긍정적 특성이 부족한 사람도 존재해야 한다는 점이다. 멘토 혹은 선생님이 존재하는 동시에 반면교사의 역할을 하는 인물도 존재해야 한다는 것이다. 이러한 요건을 갖추어야만 성격강점이 단순히 발달 혹은 심리적 성숙의 문제, 즉 시간이 흐르면 자연스럽게 해결되는 문제가 아니라 그 시간 속에서 일정한 노력을 기울여야만 해결될 수 있는 문제가 된다.

⑩ 해당 긍정적 특성에 대해 반대말이 존재할 뿐만 아니라 그 반대말은 명백히 부정적인 의미를 갖는 것이어야 한다는 점이다. 다시 말해, 해당 특성에 대한 접근 동기가 존재하는 동시에 반대되는 특성의 발현에 대한 회피동기도 공존해야 한다는 것이다.

VIA 분류법에서는 성격강점과 관계된 대표적인 미덕을 6가지

덕목					
지혜	창의성 • 독창성 • 기발함	호기심 • 흥미 및 탐색 • 새로움 추구 • 경험에 대한 개방성	판단 • 비판적 사고 • 생각하기 • 편협하지 않음	학구열 • 새로운 기술 주제 숙달하기 • 체계적인 지식 습득	통찰 • 지혜로운 조언 • 큰 그림을 보는 능력
절제	용서 • 자비, 단점 수용 • 타인에게 두 번째 기회를 줌	겸손 • 겸손, 단정함 • 타인이 자신의 공적을 말할 수 있게 둠	신중함 • 세심함 • 조심스러움 • 지나친 위험을 감수하지 않음	자기조절 • 자기통제 • 절제력 있음 • 충동성 및 감정관리	
용기	인내 • 지속성 • 근면성 • 시작한 일 완수	진실성 • 진정성 • 완전한 상태	용감함 • 용맹 • 두려움에 움츠리지 않음 • 옳은 것을 주장	활력 • 생명력/활기 • 열정적/생리적 • 살아 있는 느낌	
초월	심미안 • 경외감 • 감탄 • 고상함	감사 • 좋은 것에 감사하기 • 감사함 표현 • 축복을 느낌	희망 • 낙관성 • 미래지향성	유머 • 다른 사람에게 웃음을 줌 • 명랑함	영성 • 종교적으로 독실함 • 믿음 및 신앙 • 목적 및 의미
자애	친절 • 너그러움 • 애정 어린 돌봄과 배려 • 이타주의	사랑 • 사랑을 주고 받는 능력 • 친밀한 관계를 소중하게 여김	사회지능 • 자신과 타인의 감정 및 동기를 인식		
정의	팀워크 • 시민 의식 • 사회적 책임감 • 충실성	지도력 • 집단활동 조직화하기 • 집단이 일을 완수하도록 격려	공정성 • 다른 사람에 대해 편견적인 판단을 하지 않음		

[그림 33] 덕목과 성격강점의 분류

로 분류한다. 첫째, 지혜이다. 이러한 덕목에는 창의성, 호기심, 판단력, 학구열 그리고 통찰이 포함된다. 둘째, 절제이다. 여기에는 용서, 겸손, 신중함, 자기조절이 포함된다. 셋째, 용기이다. 이러한 덕목에는 인내, 진실성, 용감함, 활력 등이 포함된다. 넷째, 초월이다. 여기에는 심미안, 감사, 희망, 유머, 영성이 포함된다. 다섯 째, 자애(慈愛)이다. 이러한 덕목에는 친절, 사랑, 사회지능이 포함된다. 마지막으로, 정의이다. 이러한 덕목에는 팀워크, 지도력, 공정성이 포함된다.

[그림 33]에는 VIA Survey에서의 6가지 덕목과 상응하는 성격강점이 소개되어 있다. 그리고 각 성격강점 안에는 해당 강점들의 키워드들이 포함되어 있다.

성격강점의 평가

긍정심리학 연구진은 대중들이 쉽게 자신의 성격강점을 평가해 볼 수 있는 심리검사를 제작해 무료로 활용할 수 있는 시스템을 온라인으로 구축하였다. 'VIA Survey(Values in Action Survey)'는 전 세계에서 1,300만 명 이상이 참여했으며 성격강점을 평가하는 대표적인 검사에 해당된다. 현재 VIA Survey 인터넷 사이트에는 한국어판 성격강점 검사도 포함되어 있다. 그 이용방법을 소개하면 다음과 같다.

[VIA-IS 검사 방법]

1. 인터넷 주소창에 http://www.viame.org 를 입력한다.
2. 아래의 파란 사각형으로 표시된 곳을 클릭한다.

3. 사이트 화면의 우측 상단에서 한국어를 선택한다.
4. 이름, 성, 이메일, 아이디, 비밀번호, 비밀번호 확인란을 기입한 후 검사를 진행한다.
5. 검사 결과 페이지에서 자신의 성격강점 순위와 설명을 확인한다.

[그림 34]에는 긍정심리 프로그램에서 VIA Survey를 한 후 자신의 대표강점을 탐색하는 과정에서 활용하는 강점 카드가 도시되어 있다. 각 카드 뒷면에는 해당 강점과 밀접한 관계가 있는 행동적 특징들이 기술되어 있다.

성격강점의 활용

[그림 35]에는 미국의 청소년과 성인의 성격강점 순위가 비교 도시되어 있다.[203] 청소년의 경우 상대적으로 열정, 희망, 팀워크가

지혜 Wisdom [더 나은 삶을 위한 지식의 획득과 사용을 포함하는 인지적 강점 덕목]

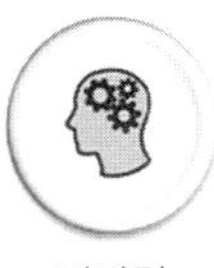

창의성 학구열 통찰 호기심 판단력

절제 Temperance [지나침으로부터 우리를 보호해 주는, 무절제를 막는 중용적인 강점 덕목]

용서 겸손 신중함 자기통제

용기 Courage [내외적 반대에 직면할 때, 목표 성취를 위한 의지의 사용을 포함하는 정서적 강점 덕목]

인내 진실성 용감함 활력

초월 Transcendence [현상에 의미를 부여하고 보다 큰 우주와의 연결성을 추구하는 영적 덕목]

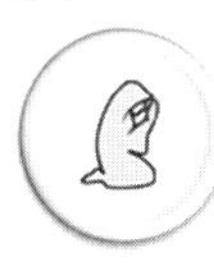

심미안 감사 희망 유머 영성

자애 Humanity [다른 사람을 돌보고 그들과 친밀해지는 것과 관련된 대인 관계적 강점 덕목]

친절 사랑 사회지능

정의 Justice [건강한 공동체 생활을 이루는 시민정신과 관련된 강점 덕목]

팀워크 리더십 공정성

[그림 34] 성격강점 카드

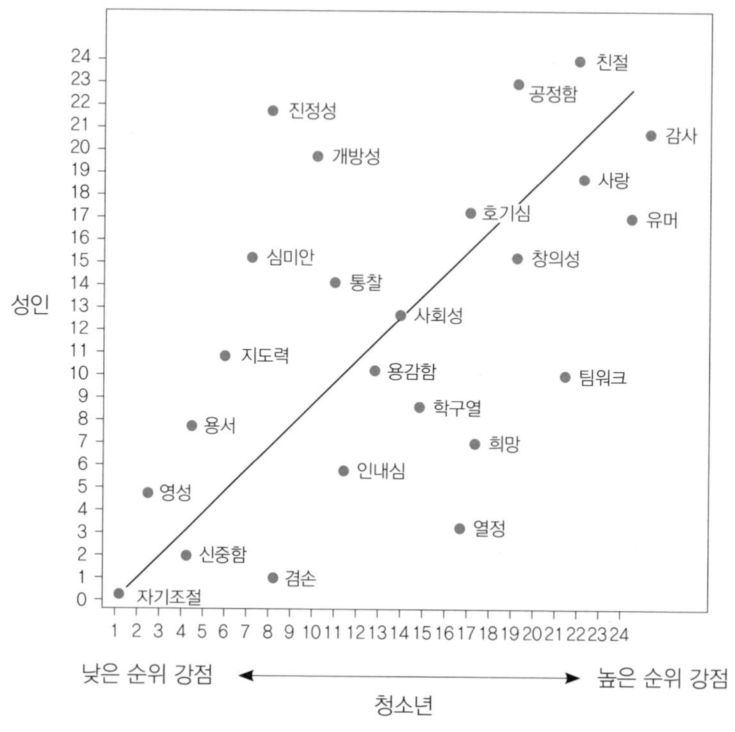

[그림 35] 청소년과 성인의 성격강점 순위 비교

높은 순위를 기록한 반면, 성인의 경우에는 심미안, 개방성, 진정성이 높은 순위를 나타냈다.

다음으로, [그림 36]은 감성/이성 그리고 자기/타인의 두 가지 축을 중심으로 성격강점들을 비교 도시한 것이다. 그래프상에서 서로 가까이 위치한 강점들은 두 강점이 동시에 나타날 수 있지만, 그래프상에서 서로 떨어져 있는 강점들은 한 개인의 삶에서 동시에 발현될 가능성이 낮다.

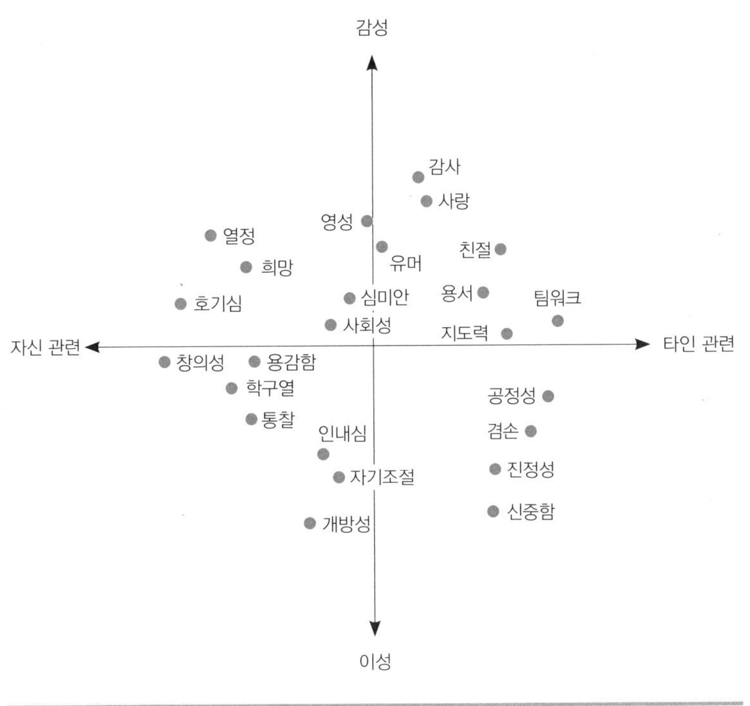

[그림 36] 성격강점 간 연결

긍정심리학적인 관점에서는 사람들이 저마다 '대표강점을 나타낼 수 있다'고 가정한다. 대표강점은 한 개인이 지닌 여러 성격강점 중에서 실제 생활에서 비교적 높은 표현빈도로 나타나며, 또 스스로 자기 자신을 대표한다고 인식하는 강점을 뜻한다.[204]

긍정심리학 연구에 따르면, 검사를 통해 자신의 대표강점을 확인하고 검토하는 것만으로도 우울감이 감소하는 동시에 행복감이 증가할 수 있다.[205] 이처럼 성격강점에 대한 인식 및 활용이 행복감을 증진시켜 주는 이유는 다음과 같다. 첫째, 대표강점을 인식하는 과정 그 자체가 의미 있는 경험이 될 수 있다. 둘째, 성격강점 검사는 자신의 강점을 알려 주기 때문에 자아존중감을 향상시키는 데 기여한다. 마지막으로, 대표강점을 인식할 경우 실생활에서의 활용도가 증가하게 되며, 이것은 몰입 경험을 증진시킬 수 있다.

성격강점과 대안적 진단체계

피터슨은 24개의 성격강점들을 활용해 심리적 장애에 대한 일관된 진단체계를 개발하는 것이 가능하다고 주장하였다.[206] 〈표 9〉에는 그 예가 제시되어 있다. 그는 성격강점을 기준으로, 각각 해당 강점의 부재 상태, 해당 강점과 반대되는 상태, 강점이 과장된 상태로 분류하는 것이 가능하다고 보았다.

다만, 그는 DSM 체계 혹은 그것이 기반으로 두고 있는 의학적 모델과는 다르게, 이러한 장애들과 그에 상응하는 강점들이 등급 차원으로 존재할 수 있다고 믿었다. 이런 맥락에서 그는 사람들의 행동이 하나의 연속선상에서 재분류될 수 있다고 판단했다.

반대(opposite) → 부재(absence) → 강점(strength) → 과장(exaggeration)

〈표 9〉 긍정심리학 기반 심리적 장애의 분류

강점(Strength)	부재(Absence)	반대(Opposite)	과장(Exaggeration)
		지혜의 장애	
창의성	동조	진부함	별남, 이상함
호기심/흥미	무관심	지루함	병적인 호기심/ 참견을 잘함
판단/비판적 사고	무분별함	잘 속음	냉소적임
배움을 즐김	자기만족	통설에 따름	똑똑한 체함
사물을 내다보는 힘	피상적임	어리석음	없음*
		용기의 장애	
용감함	공포/ 놀람	겁냄	무모함
지속성	게으름	무기력함	강박적임
진솔함/정직함	허위	사기/기만	독선
생명력	억제	활기 없음	지나치게 활동적임
		사랑의 장애	
친밀감	고립/자폐	외로움/ 회피	정서적 난잡
친절	무관심	무자비/비열함	참견함/방해함
사회적 지능	둔감함/우둔함	자기기만	전문 용어를 남발함
		정의의 장애	
시민 의식	이기적임	자기애적임	극단적 배타/ 우월주의
공정성	당파심	편견	초연함
리더십	응낙, 순종	분열/파괴시킴	독재, 압제
		절제의 장애	
용서/자비	무자비함	복수심에 불탐	자유방임/묵인함
겸손/겸양	쓸데없는 자존감	오만함	자기부정
신중함	자극 추구	무모함	새치름함
자기조절	빠짐, 방종	충동적임	억제
		초월성의 장애	
아름다움과 뛰어남에 대한 감상	망각	남의 불행을 고소하게 여김	속물근성
감사	개인주의	타인의 권리를 자신이 가짐	비위 맞춤
희망	현재 지향	비관주의/절망	극단적 낙천주의
유머	재미없음	음울함	저속한 유머
영성	사회적 무질서	소외감	광신적임

*없음은 해당 강점 관련 특성이 존재하지 않음을 의미함.

결론적으로, 플로리시한 삶을 위해 실천해야 할 내용을 요약하면 다음과 같다. 첫째, 가치 지향성 검사를 통해 내가 현재 선택한 가치 체계를 점검해 보라. 이때 이차적인 가치들보다는 중심가치를 더 중시하고 있는지 확인이 필요하다. 동시에 내가 선택한 가치들이 내 연령대와 발달적으로 부합되는 중심가치인지를 확인할 필요가 있다.

둘째, 'VIA Survey'를 통해 성격강점을 확인한다. 상위 5개의 성격강점 중 앞서 확인한 중심가치와 중복되지 않는 성격강점이 나의 특수가치에 해당된다. 흔히 상위 5개의 성격강점 중 일부가 앞서 검토한 중심가치와 중복될 수 있는데, 이것은 보편가치의 특성을 고려해 보면 자연스러운 일일 수 있다.

셋째, 성격강점을 강화하기 위한 노력을 기울인다. 이때 성격강점을 강화하기 위해 새로운 시도를 해 보는 것도 의미 있지만, 굳이 새로운 시도를 하지 않더라도 자기보고식 검사에 응답할 때 참고로 했던 일상 활동들, 즉 내가 평상시에 이런 행동을 하기 때문에 나에게 이러한 강점이 있다고 보고했던 내용들을 참고로 해당 활동들을 꾸준히 실천하는 것으로도 충분히 성격강점을 강화하는 것이 가능하다.

마지막으로, 〈표 9〉를 참고로 해서 나의 성격강점이 때때로 과장된 형태로 표출되는 일은 없는지 점검해 본다. 이때 내가 주요한 것으로 선택하지 않았던 강점들의 목록도 확인하면서 내 삶에서 해당 강점들이 부재한 모습을 보이거나 해당 강점들과 반대되는 행동을 나타내고 있는 것은 아닌지에 대해서도 점검해 본다.

VII 플로리시의 심리학

"인생의 황혼에 밤의 어둠이 우리를 감싸기 시작할 때,
덕 있는 삶의 결과는 분명히 드러난다."
–벤저민 프랭클린(Benjamin Franklin)–[207]

행복과 건강

심리학자 셸던 코헨(Sheldon Cohen)은 행복한 기분과 건강 간 관계를 조사하기 위해 일주일 동안 호텔에 머물면서 의학적인 실험에 참여할 참가자를 모집하였다.[208] 연구진은 이들 참가자들에게 소정의 참가비를 지급하고 지정된 호텔의 한 개 층에 격리 수용하였다.

실험 첫날 연구진은 참가자들을 감기바이러스에 감염시켰다. 감기바이러스가 몸속에 퍼지는 동안 참가자들은 TV를 시청하거나 독서를 하는 등 한가롭게 시간을 보냈다. 호텔에서 생활하는 동안 참가자들은 철저하게 통제된 환경에 생활해야 했다. 이들은 모두 지정된 음식만을 먹어야 했으며, 바깥으로 나갈 수도 없었고, 실험과 관계된 다른 사람들은 전혀 접촉할 수 없었다. 참가자들은 감기바이러스가 소멸되기까지 호텔에 머무르면서 다양한 의학적 검사를 받았다. 그 결과, 참가자들 중 실험에 참여하기 전 사전검사에서 상대적으로 더 행복한 것으로 평가된 사람들이 똑같은 조건에서 콧물을 더 적게 흘리고, 코막힘과 재채기 증상을 덜 나타내는 것으로 나타났다. 이 실험에서 행복한 사람들은 객관적으로 의학적인 감기 증상을 더 적게 나타냈을 뿐만 아니라, 각종 의학적 검사에서도 더 건강한 것으로 나타났다.

행복이 건강에 미치는 효과는 감기뿐만 아니라 다른 질병에서도 마찬가지로 관찰된다. 질병률은 일정 수의 사람들이 폐렴이나 암 등 특정 질환에 걸리는 비율을 말한다. 행복한 사람들은 심혈관계 질환, 암, 정신질환, 약물의존, 알코올중독 등의 건강문제를 더 적게 나타내는 것으로 밝혀졌다. 예를 들면, 긍정적 정서 척도 5점 만점 중에서 점수가 1점씩 높아질 때마다 심혈관계 질환의 발병률은 22퍼센트씩 감소하였다.[209]

행복은 수명에도 영향을 주는 것으로 보인다. 수명과 행복 간 관계를 규명한 한 연구에서는 저명한 학자 96명의 자서전을 분석하였다. 그 결과, 행복한 자서전을 쓴 학자들이 더 오래 살았던 것으로 나타났다. 자서전에서 유머를 더 많이 구사하거나 활력 또는 에너지 등 긍정적인 단어를 더 많이 사용한 학자들이 6년 정도 더 오래 산 것으로 나타났다. 반대로 자신의 삶을 소개하면서 부정적인 어휘를 많이 사용한 학자들은 수명이 더 짧은 것으로 나타났다. 흥미롭게도 자서전에서 친구, 가족, 동료들과의 관계를 더 많이 기술할수록 수명이 더 길어지는 것으로 드러났다.

메타분석 연구 결과는 행복과 수명 간 관계를 더욱 더 분명하게 드러내 준다. 메타분석은 동일한 주제를 방법론적으로 타당한 방식으로 다룬 과학문헌 전체 연구를 통합적 해석을 위해 재분석하는 절차를 말한다. 심리학자들이 70개의 관련 연구를 분석한 결과에 따르면, 심리적 웰빙은 사망률에 중요한 영향을 주는 것으로 나타났다. 70개의 연구 중에서 35개는 건강한 연구 참여자들을 대상으로 한 것이었고, 나머지 35개는 환자들을 대상으로 진행한 것이었다. 건강한 사람들의 경우, 심리적 웰빙이 사망률에 미치는 효과는 매우 강력했다. 심리적 웰빙 수준이 높은 사람들은 낮은 사람들에 비해 사망률이 18%나 더 낮았다. 그리고 환자들을 대상으로 한 연구들에서도 심리적 웰빙은 사망률에 유의미한 영향을 주는 것으로 나타났다.

행복과 직장에서의 성공

먼저 직장에서 성공을 하는 데 도움을 주는 요인들에 대해 생각해 보라. 일반적으로 사람들은 이러한 질문에 대해 높은 지능, 성실성, 사회적 기술, 인맥, 양질의 교육 등을 대답으로 떠올린다. 보통 이러한 자질을 갖춘 사람들이 직장에서 더 큰 성공을 거둘 가능성이 높다. 하지만 대부분의 사람들은 행복이 직장에서의 중요한 성공요인 중 하나라는 사실을 간과한다.

한 연구에서는 1976년에 대학에 입학한 학생들의 행복도를 조사하였다. 그 후 그들이 중년기에 도달했을 때 소득 수준을 비교하자, 흥미로운 결과가 나타났다. 과거에 상대적으로 더 행복했던 사람들이 약 25% 더 높은 소득 수준을 나타냈다. 행복한 사람이 업무를 더 충실하게 수행하고, 그 때문에 더 승진을 잘하기 때문이다.[210]

또 다른 연구에서는 이전에 행복도 검사를 받았던 직원들에 대한 관리자의 평가 결과를 조사하였다. 그 결과, 행복도가 높은 직원이 관리자로부터 업무 수행과 관련해서 더 좋은 평가를 받는 것으로 나타났다.

행복은 업무에서의 창의성에도 중요한 영향을 준다.[211] 한 연구에서는 하이테크 분야의 업무를 다루는 직원들에서부터 시작해 소비제품을 담당하는 직원에 이르기까지 다양한 업무를 맡고 있는 근로자들의 행복도와 업무에서의 창의성 간 관계를 조사하였다. 이들의 업무에서는 창의성이 매우 중요한 요소 중 하나였다. 연구진은 이들에게 일상생활에서 있었던 일들을 일기로 남기도록 요청하였고, 각 사건들에 대한 감정 측정치 정보도 수집하였다. 그 결과, 일기에 행복 관련 어휘들을 더 많이 적었던 사람들이 다른 사람들로부터 더 창의적이라는 평가를 받았다. 특히 그들의 일기는 상대적으로 행복감을 더 크게 경험했던 날에 더 창의적이었던 것으로 나타났다.

심리학자들은 이미 오래전부터 창의성이 행복과 밀접한 관계가 있다고 믿어 왔다. 긍정적인 정서를 경험할 때, 즉 기분이 좋을 때 사람들은 보다 폭넓은 사고를 하게 되고 독창적인 아이디어를 내놓는 경향이 있다. 바로 이러한 이유 때문에 '구글'을 비롯해서 창의성이 중요시되는 분야에서 활동하는 회사들은 직원들에게 즐겁게 일할 수 있는 작업 분위기를 제공하고, 업무 시간 및 형태를 직원들이 자유롭게 선택할 수 있는 기회를 제공한다.

행복과 사회적인 관계에서의 유능성

행복은 우리가 좋은 사회적인 관계를 갖도록 촉진하는 역할을 해 준다.[212] 한 연구에서 심리학자들은 실험 참여자들에게 특정 기분을 유도하는 도구로 짧은 영화를 사용하여 행복감, 슬픔 또는 중립적인 감정을 경험하도록 하였다. 이때 행복감을 경험하도록 유도된 실험 참여자들이 다른 감정을 경험하도록 유도된 참여자들보다 사회적인 활동에 더 큰 관심을 보였다. 행복감을 경험하도록 유도된 실험 참여자들은 남을 돕거나 남을 위해 힘든 일을 감수하려는 모습을 나타냈다. 특히 그들은 사회적인 활동이 더 보람 있고 가치 있는 일이라는 믿음을 더 강하게 표현하는 경향이 있었다. 또 다른 연구에서 대학생들은 행복한 기분을 경험하도록 유도될 때, 교제 중인 파트너에게 더 친밀한 방식으로 자신을 드러내는 경향이 있었다.

행복은 사회적인 유능성과 밀접한 관계가 있는 것으로 보인다. 한 연구에서는 여자대학의 졸업 앨범 사진과 성공적인 사회생활 간 관계를 조사하였다. 카메라를 향해서 웃어 보라고 권하면 어떤 사람들은 자발적으로 행복한 미소를 짓는 반면에, 다른 사람들은 단지 웃는 시늉만을 한다. 심리학에서는 입가의 미소와 눈가의 주름이 동시에 잡히는 형태의 행복한 미소를 '뒤셴 미소(Ducenne smile)'라고 부른다. 여대 졸업생들을 대상으로 한 이 실험에서는 앨범 사진의 미소를 뒤셴 미소와 비뒤셴 미소로 구분하였다. 졸업 사진을 찍을 때 행복의 미소를 보인 여대생들이 다른 동기들에 비해 졸업 후 30년이 지나 50대가 되었을 때, 성공적인 결혼 생활을 포함해서 다른 사람들과 더 우호적인 관계를 갖는 것으로 나타났다. 이들은 삶에서 신체적 · 심리적 문제를 더 적게 나타냈을 뿐만 아니라 더 높은 수준의 만족감을 나타냈다.

또 다른 실험실 연구에서 연구 참여자들은 낯선 사람들을 만나

잠시 대화를 나누도록 요청받았다. 이때 대화 파트너는 무작위로 정해졌기 때문에 참여자들은 때로는 행복한 사람을 만나고 또 때로는 행복하지 않은 사람을 만나게 되었다. 대화를 마친 다음에 참여자들은 서로에 대한 호감도를 평가하였다. 그 결과, 행복한 사람들이 그렇지 않은 사람보다 더 높은 호감도 점수를 받았다. 이러한 점은 행복이 사회적인 인기 및 사회적인 지지를 얻는 데 중요한 역할을 할 수 있음을 시사한다.

행복과 다양한 삶의 조건들 간 관계

심리학 연구 결과에 따르면, 삶의 다양한 조건들은 '행복과 무관한 조건' '행복과 중간 정도만 관련을 맺고 있는 조건' '행복과 밀접한 상관을 보이는 조건'으로 구분할 수 있다.[213] 〈표 10〉에는 행복과 다양한 삶의 조건들 간 관계가 상관으로 표시되어 있다. 상관은 변인들 간 관계성에 대한 지표로서 0에서 1 사이의 값을 가지며, 높을수록 두 변인이 밀접한 관계를 갖고 있다는 것을 뜻한다.

먼저 행복과 무관한 조건을 살펴보면, 여기에는 나이, 성별, 교육수준, 사회경제적 지위 등 개인적인 인구통계학적인 변인들이 주로 포함되어 있다. 여기에서 자녀의 존재 여부가 행복에 중요한 영향을 미치지 않는 이유를 이해하는 것이 중요하다. 자녀가 없더라도 교사가 학생을 마치 자신의 자녀처럼 대하거나 주민이 이웃

〈표 10〉 행복과 다양한 삶의 조건들 간 관계

0에서 낮은 상관	중간 정도	높은 상관
나이	친구의 수	감사
성별	결혼 유무	낙관주의
교육	종교에 독실한 정도	취업 유무
사회적 지위	여가 활동의 수준	성관계의 횟수
수입	신체적 건강	긍정적인 감동을 경험한 비율
자녀의 유무	양심	행복측정치의 검사-재검사 신뢰도
인종 또는 민족	외향성	일란성 쌍생아의 행복
지능	신경과민(부적상관)	자아효능감
외모의 매력도	자기통제력	

집 아이를 각별하게 대하는 경우, 자녀가 있을 때와 유사한 효과를 얻을 수 있기 때문이다.

다음으로 행복과 중간 정도로 관계를 맺고 있는 조건들로는 친구의 숫자, 결혼 유무, 종교 생활에서의 충실도, 여가 활동 수준, 신체적 건강, 자기통제력 등이 있다. 이러한 변인들은 신체적 건강 및 정신위생, 즉 의학적 관점에서의 적응과 밀접한 관계가 있는 변인들이다.

마지막으로 행복과 밀접한 관계를 맺고 있는 삶의 조건에는 감사와 감동, 낙관성, 직업적 소명의식, 부부관계에서의 유대감 및 성적 만족감, 자기효능감 등이 해당된다. 이러한 변인들은 주로 개인의 심리사회적인 적응과 밀접한 관계가 있는 변인들이다.

지금까지 플로리시는 다양한 전문가들에 의해 활발하게 연구되었다. 플로리시 관련 연구들을 효율적으로 소개하기 위해 셀리그먼이 제안한 PERMA의 구성 요소들을 기준으로 해서 살펴보도록 하겠다.

플로리시와 긍정정서

셀리그먼에 따르면, 행복한 삶으로서의 플로리시와 긍정정서는 불가분의 관계에 있다. 프레드릭슨(Fredrickson)과 동료들은 셀리그먼의 관점을 지지하면서, 플로리시를 '쾌락적 웰빙과 자아실현적 웰빙이 결합됨으로써 최적의 정신건강을 이루는 것'이라고 정의하였다. 이러한 관점에서 그들은 우울한 개인의 화요일과 플로리시한 개인의 화요일의 정서적 경험 차이를 비교하는 연구를 진행하였다.[214)]

그들은 먼저 연구 참여자들을 플로리시 집단, 우울 집단 그리고 비플로리시 집단으로 구분한 후, 일상재구성기법(Day Reconstruction Method: DRM)을 활용해 세 집단의 화요일 생활 자료를 표집하였다. 약 3개월 후 연구 참여자들에게 다시 연락해서 긍정정서 수준의 변화를 조사하였다. 그 결과가 [그림 37]에 제시되어 있다.

프레드릭슨과 동료들의 연구 결과에 따르면, 플로리시 집단은 우울한 집단과 비플로리시 집단에 비해 일상생활에서 학습, 사교활동, 놀이, 봉사 활동 등의 즐겁고 의미 있는 활동들에서 보다 더 큰 긍정정서를 경험하는 것으로 보인다. 또 플로리시 집단은 다른

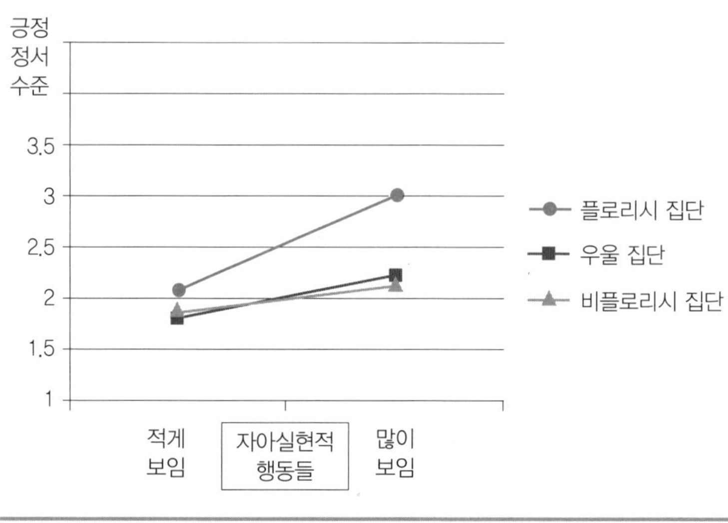

[그림 37] 플로리시 집단이 보이는 긍정정서의 증폭 효과

두 집단에 비해 유사한 긍정사건에 대해서 긍정정서를 더 오래 경험하는 것으로 나타났다. 그리고 플로리시 집단의 이러한 정서적 반응성은 심리적 자원으로 전환될 수 있는 것으로 나타났다. 특히 이 연구에서 흥미로운 점은 플로리시 집단과 다른 두 집단 간에 부정정서를 경험하는 정도뿐만 아니라, 약물 사용의 측면에서도 유의미한 차이가 관찰되지 않았다는 점이다.

프레드릭슨과 동료들의 연구는 플로리시가 일상생활에서 보이는 작지만 중요한 차이, 즉 긍정사건에 대해 긍정적 감정을 체험하는 것이 증폭되어 나타나는지 여부에 달려 있음을 보여 준다. 다시 말해, 플로리시 집단은 단순히 좋은 감정을 경험하는 데서 그치는 것이 아니라, 실제로 좋은 행동을 더 많이 하며 또 이처럼 좋은 행동들에서 다른 집단에 비해 상대적으로 좋은 감정을 더 크게 경험하기 때문에 행복의 선순환이 일어나게 된다는 것이다. 이와는 반대로, 우울 집단은 부정적인 사건에 대해서 부정정서를 증폭해서 경험하는 경향이 있는 것으로 보인다.

플로리시와 몰입

긍정심리학자 칙센미하이(Csikszentmihalyi)는 사람들은 몰입(flow)의 경험을 하는 순간에 가장 행복해한다고 주장하였다. 몰입이란 사람들이 특정 활동에 열중한 상황에서 얻게 되는 최적의 심리적 경험을 의미한다.[215] 몰입은 마슬로우가 제안한 '절정경험'과 비슷한 개념이라고 할 수 있다. 칙센미하이는 몰입의 심리학을 개척하는 과정에서 '경험추출법(Experience Sampling Method: 이하 ESM)'이라는 방법론을 활용하였다.[216]

ESM은 연구 참여자들에게 일종의 메신저를 나눠 준 다음에 계획된 프로그램에 따라 신호를 보내 해당 순간에 경험한 일상 활동들을 평가한 정보를 수집하는 방법을 말한다. 이러한 ESM에서 피험자들은 메신저에서 신호가 울리면 미리 제공받았던 설문 문항들에 답변하게 된다. 이때 시그널들은 예정된 프로그램에 의해 참여자들에게 무선적으로 발신되지만, 이들이 신호를 받는 전체 횟수는 주당 28회로 동일하게 관리된다. 이 ESM의 장점은 과거 경험을 회상하는 형태로 정보를 수집할 때 부정확하게 보고하는 문제를 방지할 수 있다는 점이다.

칙센미하이와 동료들은 2,300여 명의 연구 참여자들을 대상으로 ESM을 적용함으로써, 일상생활에서 사람들이 어떤 활동을 할 때 가장 커다란 행복감을 경험하는지를 보여 주는 귀한 자료를 수집할 수 있었다. 예를 들면, ESM을 통해 수집된 자료는 보통 사람들이 여가 생활을 하는 데 일주일에 어느 정도를 투자하며, 그때 어떤 감정을 경험하는지 등에 대한 유용한 정보를 제공해 주었다.

아래의 표에는 ESM을 통해 사람들이 일상 활동들에서 체험하는 정서의 질을 평가한 정보가 제시되어 있다. 칙센미하이와 동료들의 연구 결과, 사람들이 주관적으로 가장 만족스러워하고 또 동기수준도 가장 높은 활동은 식사, 섹스, 수다 및 사교 활동인 것으로 드러났다. 하지만 이러한 활동은 사람들에게 일시적인 쾌락을 선사해 줄지언정, 심리적으로 최적의 경험을 제공해 주지는 않는다는 한계가 있다. 연구진은 이렇게 되는 핵심적인 이유가 바로 그러한 활동들이 몰입의 경험 측면에서 한계가 있기 때문이라고

〈표 11〉 일상생활에서의 경험의 질

	주관적 만족감	동기수준	몰입
식사	최고	최고	평균
섹스	최고	최고	고
수다 및 사교 활동	최고	최고	고
취미 및 운동	고	최고	최고
TV 시청	보통	최고	하
업무 또는 공부	하	최하	고
쉬는 것	보통	고	최하

보았다.

ESM에 따르면, 사람들은 일상생활에서 심리적 최적 경험을 취미와 운동 등의 여가 활동에서 얻고 있는 것으로 나타났다. 〈표 11〉에서 나타나듯이, 여가 활동은 식사나 섹스보다 주관적인 만족감을 더 적게 경험하는 활동이다. 하지만 연구 참여자들은 다른 어떤 경험들보다 여가 활동에서 최고 수준의 몰입을 나타냈다.

칙센미하이와 동료들은 몰입 상태에서의 신체 활동상의 특징을 분석함으로써 심리적인 휴식의 의미에 관한 주요한 시사점을 제공해 주었다. 〈표 12〉에는 ESM에 기초해 사람들이 휴식을 취할 때 경험하는 심리적인 상태를 평가한 자료가 제시되어 있다.

〈표 12〉 휴식을 위한 활동들에서의 경험의 질

	몰입	이완	심리적 긴장
게임과 운동	상	중	중
취미	상	중	중
사교 활동	중	상	하
생각에 잠기는 것	중	중	하
음악 청취	하	상	하
TV 시청	하	상	하

〈표 12〉는 심리적인 휴식이 단순히 신체적으로 아무 활동도 안 하는 상태 이상의 것임을 보여 준다. 사람들이 긴장을 풀고 이완된 상태에서 단순히 음악을 청취하거나 TV를 시청할 때는 몰입을 경험하지 않는다는 것을 보여 준다. 대조적으로 몰입은 게임과 운동 그리고 취미 활동처럼, 긴장과 이완을 적정 수준으로 유지할 때 나

타나게 된다. 다시 말해 몰입은 신체적으로 긴장한 상태도 아니고 이완한 상태도 아닌 상황에서 경험할 수 있다.

이러한 몰입 경험은 다음의 두 가지 측면에서 스트레스에 대해 길항적인 역할을 해 줄 수 있다.[217] 첫째, 몰입 활동은 긴장에 대한 내성을 길러 줄 수 있다는 점이다. 취미 활동과 운동처럼 몰입을 할 수 있게 해 주는 활동은 긴장과 관련해서 일종의 면역요법을 적용하는 것이라고 해석할 수 있다.

취미 활동과 운동을 할 때 자연스럽게 신체적으로 긴장이 나타날 수 있다. 예를 들면, 골프에서 퍼팅을 하거나 농구에서 자유투를 할 때 사람들은 손에 땀이 날 정도로 잔뜩 긴장할 수 있다. 또 취미로 게임을 하는 사람도 실수하지 않기 위해서 잔뜩 긴장할 수 있다. 하지만 여가 활동을 할 때 경험하게 되는 긴장들은 스트레스 상황에서 경험하는 긴장에 비해 상대적으로 덜 해로운 것들이라고 할 수 있다.

몰입 활동에서 경험하게 되는 긴장은 치명적인 성격을 갖지는 않는다. 대조적으로 현실 세계에서 경험하는 스트레스 사건들에서는 단 한 번의 실수도 치명적인 결과를 산출할 수 있다. 하지만 여가 활동 중에 적정 수준의 긴장을 반복해서 경험할 경우, 신체는 현실 세계의 스트레스 상황에서 겪게 되는 심리적 긴장에 대한 저항력을 갖출 수 있게 된다. 예방주사를 맞는 것과 같은 효과가 나타날 수 있기 때문이다.

둘째, 몰입 경험은 스트레스에 대한 완충장치(buffer)의 기능을 해줄 수 있다. 스트레스가 문제시되는 상황에서 사람들이 가장 바라는 일 중 하나는 바로 스트레스를 유발하는 문제 자체를 잊는 것이다. 예컨대, 교통사고의 피해자는 끔찍했던 사고 순간을 떠올리지 않기를 간절히 바랄 수 있다. 하지만 이것은 결코 쉬운 과제가 아니다.

웨그너(Wegner)와 동료들의 '빙산 위를 거니는 백곰 실험'은 이러한 점을 잘 보여 준다.[218] 그들은 연구 참여자들에게 5분간 백곰(white bear)에 대해서 절대로 생각하지 말라고 요청하였다. 하지만 연구 참여자들은 나름대로 열심히 노력했음에도 불구하고 5분간 평균 7회 정도 백곰을 떠올렸다고 보고하였다. 이 실험에서 참여자들이 억제적인 노력을 기울이는 것은 역설적인 효과를 낳는 것으로 나타났다. 역설적인 효과란 의도적으로 회피적인 노력을 기울일 경우, 오히려 자신이 피하고자 하는 사고 내용에 대한 접근성이 증가하는 것을 말한다. 즉, 피하려 하면 할수록 오히려 생각이 더 선명하게 떠오르는 것이다.

하지만 몰입의 경험은 사고 억제의 역설적인 효과를 극복할 수 있도록 해 준다. 사람들은 몰입 활동을 하는 동안 스트레스 문제로부터 자신을 보호할 수 있다. 몰입을 하는 동안에는 스트레스 사건이 머릿속에 떠오르지 않을 수 있다는 점에서 마치 스트레스 사건 자체가 처음부터 일어나지 않은 것과 유사한 상태가 된다.

몰입의 이러한 기능은 단순한 회피행동과는 질적인 차이가 있다. 일시적인 회피행동에서는 문제 상황에서 떨어져 있더라도 해당 문제가 유령처럼 쫓아다니게 된다. 예를 들면, 시험기간 동안 공부하기 싫어서 TV를 보는 학생은 시청하는 동안 시험 불안 때문에 TV 시청을 온전히 즐기기 어렵다. 하지만 몰입은 스트레스 사건이 주는 고통과 불안으로부터 스스로를 온전하게 보호할 수 있게 해 준다. 몰입의 이러한 기능은 우리가 삶의 난제에 직면했을 때 심리적으로 좌절감에 빠지거나 무기력감을 경험하지 않도록 도울 수 있다.

플로리시와 타인과의 관계

긍정심리학자인 피터슨(Peterson) 교수는, 긍정심리학을 간단히 표현하면 '타인과의 관계'로 요약할 수 있다고 믿는다.[219] 타인과의 관계가 없다면, 행복한 삶은 존재할 수 없다. 실제로 카네만은 1,000명의 여성을 대상으로 실시한 연구에서 하루 중 가장 불행한 시간은 혼자 있는 시간이고 하루 중 가장 행복한 순간은 다른 사람들과 함께하는 시간이라는 점을 규명하였다.[220]

[그림 38]은 행복의 비결과 관련해서 중요한 단서를 제공해 준다. 긍정심리학자 디너(Diener) 부자(父子)의 연구에 따르면, 행복한 사람이 행복해질 수 있는 핵심적인 이유 중 하나는 바로 관계(사랑) 때문이다.[221] [그림 38]을 보면, 돈을 중시하는 사람일수록 삶의 만족도는 저하되는 반면, 삶에서 관계(사랑)를 중시하는 사람일수록 삶의 만족도가 증가하는 것을 확인할 수 있다.

소셜 네트워크 연구자인 파울러(Fowler)와 크리스태키스

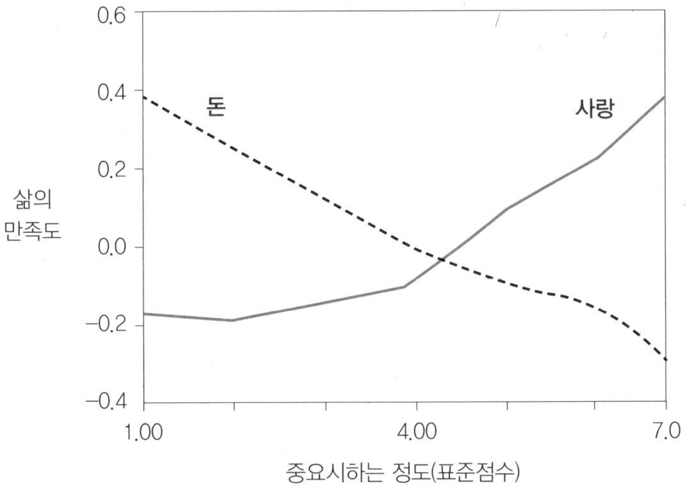

[그림 38] 관계가 행복에 미치는 영향

(Christakis)의 연구는 행복한 삶 속에 존재하는 관계적 특성을 잘 보여 준다. 그들은 2000년에 미국의 매사추세츠주 프레이밍엄에 거주하는 주민 중 1,020명 표본집단의 사회적 관계망을 조사하였다.[222] 그 결과는 [그림 39]에 도시되어 있다. 이 그림에서 각 점들은 분석에 포함된 사람들을 나타낸다. 이 그림에서 행복한 사람들은 가장 밝은색으로 표시되어 있고, 불행한 사람들은 진한 색으로 표시되어 있으며, 행복과 불행의 중간 특성을 보이는 사람들은 중간색으로 표시되어 있다.

파울러와 크리스태키스의 분석에 따르면, 행복한 사람들은 행복한 사람들끼리 모여서 지내고 불행한 사람들끼리 모여서 생활하는 일종의 '유유상종(類類相從)' 현상을 보인다. 또 불행한 사람들은 네트워크의 주변부나 끝자락에 위치하는 특징을 갖는다.

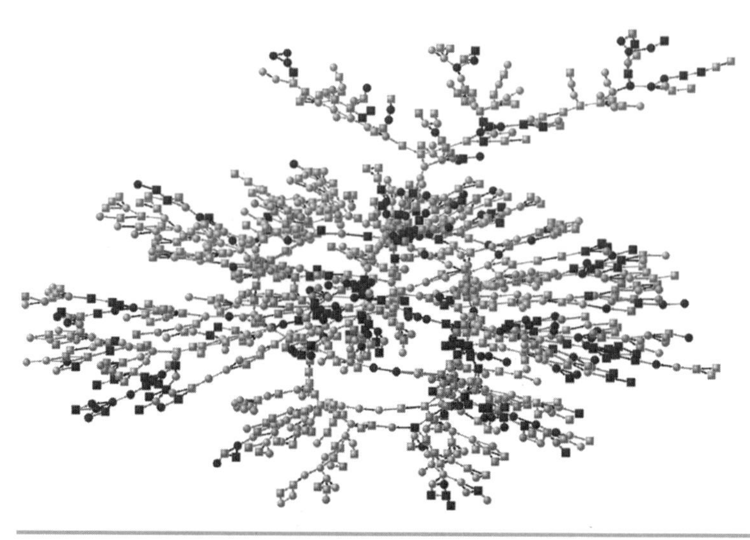

[그림 39] 플로리시와 유유상종 현상

파울러와 크리스태키스는 네트워크를 수학적으로 분석한 후, 행복의 확산 현상과 관련해서 흥미로운 주장을 하였다. 그들에 따르면, 행복한 사람과 친구 관계인 사람이 행복해질 확률은 15% 증가한다. 또 행복한 사람의 '친구의 친구'가 행복해질 가능성은 10% 증가한다. 그리고 행복한 사람의 '친구의 친구의 친구'가 행복해질 확률은 6% 증가한다. 하지만 행복한 사람의 '친구의 친구의 친구의 친구'에게는 행복의 확산 현상이 나타나지 않는다.

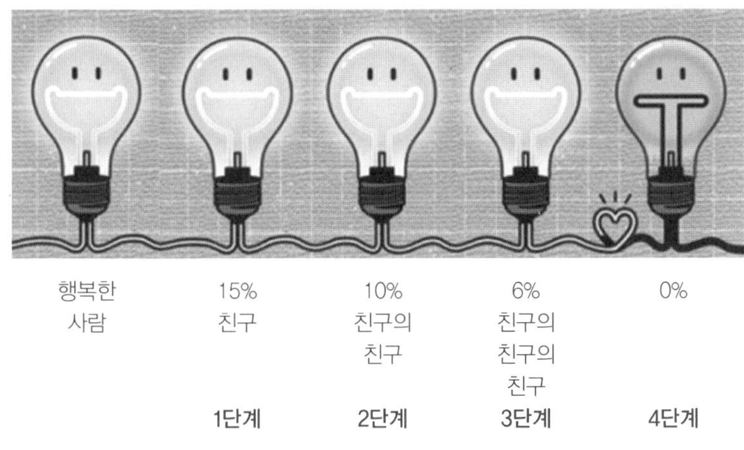

행복한 사람	15% 친구	10% 친구의 친구	6% 친구의 친구의 친구	0%
	1단계	**2단계**	**3단계**	**4단계**

[그림 40] 행복의 확산

플로리시와 의미 추구적 삶

경험주의 철학자인 죠수아 놉(Joshua Knobe)은 행복한 삶과 의미 간 관계를 보여 주는 흥미로운 실험을 진행하였다.[223] 그는 연구 참여자들에게 두 가지 시나리오를 보여 주었다. 하나는 다음 시나리오 중 A와 C를 짝지은 것이고, 또 다른 하나는 시나리오 B와 C를 짝지은 것이었다.

시나리오 A

마리아는 유명인이 되고 싶어 한다. 이를 위해 몇몇 유명인과 데이트를 시도하기도 했으며, 유명하지 않은 사람과는 상종조차

하지 않는다. 마리아는 주로 파티를 찾아다니면서 술에 취하거나 마약을 하면서 지낸다.

시나리오 B

마리아는 세 자녀를 둔 어머니로서 자녀를 헌신적으로 양육한다. 실제로 자녀들은 엄마가 매우 훌륭한 분이라고 믿는다. 마리아는 자녀 양육으로 바쁜 와중에도 친구들을 만나고 미래의 계획을 세우면서 의미 있는 시간을 보낸다.

시나리오 C

마리아는 하루하루를 흥분감 속에서 즐겁게 보내며 삶에 대한 충만감을 느낀다. 현재 하는 일 이외의 다른 일을 하면서 생활하는 것은 전혀 고려하지 않고 있으며, 자신의 현재 희생이 가치 있는 것이라고 믿는다.

두 가지 세트 중 A와 C를 짝지은 시나리오를 받은 사람들은 "마리아는 행복할까요?"라는 질문을 들었을 때 "그렇지 않다."고 대답하였다. 대조적으로 B와 C를 짝지은 시나리오를 받은 사람들은 동일한 질문을 들었을 때 "그렇다."고 대답하였다. 두 가지 세트 모두에서 마리아는 스스로 즐겁게 생활하는 동시에 스스로 삶에 만족하는 모습을 보인다. 하지만 사람들은 오직 마리아가 객관적으로 의미 있고 가치 있는 삶을 사는 경우에만 행복한 삶을 살고 있다고 평가하였다.

죠수아 놉은 위의 시나리오 세트 외에도 다양한 가능성을 테스트하기 위해 여러 가지 내용을 조작한 시나리오로 반복검증을 시도했는데, 결과는 언제나 같았다. 사람들은 마리아가 공허한 삶을 사는 경우에는 스스로 긍정정서를 경험하는 것과 무관하게 언제나 행복하지 않다고 평가하였다. 이러한 결과는 행복과 삶의 의미가 불가분의 관계에 있음을 잘 보여 준다.

'의미 있는 삶으로서의 플로리시' 개념에 대한 효시는 아리스토텔레스의 니코마코스 윤리학(Nicomachean Ethics)이라고 할 수 있다.[224] 그의 사후에 원고를 정리했던 아들의 이름에서 저서명을 따온 이 저서는 행복에 관한 아리스토텔레스의 생각을 집대성한 작품이라고 할 수 있다. 아리스토텔레스는 삶의 목적이 바로 행복이라고 주장하였다. 그리고 그리스어로 행복을 뜻하는 단어는 '유대모니아(eudaimonia)'이다. 유대모니아는 단순히 쾌락을 추구하는 것 이상의 이상적 목표를 향한 의미 있는 삶을 지향하는 상태를 의미한다. 이런 맥락에서 아리스토텔레스는 의미 추구적 삶, 즉 자아실현적 삶을 기반으로 한 행복 이론의 선구자로 손꼽힌다.

프레드릭슨과 동료들은 쾌락적(hedonic) 웰빙과 자아실현적(eudaimonic) 웰빙 간 유전체 수준에서의 차이를 조사하였다.[225] 이를 위해 먼저 그들은 성인 80명을 대상으로 쾌락적 웰빙과 자아실현적 웰빙 수준을 평가하였다. 여기서 쾌락적 웰빙은 삶에 만족하고 행복감을 경험하는 것을 의미한다. 그리고 자아실현적 웰빙은 삶에 대한 목적성과 의미를 가지고 있고, 더 나은 사람이 되고자 노력하며, 사회에 기여할 재능을 갖고 있는 것을 뜻한다. 프

레드릭슨과 동료들은 자아실현적 웰빙을 평가할 때 일종의 단축형 플로리시 척도[226]를 사용하였다. 그러한 집단 분류 결과는 [그림 41]에 제시되어 있다. 분석 결과에 따르면, 연구 참여자들의 약 70%는 쾌락적 웰빙 추구 집단인 반면, 30%는 자아실현적 웰빙 추구 집단에 속했다.

프레드릭슨과 동료들의 연구에서 가장 핵심적인 측면은 쾌락적 웰빙 추구 집단과 자아실현적 웰빙 추구 집단 간 백혈구의 '역경에 대한 보존전사반응(conserved transcriptional response to adversity: CTRA)' 유전자 발현에서 에서 분명한 차이를 나타냈다는 점이다. 쾌락적 웰빙 추구 집단은 CTRA 점수가 상대적으로 더 높은 반면, 자아실현적 웰빙 추구 집단은 CTRA 점수가 상대적으로 더 낮은

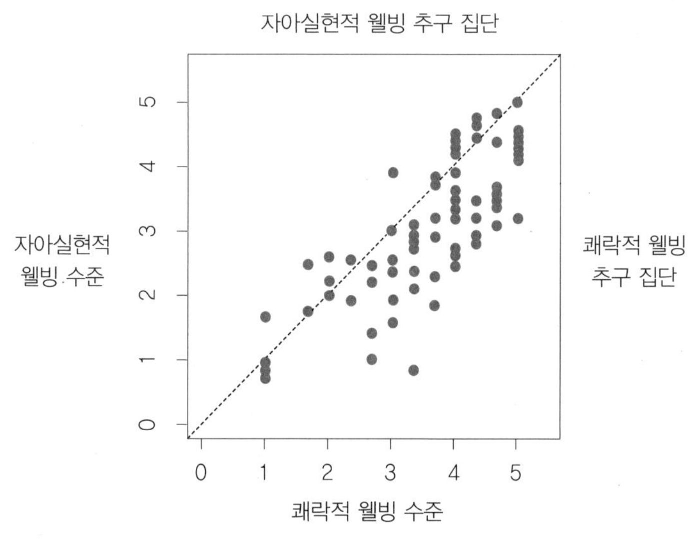

[그림 41] 쾌락적 웰빙 추구 집단과 자아실현적 웰빙 추구 집단

것으로 나타났다. CTRA는 장기적으로 염증 반응 유전자의 발현은 늘어나는 반면, 항바이러스 반응 유전자의 발현은 줄어드는 것과 밀접한 관계가 있는 지표다.

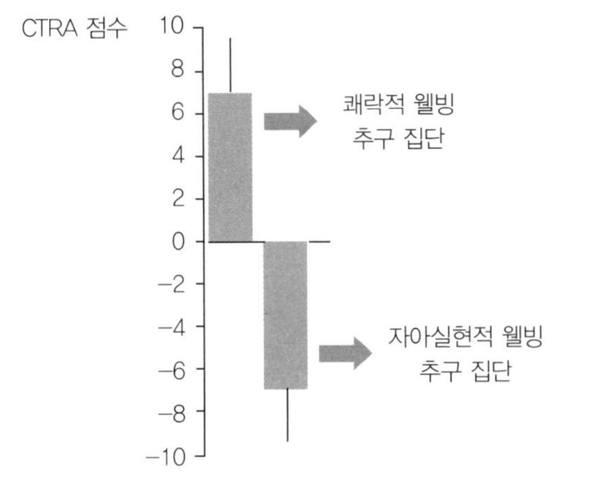

[그림 42] 쾌락적 웰빙 추구 집단과 자아실현적 웰빙 추구 집단 간 CTRA 발현 차이

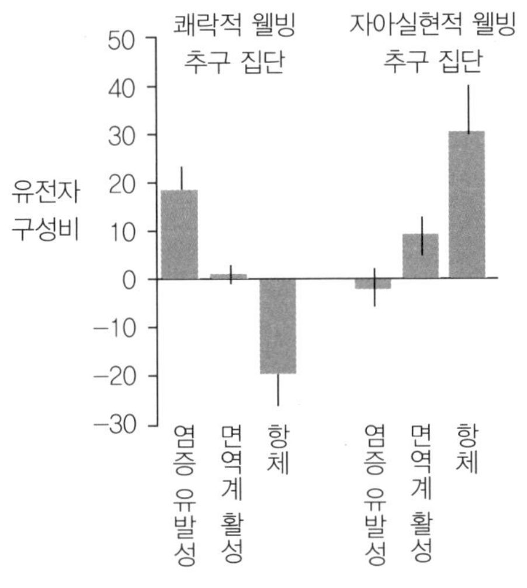

[그림 43] 쾌락적 웰빙 추구 집단과 자아실현적 웰빙 추구 집단 간 유전자 구성비 차이

프레드릭슨과 동료들은 쾌락적 웰빙 추구 집단과 자아실현적 웰빙 추구 집단 간 유전자 구성비에서의 차이도 분석하였다. 그 결과, 쾌락적 웰빙 추구 집단에 비해 자아실현적 웰빙 추구 집단은 염증 유발성 인자의 구성비는 더 낮고, 면역계를 활성화하는 인자의 구성비는 더 높으며, 항체의 구성비는 더 높은 것으로 나타났다. 이러한 결과는 플로리시 집단이 다른 집단에 비해 상대적으로 건강에 더 유리한 유전체적 발현을 나타낸다는 것을 시사한다.

플로리시와 성취

사람들의 일에 대한 태도에는 모순적인 측면이 존재한다. ESM 연구에 따르면, 사람들은 일하는 순간에 가장 커다란 행복감을 느낀다.[227] 하지만 그와 동시에 사람들은 일을 회피하고 싶어 하는 마음도 강하다. 일을 하고 있을 때 메신저의 신호를 받았던 연구 참여자들은 하루 중 다른 활동을 할 때보다 "일에서 벗어나 다른 행동을 하고 싶다."는 답변을 많이 했다. 이러한 점은 사람들이 일에 대해 양가감정을 가지고 있음을 보여 준다.

일에 대한 양가감정 문제를 이해하기 위해서는 장기적인 조망이 필요하다. 왜냐하면 사람들이 일을 바라보는 시각과 일에서 얻는 감정의 질은 연령에 따라 변하기 때문이다. ESM 연구에 따르면, 아동 및 청소년들은 일보다는 여가 활동에서 몰입을 더 많이 경험하지만, 나이가 들수록 여가보다는 일에서 몰입을 더 많이 경

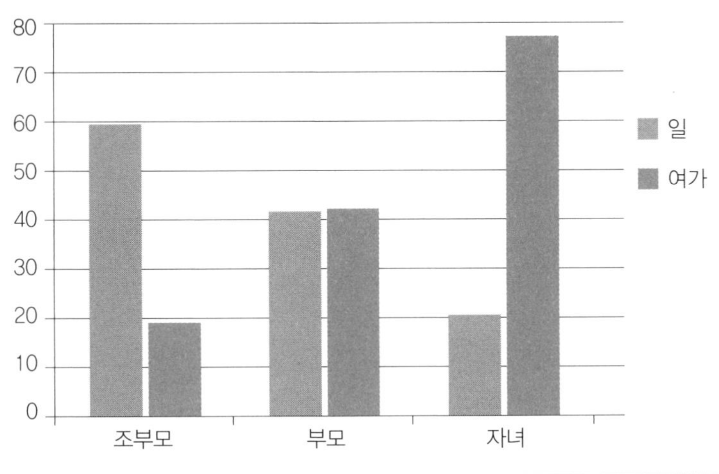

[그림 44] 몰입의 경험을 보이는 활동에서의 세대 간 차이

험하게 된다. [그림 44]는 이러한 점을 잘 보여 준다. [그림 44]에서 세로축은 일과 여가 활동 각각에서 몰입을 경험한다고 답한 퍼센트를 나타낸다.

[그림 44]는 일의 본질이 바로 몰입에 있음을 보여 준다. 사실, 여가에 비해 일에서 몰입을 경험하기는 더 어렵다. 왜냐하면 여가와는 달리, 일을 통해 즐거움을 얻기까지는 비교적 오랜 생물학적인 성숙 과정이 요구되기 때문이다.

이러한 점을 고려해 볼 때, 사람들이 일에서 경험하게 되는 양가감정은 일종의 발달상의 문제라고 할 수 있다. 왜냐하면 사람들이 일에 대해 양가적인 감정을 경험하게 되는 것은 바로 일의 즐거움을 깨우치지 못했기 때문이라고 해석할 수 있기 때문이다.

〈표 13〉에 제시된 하버드대학교의 성인발달 연구 결과는 행복한 삶과 성취가 불가분의 관계에 있음을 잘 보여 준다. 세 표본 모

두에서 직업적 성공 및 직무의 향유는 행복한 삶과 밀접한 관계가 있는 것으로 나타났다.[228]

〈표 13〉 행복한 삶과 성인기 성취 간 관계

변인	터먼 여성 표본 (n = 37)	하버드생 표본 (n = 186)	도심 표본 (n = 307)
주관적 삶의 만족도	.44	.35	해당 없음
심리사회적 성숙도	.48	.44	.66
정신건강 수준	.64	.57	.77
직업적 성공	.53	.34	.45
결혼 만족도	.31	.37	.33
직무의 향유	.51	.42	.39
취업기간	.37	해당 없음	.39

주) 터먼 여성 표본의 가장 낮은 3개의 상관관계(p 〈 .05)를 제외한 모든 상관관계는 p 〈.001 수준에서 유의함.

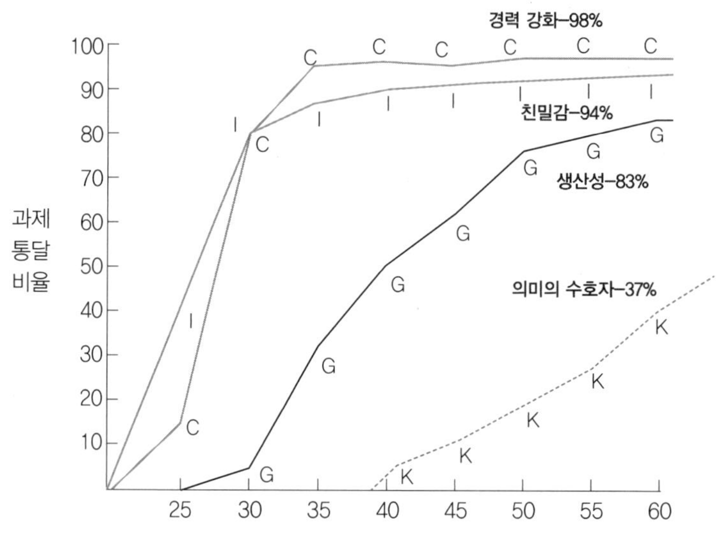

[그림 45] 하버드 성인발달 연구 참여자들의 심리–사회적 과제의 숙달 연령

[그림 45]는 하버드대학교의 성인발달 연구에서 연구 참여자들이 에릭슨의 심리-사회적 발달 과제를 숙달한 것으로 추정한 연령을 도시한 것이다.[229] [그림 45]에서 친밀감(관계)과 경력 강화(일)는 사실상 비슷한 시점(20대 후반)에 숙달된 후 평생에 걸쳐 평행선을 그리는 형태로 발달해 나간다. 이러한 점은 일과 사랑이 인간의 발달 과정에서는 마치 동전의 앞뒷면처럼 불가분의 관계에 있음을 시사한다.

플로리시와 '그릿(grit)'

만약 누군가가 비틀스(Beatles) 만큼 음악적 재능을 갖고 있다면, 과연 그가 팝 가수로 성장하는 것이 보장될 수 있을까? 만일 누군가가 패션잡지 『보그(Vogue)』의 표지 모델이자 아카데미 여우주연상 수상자인 셰어(Cher)처럼 매력적인 외모를 가지고 있다면, 대중적인 스타가 되는 것이 보장될 수 있을까? 혹시 누군가가 마이클 조던(Michael J. Jordan) 수준의 농구 재능을 가지고 있다면, 그는 농구선수로서 대성하는 것이 보장될 수 있을까?

아마도 그렇지는 않을 것이다. 왜냐하면 인생에서 재능이 있다고 해서 행복한 성공이 보장되는 것은 아니기 때문이다. 사실상 세상 사람들은 누군가의 재능을 알아보는 데 매우 둔하다. 따라서 처음에 보자마자 사람들이 누군가의 재능을 알아차리는 일은 거의 일어나지 않는다.

2007년 1월 12일 아침, 청바지에 긴팔 티셔츠를 입고 야구 모자를 눌러쓴 젊은이가 워싱턴 지하철역에서 바이올린을 꺼냈다.[230] 그는 바이올린 케이스를 앞에 열어 놓고 지폐 몇 장과 동전 몇 개를 넣어 둔 다음에 약 43분 동안 클래식 음악 여섯 곡을 연주하였다. 그 사이에 그 앞을 수천 명의 인파가 지나갔다. 그 청년은 죠슈아 벨(Joshua Bell)이라는 세계적인 바이올리니스트였고, 그가 연주에 사용했던 악기는 안토니오 스트라디바리(Antonio Stradivari)가 1713년에 직접 제작한 350만 달러짜리 바이올린이었다. 이 실험은 『워싱턴 포스트』 기자 바인가르텐(Gene Weingarten)이 대중의 취향을 평가하기 위한 것이었다. 실험 결과, 죠슈아 벨은 약 32달러를 벌은 것으로 나타났다.

아마도 혹자는 바인가르텐의 실험이 일반 대중들의 안목을 평가하는 것이기 때문에 전문가들이 평가할 경우에는 그러한 일이 일어나지 않을 것이라고 주장할 수도 있다. 그렇다면 다음의 일화들을 살펴보자.

비틀스의 매니저였던 브라이언 엡스타인(Brian S. Epstein)이 비틀스의 음반 녹음 계약을 하기 위해 런던에 갔을 때 그는 스튜디오마다 문전박대를 당했다. 그중에서도 그들이 데카(Decca) 레코드의 스튜디오에서 들은 이야기는 정말 압권이다. "엡스타인 선생, 이제 그만 리버풀로 돌아가세요. 4인조 그룹은 이제 한물갔기 때문에 절대 안 통해요." 비틀스가 처음으로 미국 투어를 떠나던 날 레코드사 사장인 앨런 리빙스턴(Alan Livingston)은 "미국에서 비틀

스는 절대 성공하지 못할 것이다."고 호언장담했다.[231]

또 사진작가 리차드 아베돈(Richard Avedon)은 셰어(Cher)에게 "당신은 절대로 『보그』의 표지 모델이 될 수 없어요. 당신은 금발도 아니고 푸른 눈을 갖고 있는 것도 아니잖아요."라고 말했다.[232] 리차드 아베돈은 독특한 개성과 강렬한 인상을 주는 인물사진의 거장인 동시에, 제2차 세계대전 이후에 패션사진의 새로운 장을 연 전설적인 패션사진 작가이다. 하지만 셰어가 『보그』의 표지 모델이 되자 그 잡지의 판매부수는 급신장하였다.

그렇다면 농구처럼 전문가의 평가보다는 실제 성적이 더 중요한 스포츠 영역에서는 어떨까? 재능만으로 성공하는 것이 가능할까? 안타깝게도 결과는 마찬가지다. 세상에서 재능만으로 이룰 수 있는 것은 사실상 거의 없다. 예를 들면, 마이클 조던은 120년 농구의 역사에서 가장 위대한 천재로 평가받는다. 하지만 그는 나이키 광고에서 다음과 같은 말을 남겼다. "나는 농구 인생을 통틀어서 9,000개 이상의 슛을 실패했고 3,000번의 경기에서 패배했다. 그 가운데 26번은 다 이긴 게임에서 마지막 슛을 실패한 탓에 졌다. 나는 살면서 수없이 많은 실패를 거듭했다. 하지만 바로 그것이 내가 성공할 수 있었던 진짜 이유다."[233]

마이클 조던의 말은, 제 아무리 재능이 뛰어난 사람도 뼈아픈 실패의 경험을 하기 마련이라는 점을 잘 보여 준다. 인간은 신이 아니기 때문이다. 따라서 삶에서 실패와 좌절은 늘 있기 마련이다. 하지만 이러한 사실을 잘 알고 있을지라도 막상 실패에 봉착하게 되면, '낙담'하지 않기는 쉽지 않다. 바로 그렇기 때문에 천부적인

[그림 46] 윌 스미스의 인터뷰 모습

재능을 갖고 있다고 해서 최고의 성취를 이루는 인재로 성장하는 것이 보장되는 것은 아니다.

그래미상 수상자이기도 한 배우 윌 스미스(Will Smith)가 한 방송과 인터뷰한 내용은 성공적인 삶을 위해 필요한 요인에 관해 중요한 시사점을 준다. 그 프로그램에서 윌 스미스는 최고의 자리에 오르게 된 비결에 관해 다음과 같이 소개했다.[234]

> "내가 다른 사람들과 확실히 다른 점이 있다면, 그것은 러닝머신 위에서 죽을까 봐 두려워하지 않는다는 점입니다. 아마 저보다 운동을 잘하는 사람은 많을 겁니다. 저보다 똑똑한 사람과 매력적인 사람도 많지요. 하지만 그 세 가지 모두에서 저보다 나은 사람도 있을 수 있고, 아니면 9가지 영역에서 저보다 나은 사람도 있을 수 있겠지요. 하지만 나와 함께 러닝머신에 올라간다면, 그 사람이 기권하거나 제가 죽거나 둘 중 하나일 겁니다. 정말입니다."

하버드대학교의 성인발달 연구팀은 윌 스미스와 비슷한 관점에서 큰 각도로 경사지게 설정된 러닝머신에서 얼마나 최대 속도로 달릴 수 있는지가 정신적으로 건강한 대학생의 특징 중 하나가 될 수 있다고 보았다. 연구진은 대학생 130명에게 5분 동안 러닝머신에서 뛰도록 요구했다. 러닝머신의 속도가 최대로 설정되어 있었기 때문에 연구 참여자들은 평균 4분밖에 버티지 못했다. 2분도 채 못 버틴 참여자들도 있었다.

이 지구력과 의지력을 테스트하는 실험을 마친 후 이십여 년이 흐른 다음에 연구진은 참여자들의 성인기 적응 수준을 평가했다. 그 결과, 러닝머신 테스트 결과는 중년기 적응 수준에 대한 신뢰로운 예측 변인인 것으로 나타났다.[235]

스탠퍼드대학교에서 루이스 터먼(Lewis Terman)이 진행했던 영재 연구 역시 유사한 결과를 보여 준다. 루이스 터먼은 IQ가 140에서 200 수준에 이르는 영재 아동 1,470명을 선발한 후 그들의 삶을 추적 조사했다. 하지만 '터마이트(Termites)'라고 불렸던 이 영재 집단은 루이스 터먼의 기대와는 다르게 오랜 세월이 흘렀을 때 전국적인 명성을 갖는 인재로는 성장하지 못했다. 사실상 터마이트들은 천부적인 재능의 소유자들이 행할 것으로는 기대되지 않는 사회적인 성취를 했다.

특히 어려서부터 영재로 선발되었던 터마이트들 중에서는 노벨상 수상자가 단 사람도 없었다. 하지만 아이러니하게도 터먼 연구진이 지능검사에서 IQ가 140에 도달하지 않았기 때문에 선발되지 못했던 아동들 중에서는 두 명의 노벨상 수상자가 나왔다.[236]

사실, 이와 유사한 결과를 보여 주는 예들은 무척 많다. 예컨대, 노벨상 수상자가 졸업한 대학 명단을 확인해 보면 흥미로운 점을 발견할 수 있다. 말콤 글래드웰(Malcolm Gladwell)에 따르면, 근래에 미국이 배출한 25명의 노벨화학상 수상자 중에서 아이비리그 대학을 포함해 명문 대학 출신자는 겨우 6명(24%)에 불과하다. 그 나머지는 모두 비명문 대학 출신이었다.[237] 이러한 비명문 대학들 중에는 사실상 한국 사람들은 대부분 이름조차 들어 본 적이 없는 곳들이 다수 포함되어 있었다.

근래에 미국이 배출한 25명의 노벨화학상 수상자 중 약 1/4은 청년기부터 이미 뛰어난 재능을 인정받아 명문대에 입학했던 사람들이었다. 결과적으로 그들은 젊은 시절부터 노벨상을 수상할 때까지 지속적으로 세상으로부터 자신의 잠재력을 인정받았다. 대조적으로 미국의 노벨화학상 수상자 중 약 3/4은 대학 때까지는 세상으로부터 그다지 재능을 인정받지 못했던 사람들이었다.

이러한 현상이 최상위 수준의 수행에서만 나타나는 것은 아니다. 일례로, 미국 대학의 경우 과학, 기술 그리고 수학(이하 STEM: Science, TEchnology, Math)을 전공하는 학생들 중 과반수가 중도에 학업을 포기하고 인문계 전공으로 전과한다.[238] 문제는 STEM 학위를 끝까지 마치는 학생과 중도 탈락 학생 간 차이가 재능 때문에 일어나는 것은 아니라는 점이다. 〈표 14〉가 보여 주듯이, 미국 대학 신입생들의 입학 시 수학 성적과 STEM 학위 취득 비율은 직접적인 관계가 없는 것으로 나타났다.

〈표 14〉 미국 대학 신입생들의 입학 성적과 STEM 학위 취득 비율

대학교	상위 1/3	SAT 수학 점수	중위 1/3	SAT 수학 점수	하위 1/3	SAT 수학 점수
하버드	53.4%	753	31.2%	674	15.4%	581
다트머스	57.3%	729	29.8%	656	12.9%	546
윌리암스	45.6%	697	34.7%	631	19.7%	547
콜게이트	53.6%	697	31.4%	626	15.0%	534
리치먼드	51.0%	696	34.7%	624	14.4%	534
버크넬	57.3%	688	24.0%	601	18.8%	494
케니언	62.1%	678	22.6%	583	15.4%	485
옥시덴털	49.0%	663	32.4%	573	18.6%	492
칼라마주	51.8%	633	27.3%	551	20.8%	479
오하이오 웨슬리안	54.9%	591	33.9%	514	11.2%	431
하트윅	55.0%	569	27.1%	472	17.8%	407

하버드대학교 신입생들 중 SAT 수학 과목에서 800점 만점에 평균 753점(100점 만점에 약 94점)을 받은 입학 성적 상위 1/3에 해당되는 학생들 중 약 53%가 성공적으로 STEM 학위를 취득하였다. 또한 하트윅대학교의 입학 시 성적 우수자, 즉 신입생들 중 SAT 수학 과목에서 800점 만점에 평균 569점(100점 만점에 약 71점)을 받은 입학 성적 상위 1/3에 해당되는 학생들 중 약 55%가 성공적으로 STEM 학위를 취득하였다. 보다 흥미로운 점은 하버드대학교의 경우, 신입생들 중 SAT 수학 과목에서 800점 만점에 평균 581점(100점 만점에 약 73점)을 받은 입학 성적 하위 1/3에 해당되는 학생들은 약 15%만이 성공적으로 STEM 학위를 취득했다는 것이다. 따라서 하버드대학교 입학 시 성적 하위 1/3 학생들과 하트윅대학

교 입학 시 성적 상위 1/3 학생들이 보인 STEM 학위 취득 비율에서의 차이(약 40%)는 결코 재능의 문제로는 설명할 길이 없다.

그렇다면 젊은 시절 평범한 능력을 가진 사람들처럼 보이던 사람들이 결국 나중에 가서는 비범한 재능을 가지고 있었던 경쟁자들과의 싸움에서 승리하게 된 비결이 무엇일까? 또 루이스 터먼의 연구에서 영재로 인정받았던 아동들 중에서는 노벨상 수상자가 나오지 않았던 반면, 오히려 IQ가 낮아 연구에 참여하지 못했던 아동들 중에서는 노벨상 수상자가 둘이나 나왔던 이유가 무엇일까? 또 하버드대학교 입학 시 성적 하위 1/3 학생들과 하트윅대학교 입학 시 성적 상위 1/3 학생들이 보인 STEM 학위 취득 비율에서의 차이는 무엇 때문일까?

이러한 결과들은 최고의 성취를 이루는 데는 천부적인 재능보다도 더 큰 영향을 미치는 요인이 존재할 가능성을 시사한다. 그렇다면 삶에서 뛰어난 성취를 하는 데 타고난 재능보다 중요한 역할을 하는 요인은 무엇인가?

바로 이러한 의문을 해결해 줄 수 있는 중요한 실마리 중 하나가 '그릿(grit: 투지)'이다. 긍정심리학자 앤절라 더크워스(Angela Duckworth)는 '좌절 상황에서 낙담하지 않고 장기적인 목표를 향해 끈기 있고 또 정열적으로 분투적인 노력을 유지하는 내적인 힘'을 그릿이라고 불렀다.[239] 더크워스에 따르면, 잠재력을 갖고 있다는 것과 잠재력을 발휘한다는 것은 다르다.

더크워스는 미국의 육군사관학교, 즉 웨스트포인트(West Point) 신입생들 중 입학 첫 해에 일명 '사자 굴(Beast Barracks: 이하 비스트)'

이라고 불리는 7주간 진행되는 하계 기초 군사훈련 때 60~70%가 중도 탈락한다는 데 주목하였다. 더크워스가 그 이유를 찾기 위해 다양한 자료를 검토한 결과, SAT 성적, 고등학교 성적, 리더십 경험, 운동 실력 등 그 어떤 지표보다도 그릿이 탈락율을 예측하는 가장 신뢰로운 지표임을 발견하였다. 더크워스에 따르면 그릿, 즉 투지는 학업성취도를 포함해서 타고난 재능이 실제로 발휘되어야 하는 다양한 삶의 영역에서의 성취와 긴밀한 관계가 있다.

더크워스는 그릿의 동기가 되는 요인을 확인하기 위해서 미국의 성인 약 16,000명을 조사하였다. 연구 참여자들은 그릿, 쾌락, 목적 지향성 척도들에 응답하였다. 그 결과, 쾌락 추구 경향은 그릿 점수와 관계가 없었다. 그릿 점수는 목적 지향성과 정적인 상관을 보였다.

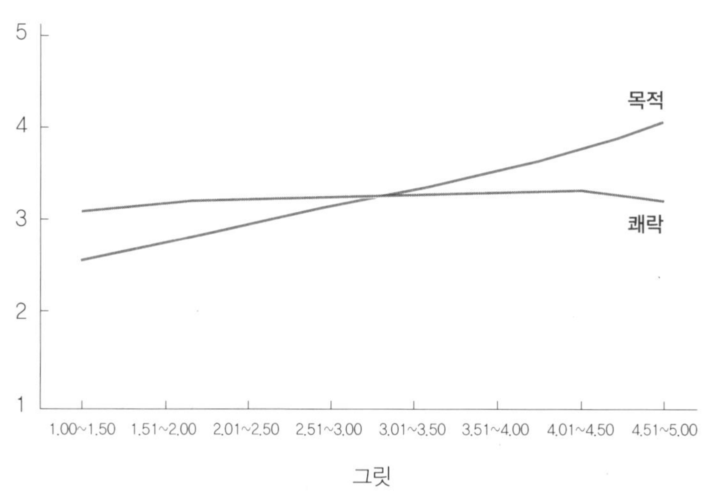

[그림 47] 그릿 점수대별 쾌락 및 목적 지향성 점수 비교

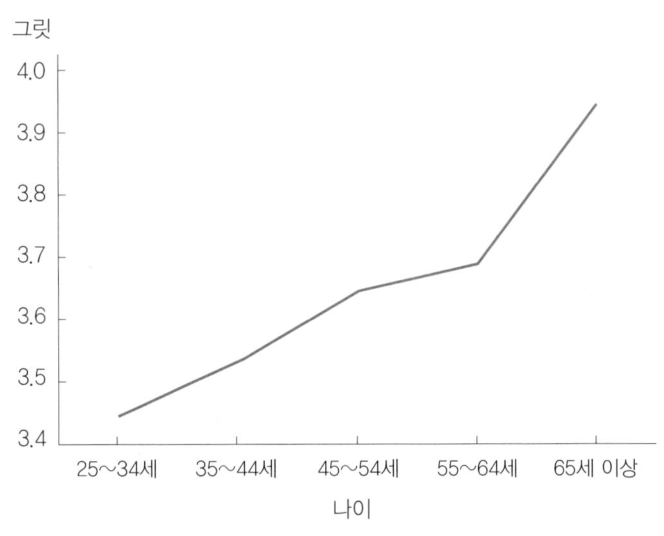

[그림 48] 연령과 그릿의 관계

이러한 결과는 그릿이 높은 사람들이 낮은 사람보다 더 탐욕스럽지도 않으며, 또 수도승 같은 금욕주의자도 아니라는 점을 보여 준다. 단지 그릿이 높은 사람들은 낮은 사람보다 의미 있는 삶을 더 중시하는 경향이 있다. [그림 48]은 연령이 높아질수록 그릿도 증가하는 경향이 있음을 보여 준다.

플로리시와 인간의 선(善)의지

긍정심리학자 조너선 하이트(Jonathan Haidt)에 따르면, 인간의 본성에서 90퍼센트는 침팬지와 같고 나머지 10퍼센트는 꿀벌과 같다.[240] 인간의 본성이 침팬지 같다고 말하는 것은 영장류의 경우, 같은 종에 해당되는 주변인과의 끊임없는 경쟁 속에서 자신의 삶을 성취하는 존재임을 지칭하는 것이다. 하지만 인간은 꿀벌처럼 초사회적 존재로서 다른 집단들과의 끊임없는 경쟁 속에서 자신의 삶을 성취해 나가는 존재이기도 한다. 이런 점에서 군집가설은 인간이 사회적 조건에 따라 군집생물처럼 행동하기도 한다는 것을 말한다. 이에 따르면, 인간은 특별한 조건하에서 이기심과 자신의 욕구를 초월하여 자신보다 더 거대한 조직에 동화될 수 있는 존재이다. 개인을 이처럼 거대한 조직 속에 빠져들도록 만드는 기제를 군집스위치(hive switch)라 한다.

사회학자 뒤르켐(David Emile Durkheim)은 인간이 '호모 듀플렉스(Home duplex: 이중적인 인간)'의 특성을 지니고 있다고 보았다. 그에 따르면, 인간은 개별적인 존재인 동시에 더 커다란 사회조직의 일원이기도 하다. 뒤르켐은 인간이 사회 간(inter-social) 감성이라는 특별한 감정을 경험한다고 주장하였다. 이러한 감정은 인간이 사회 간 관계를 원활하게 할 수 있도록 돕는 기능을 담당한다. 집단의 의식에서 흔히 관찰되는 열정과 열광에 해당되는 집단적 활기(collective effervescence)가 그 좋은 예이다. 뒤르켐은 집단적 활기를 다음과 같이 기술하였다.

> "어딘가에 모이는 행위 그것 자체가 무엇보다도 강력한 자극제이다. 여럿이 함께 한자리에 모이는 순간, 서로 다가선 상태는 짜릿한 전류 같은 것을 일으킨다. 그러면 순식간에 사람들은 그 어느 때보다 들뜬 상태로

고양감을 경험하기 시작한다."[241]

이러한 사회 간 감정 상태에 이끌리게 되면, 인간은 개인적인 삶의 영역에서 벗어나 고차원적인 삶의 지향성을 나타내게 된다. 이 과정에서 개인은 자아를 버리고 집단의 이익을 중시하는 태도를 형성하게 된다. 다시 말해, '나'를 버리고 '우리'를 받아들이게 되는 것이다.

인간이 자신을 초월해 보다 더 거대한 조직에 동화될 수 있도록 만들어 주는 군집스위치 중 하나는 경외감이다. 다윈은 자서전에서 이러한 감정 상태를 다음과 같이 기록하였다.

"브라질의 웅장한 삼림 한복판에 섰던 경험을 나는 일지에 이렇게 적었다. 그때의 고차원적인 경험은 미처 생각으로 다 표현하기 어려울 정도다. 내 마음은 경이, 동경, 몰두로 가득 차 고양되었다. 이때 나는 인간이 단순히 몸으로 숨만 쉬며 살아가는 존재가 아님을 확신할 수 있었으며, 그 일은 지금도 생생하게 기억할 수 있다."[242]

온라인 쇼핑몰 자포스(Zappos)의 CEO 토니 셰이(Tony Hsieh)는 자서전에 레이브 파티에서 경험했던 특별한 사회적 감정을 소개한 적이 있다. 그는 레이브 파티에서 군집스위치가 켜졌던 경험을 다음과 같이 기록하였다.

"방 안에 있는 사람들이 마치 수천 명으로 이루어진 하나의 부족 같았고,

디제이는 그 부족을 이끄는 추장 같았다. 가사 없이 일정한 리듬으로 흐르는 전자음의 비트는 마치 심장박동처럼 군중을 하나의 통일된 몸짓으로 이끌었다. 이 순간, 개인적 의식은 존재를 감추고 그 자리에는 하나의 집단의식이 들어선 것 같았다."[243]

이러한 사회 간 감정을 체험한 것은 셰이의 삶에서 전환점이 되었다. 그 후 셰이는 사회적 연대성을 강조하는 회사를 만드는 데 주력하였다.

그 밖에도 인간의 삶에서 군집스위치를 켤 수 있게 해 주는 방법은 다양하다. 조너선 하이트가 조사한 바에 따르면, 합창단에서 노래를 하는 순간, 설교를 듣는 순간, 집회에 참석하는 순간, 명상에 잠기는 순간 등이 그 예들에 해당된다.

인간의 삶에서 군집스위치가 실제로 존재한다면, 그것은 뉴런과 호르몬의 형태로 관찰될 수 있어야 할 것이다. 동물들의 뇌하수체 후엽에서 분비되는 호르몬으로서 흔히 자궁수축 호르몬으로 불리는 옥시토신(Oxytocin)은 대표적인 군집스위치 중 하나다. 옥시토신은 출산 때는 산모에게 모성본능을 일으키도록 해 주며, 호감이 가는 파트너를 보았을 때는 성욕을 유발한다.

사회과학에서 전통적으로 인간은 호모 에코노미쿠스(Homo economicus: 경제인)으로 불려 왔다. 적어도 100년 이상의 역사를 지닌 이러한 관점에 따르면, 인간은 최소한의 비용으로 최대한의 이익을 얻기 위해 노력하는 이기적인 존재이다. 비록 이러한 설명이 인간에 대한 이해를 증진시켜 줄 수 있을지라도, 인간의 이타적인 행동에 관해서는 아무것도 설명해 주지 못한다.

이런 점에 착안해 니컬러스 크리스태키스(Nicholas A. Christakis)와 제임스 파울러(James H. Fowler)는 인간이 다른 사람들과 연결되어 있고, 또 다른 사람들에게 관심을 갖도록 진화해 왔다는 점을 강조하기 위해 인간을 호모 딕티우스(Homo Dictyous: 네트워크인)로 명명하였다. 그들은 이러한 개념의 타당성을 입증하기 위해 쌍둥이를 대상으로 인간의 이타심과 협력 행동의 유전적 특성을 조사하였다.

미국 오하이오주의 트윈스버그(Twinsburg) 지역에는 여름에 쌍둥이날 축제가 열린다. 세계 최대 규모의 쌍둥이 모임의 장인 이 축제에는 매년 1,000쌍이 넘는 쌍둥이가 모인다. 니컬러스 크리스태키스와 제임스 파울러는 이 곳에서 쌍둥이 800명을 대상으로 '신뢰 게임'으로 불리는 간단한 협력 테스트를 진행하였다.[244)]

그들은 쌍둥이들을 각각 모르는 사람들과 짝지은 뒤, 각자에게 첫 번째 사람과 두 번째 사람의 역할을 맡겼다. 신뢰 게임에서는 첫 번째 사람에게 10달러를 주고서 두 번째 사람에게 10달러 중 얼마를 줄 것인지를 선택하도록 요구한다. 이때 첫 번째 사람이 두 번째 사람에게 주기로 결심한 돈의 3배가 두 번째 사람에게 지급된다. 예를 들어, 첫 번째 사람이 두 번째 사람에게 10달러를 주기로 결심하면 두 번째 사람은 그 3배인 30달러를 지급받는다. 그 후 두 번째 사람에게는 첫 번째 사람에게 자신이 받은 돈 중 얼마를 되돌려줄 것인지를 묻는다. 단, 이때 첫 번째 사람에게는 3배가 아니라, 두 번째 사람이 되돌려주기로 한 금액만을 지급한다. 만약 두 번째 사람이 30달러를 받은 후에 첫 번째 사람과 반반씩 나누기로 결심하면, 첫 번째 사람은 처음에 받았던 10달러보다 5달러 더 많은 15달러를 최종적으로 받게 된다.

이 게임을 신뢰 게임이라고 부르는 이유는, 첫 번째 사람이 두 번째 사람에게 얼마를 주기로 결정할 것인지는 그가 두 번째 사람을 얼마나 신뢰하는가에 달려 있기 때문이다. 당연히 첫 번째 사람이 두 번째 사람에게 돈을 더 많이 주면 줄수록 그 사람을 더 많이 신뢰하는 것이 된다. 마찬가지로 두 번째 사람 역시 첫 번째 사람에게 돈을 많이 돌려주면 돌려줄수록 더 신뢰로운 사람으로 평가된다. 결과적으로, 첫 번째 사람과 두 번째 사람 모두 신뢰 수준이 높을수록 협력적이고 이타적인 행동을 더 많이 나타낼 것으로 기대된다.

일란성 쌍둥이와 이란성 쌍둥이에게 신뢰 게임을 실시한 결과, 신뢰 행동에 유전자가 중요한 역할을 하는 것으로 나타났다. 이것은 인간의 이타심과 협력 행동이 유전적 진화의 결과임을 시사하는 증거라고 할 수 있다.

또 니컬러스 크리스태키스와 제임스 파울러는 유전자가 소셜 네트워크에서 담당하는 역할을 알아내기 위해 9만 명이 넘는 청소년들 중에서 선정한 쌍둥이 1,110명을 조사하였다. 그 결과, 학생의 인기도 차이를 유발하는 요인의 46%가 유전적 요인에 의한 것으로 나타났다. 특히 친구들끼리 잘 알고 지내는 친구가 5명인 사람은 친구들끼리 서로 잘 모르는 친구가 5명인 사람과 유전자 구성에서 큰 차이를 보였다. 이것은 한 사람에게서 얻은 유전자 정보를 통해 다른 두 사람이 친구가 될 가능성이 높은지 여부를 판단 내리는 것이 가능할 수 있음을 시사한다. 다시 말해, 철수와 영희와 병수가 한 집단에 소속될 때, 영희와 병수가 친구가 될 가능성을 철수의 유전자를 통해 알아내는 것이 가능하다는 것이다.

넌제로섬 게임

저널리스트 로버트 라이트(Robert Wright)는 인간 사회가 지금까지 진화해 오도록 이끌었던 협력과 연계 운명체의 네트워크인 "넌제로섬"을 제안한 바 있다. 그에 따르면, 인간의 역사는 갈수록 그 수가 더 늘어나고 더 커지며 더 정교해지는 넌제로섬 게임(non-zero-sum game)을 해 오고 있다. 그는 이것을 넌제로섬 원리의 축적(non-zero-sumness)이라고 불렀다. 이것은 일종의 잠재력으로서 게임을 어떻게 하느냐에 따라 이익을 얻을 수도 있고, 또 손실을 볼 수도 있는 가능성에 해당된다. 다행스럽게도 심리학 연구 결과는 로버트 라이트의 관점이 크게 벗어난 것이 아닐 수 있음을 보여 준다.

심리학자인 무자퍼 셰리프(Muzafer Sherif)는 여름 캠프에 참여한 소년들을 대상으로 인간의 본성에 관한 실험을 진행했다.[245] 한 실험에서 그는 소년들을 두 집단으로 구분한 뒤, 한 집단의 이익이 나머지 집단의 손실이 되는 제로섬 게임(zero-sum game)에

투입하였다. 그 결과, 소년들은 호전적인 경쟁심이 불타오르고 전면전 수준의 소요 사태가 벌어졌다. 특히 실험이 끝난 이후에도 두 집단은 서로 접촉할 때마다 서로 비난과 욕설, 그리고 주먹다짐이 오가고는 했다.

나중에 무자퍼 셰리프는 이 두 집단을 다시 넌제로섬 게임 상황에 집어넣었다. 이때 넌제로섬 상황이란 캠프에 물을 공급해 주는 상수관이나 트럭이 고장 나는 문제 상황을 말한다. 이처럼 넌제로섬 게임 상황하에서 반목을 일삼던 두 집단은 서로에 대한 반감을 점차 줄여나가 결국 동료가 될 수 있었다. 이러한 결과는 인터넷과 같은 소셜 네크워크가 넌제로섬 게임 조건하에서 공동의 관심과 우정에 기초한 공동체들을 지속적으로 양산해 낼 수 있다면, 인류를 위협하는 수많은 분쟁(종교 간, 국가 간, 인종 간, 문화 간 균열)을 해결하는 데 기여할 수 있음을 시사한다. 문제는 과연 인터넷과 같은 소셜 네크워크가 공동의 관심과 우정에 기초한 공동체들을 양산하는 것이 가능한가 하는 점이다. 심리학자 대커 캘트너(Dacher Keltner)는 이러한 질문에 대해 낙관적인 답변을 내놓는다.

그는 『선의 탄생』이라는 저서에서 우리 몸이 인(仁)을 구현하도록 만들어졌음을 다양한 데이터를 통해 보여 주었다. 예를 들면, 인간의 삶에서 인류애는 나이가 들어감에 따라 증가하는 양상을 보인다.[246]

대커 캘트너에 따르면, 인간은 선한 존재로 태어났다. 이것은 인간의 경우, 다른 본능이나 동기보다 선한 감정에 대한 동기가 훨씬 더 강하다는 것을 뜻한다. 하지만 그렇다고 해서 무조건적으로 선하게만 행동하는 것은 아니다. 만약 누군가가 무조건적으로 선하게만 행동한다면, 그 사람은 악인에 의해 쉽게 희생당하게 될 것이다. 이러한 조건에서 인간이 사용하는 절묘한 전략 중 하나는 바로 '전염성 있는 협력의 원리(the principle of contagious cooperation)'이다. 이것은 처음에 상대방에 대한 정보가 없는 상황에서는 협력하고, 그다음부터는 상대방이 어떤 행동을 보이든지 간에 그대로 되돌려주는 것이다. 만약 첫 번째 대면에서 상대방이 협력을 하면 자신도 똑같이 협력하고, 만약 첫 번째 대면에서 상대방이 경쟁을 선택하면 자신도 똑같이 경쟁을 선택하는 것이다.

게임 이론가 로버트 액설로드(Robert Axelrod)는 무자비하게 경쟁하는 환경 속에서 어떻게 협력이 지속적으로 나타날 수 있는지를 조사하기 위해 [그림 50]에 소개된 것 같은 죄수의 딜레마 조건하에서 다양한 전략들의 효과를 살펴보았다.[247] 죄수의 딜레마 조건하에서는 나와 상대방이 모두 협력을 선택하면 5.5달러를 받고,

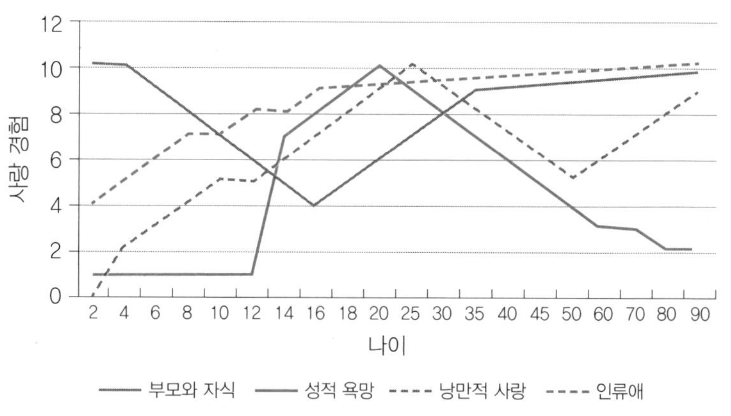

[그림 49] 인류애의 발달

나와 상대방이 모두 경쟁을 선택하면 2.2달러를 받는다. 만약 내가 협력을 선택했는데 상대방이 경쟁을 선택하면 나는 0.8달러를 받는다. 그리고 만약 상대방이 협력을 선택했는데 내가 경쟁을 선택하면 나는 8달러를 받는다. 따라서 죄수의 딜레마 조건에서 나의 이익을 극대화하고자 한다면, 경쟁을 선택하는 것이 유리하다. 하지만 문제는 게임 참여자가 동시에 경쟁을 선택하면 동시에 서로 협력할 때보다 더 불리한 결과를 얻게 된다.

로버트 액설로드의 실험 결과, 인의 정신에 기반한 전염성 있는 협력 원리, 즉 되받아치기 전략이 토너먼트 시합에서 다른 전략을 사용한 집단보다 상대적으로 더 높은 성과를 나타냈다. 이러한 결과는 무자비하게 경쟁하는 환경 속에서도 경쟁보다는 협력이 더 높은 적응적인 가치를 갖는다는 점을 보여 준다.

		상대방의 행동	
		협력	경쟁
나의 행동	협력	5.5	0.8
	경쟁	8.0	2.2

[그림 50] 죄수의 딜레마 게임 조건

VIII
유사이키안(Eupsychian)을 위하여

"어설픈 시인은 흉내 내고, 노련한 시인은 훔친다.
형편없는 시인은 훔쳐 온 것들을 훼손하지만
훌륭한 시인은 그것들로 훨씬 더 멋진 작품을,
적어도 전혀 다른 작품을 만들어 낸다.
훌륭한 시인은 훔쳐 온 것들을 결합해서
완전히 독창적인 느낌을 창조해 내고
애초에 그가 어떤 것을 훔쳐 왔는지도 모르게
완전히 다른 작품으로 탄생시킨다."
–T. S. 엘리엇(Thomas Stearns Eliot)–[248]

에이브러햄 매슬로의 자아실현 이론

얼마 전 『한국인은 미쳤다!』라는 제목의 책이 출간되어 화제가 된 적이 있다. 그 책의 주요 내용은 국내 한 전자 회사의 프랑스 법인장을 지낸 에리크 쉬르데주(Eric Surdej)가 지난 10년간 한국의 대기업에서 경험했던 한국식 기업 문화와 경영 방식을 파헤친 것이다. 그 책에는 인간성이 거세된 성과제일주의 문화가 빚어낸 블랙코미디 같은 우리의 기업 문화의 한 단면이 담겨 있다. 비록 저자인 에리크 쉬르데주가 여러 한국 기업에서 근무했던 것은 아닐지라도, 그가 지적했던 문제는 비단 그가 몸담았던 어느 한 대기업만의 문제는 아닌 것으로 보인다.

세계경제포럼(WEF)이 2015년에 발표한 국가경쟁력 순위 평가에서 조사대상 140개국 가운데 우리나라의 노동시장 효율성은 83위로 매우 낮은 수준을 기록했다. 특히 노사 간 협력 부문에 대한 평가에서는 132위로 세계 최하위권을 나타냈다. 이러한 결과는 사회문화의 측면에서 볼 때, 한국 사회가 대대적인 개혁이 요구되는 절박한 상황이라는 점을 시사한다. 이러한 실정을 감안해 볼 때, 심리학의 거장 에이브러햄 매슬로(Abraham Maslow)가 제안한 깨어 있는(enlightened) 삶을 위한 심리학적 조언은 한국의 사회문화를 개선하는 데 필요한 처방전의 역할을 할 수 있을 것으로 기대된다.

심리학자 앤서니 수티치(Anthony Sutich)에 따르면, 에이브러햄 매슬로는 지그문트 프로이트(Sigmund Freud) 이래로 가장 위대한 심리학자 중 하나로 손꼽힌다.[249] 에이브러햄 매슬로는 기업과 같은 사회조직이 인간 존재에게 이상적인 생태학적 조건이 어떤 것인지를 실험해 볼 수 있는 일종의 실험실 역할을 할 수 있다고 주장한 선구자 중 하나다.

에이브러햄 매슬로가 1943년에 제안한 욕구의 위계 이론은 훗날 MIT의 경영학과 교수 더글러스 맥그리거(Douglas McGregor)가 1960년에 발표한 기업조직에서의 X · Y이론의 토대가 되었다. 더글러스 맥그리거는 채찍과 당근으로 대표되는 전통적인 관리방식

(X이론)을 비판하면서 동기부여와 자기통제를 바탕으로 조직의 목적을 달성하고자 하는 관리이론(Y이론)을 제안하였다.

사실 대부분의 사회조직에서는 아직도 X이론식 관리방식이 지배적이다. X이론의 신봉자들은 전통적으로 사회조직을 관리할 때, 구성원들을 전적으로 신뢰하는 것은 비현실적인 일이라고 믿는다. 바로 그렇기 때문에 이러한 인간관에서는 구성원들을 지속적으로 체크하고 관리하는 것이 리더의 책무가 된다.

하지만 에이브러햄 매슬로는 특정 시점에서의 생산성과 효율성보다는 보다 장기적인 안목에서 인간적인 요소를 더 강조하였다. 그에 따르면, 경영은 인간의 자아실현 과정과 불가분의 관계를 맺고 있다. 비록 외견상 인간의 삶에서 자아실현보다 다른 가치가 더 중요한 핵심 요소 중 하나인 것처럼 보일 때가 있을지라도, 장기적인 안목으로 내다볼 경우, 삶의 성패에서 그러한 가치보다 더 결정적인 역할을 하는 것은 바로 개인의 자아실현과 같은 인간적인 요소이다.

어떤 사회적 활동이든지 간에 핵심적인 목표 중 하나는 "경쟁자 혹은 경쟁조직과의 비교 평가 상황하에서 다른 사람들로부터 선택을 받기 위해서는 어떤 노력이 필요한가?" 라는 문제를 해결하는 것이 된다. 에이브러햄 매슬로는 비록 단기적으로는 X이론식의 철권통치가 지배하는 조직이 승리할 것처럼 보일지라도, 결국은 인간적으로 매력적인 방식으로 활동하는 개인 또는 조직, 즉 자아실현을 기반으로 실천하는 개인과 조직이 다른 사람들로부터 더 큰 사랑을 받게 될 수밖에 없다고 주장하였다.

[그림 51] 에이브러햄 매슬로

결핍욕구와 한계효용체감

에이브러햄 매슬로의 심리학에서의 핵심은 바로 '욕구의 위계(hierarchy of needs)'라는 개념이다. 그에 따르면, 인간에게는 두 가지 욕구가 존재한다. 그 하나는 결핍욕구(deficiency needs)이다. 결핍욕구에서는 주로 개인이 외부로부터 욕구충족을 얻으며, 일단 욕구가 충족되고 나면 한동안 욕구대상의 유인 기능이 크게 감소하거나 거의 소멸되어 버린다. 예컨대, 결핍욕구의 하나인 식욕의 경우 우리는 욕구의 대상이 되는 음식물을 주로 외부에서 얻으며, 일단 굶주린 배를 채우고 나면 한동안 맛있는 요리를 보아도 별로 식욕이 동하지 않게 된다.

하지만 외견상 일부 결핍욕구는 어느 정도 욕구가 충족된 이후에도 여전히 욕구대상의 유인 기능이 감소하거나 소멸되지 않는 것처럼 보이기도 한다. 그 대표적인 예가 금전욕이나 소유욕 같은 것들이다. 인간의 삶에서 욕심은 끝이 없는 것처럼 보이기 때문에, 돈을 벌고자 하는 욕구도 한없이 지속되는 것 같은 인상을 줄 수 있다.

그러나 금전욕이나 소유욕 같은 욕구들도 명백히 한계효용체감의 법칙의 지배를 받는 욕구들에 해당된다. 한계효용은 소비하는 재화의 마지막 단위가 가지는 효용을 말한다. 즉, 만 원을 벌면 만 원의 효용이 한계효용이고, 그 후 다시 만 원을 더 벌게 되면 추가된 만 원의 심리적 가치가 바로 한계효용이 되는 것이다. 그런데 이러한 소득 과정이 오랫동안 되풀이되면 만 원을 손에 쥐게 될 때마다 얻게 되는 만족감이 점점 감소하게 되는데, 이것을 한계효용체감의 법칙이라 부른다.

OECD 국가들의 1인당 GDP와 행복도 간 관계를 조사한 연구결과에 따르면,[250] 1인당 GDP가 일정 수준 이상 증가하게 되면 더 이상 삶의 만족도는 증가하지 않는 것으로 나타났다. [그림 52]의 그래프는 국민의 경제력 수준이 행복에 미치는 효과가 한계효용체감의 법칙의 영향력하에 있음을 보여 준다. 이러한 점은 가계소득과 행복도 간 관계를 조사했을 때도 유사한 패턴을 보인다.

에이브러햄 매슬로는 한계효용체감의 법칙의 지배를 받는 대표적인 결핍욕구를 4가지 유형으로 제시하였다. 결핍욕구 중 가장 기본적인 욕구는 바로 '생물학적 욕구(biological needs)'로서 배고픔, 갈증 등이 여기에 해당된다. 두 번째 결핍욕구는 '안전의 욕구

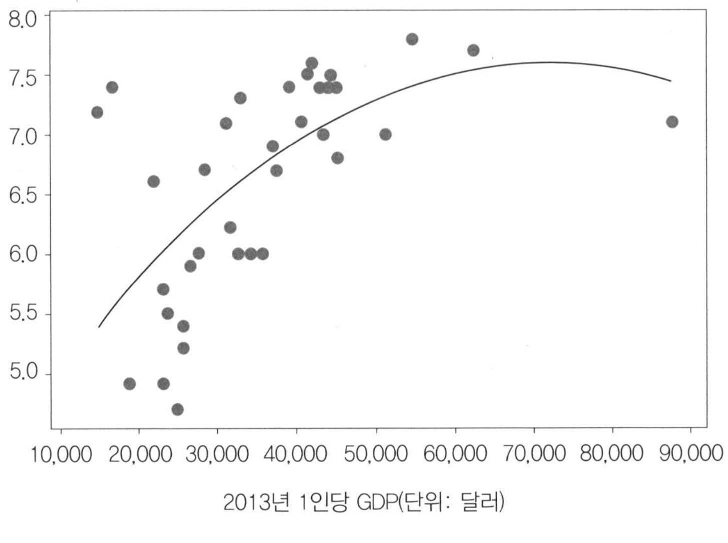

[그림 52] OECD 국가들의 1인당 GDP와 행복도 간 관계

(safety and security needs)'이다. 개인이 장기적인 안정을 추구하고자 하는 것이 바로 여기에 해당된다. 세 번째 결핍욕구는 '소속과 애정의 욕구(belongingness and love needs)'이다. 위험에 대한 걱정이 사라지면, 우리는 사회적 관계를 맺고 사랑하는 동시에 사랑받기를 간절히 원하게 된다. 네 번째 결핍욕구는 '자아존중의 욕구(esteem needs)'이다. 개인은 타인으로부터 존중받는 동시에 스스로에 대해 유능하다고 믿고 또 자신감을 가지고 싶어 한다.

에이브러햄 매슬로가 제시한 결핍욕구들은 그 의미가 기계적으로 고정되어 있는 것이 아니라, 상황과 맥락에 따라 다른 의미를 가질 수 있는 상징적인 표현이라는 점에 주목할 필요가 있다. 예를 들면, 빈곤한 국가들의 국민들이 경험하는 의식주 문제와 관련된 금전욕은 생물학적인 욕구의 일종일 수 있다. 대조적으로 산업화된 사회에서 'VVIP(Very Very Important Person)' 멤버십에 가입하고자 할 때 문제가 되는 금전욕은 자아존중의 욕구에 해당될 수 있다.

에이브러햄 매슬로에 따르면, 결핍욕구들은 공통적으로 우리가 외부 현실을 올바르게 인식하지 못하도록 방해한다. 이러한 동기들은 사람들로 하여금, "먹여 줘! 사랑해 줘! 존중해 줘!"라는 식의 요구적 태도를 나타내도록 만든다. 이러한 내적 요구의 압력이 심해지면 심해질수록, 당사자가 현실을 왜곡하게 될 가능성도 커지게 된다. 에이브러햄 매슬로에 따르면, 결핍욕구에 기초해 발현되는 행동은 비유적으로 표현한다면, 마치 세상을 흐릿한 렌즈를 통해 바라보는 것과 유사하다고 할 수 있다.

메타욕구와 탈(脫)한계효용체감

에이브러햄 매슬로는 결핍욕구와는 대비되는 개념으로 메타욕구(meta needs)를 제안하였다. 에이브러햄 매슬로가 제시한 가장 대표적인 메타욕구는 바로 자기실현의 욕구(need for self-actualization)이다. 이것은 잠재력을 충족시키고 의미 있는 목표를 달성하고자 하는 욕구를 의미한다.

메타욕구는 개인이 주로 내부로부터 욕구충족을 얻으며, 욕구충족이 이루어진 후에도 마치 샘물이 솟아나듯 계속해서 동기유발이 이루어진다. 결핍욕구와는 달리, 메타욕구가 한계효용체감의 법칙의 예외가 될 수 있는 비결은 긍정적 중독(positive addiction) 기제와 밀접한 연관이 있다.

자기실현의 욕구에 기초해 표현되는 행동은 흐릿한 렌즈가 아니라 선명한 렌즈로 세상을 바라보는 것과 비슷하다고 할 수 있다. 자아실현을 하고자 하는 메타욕구로 충만된 사람은 더 이상 결핍을 충족시키기 위해 다른 사람들에게 요구적인 태도를 취하지 않는다. 이러한 사람들은 더 이상 결핍으로 인한 두려움과 자기의심에 허우적거리지 않을 수 있게 된다. 그들은 보다 수용적인 방식으로 외부 세계와 안정적인 관계를 맺으며, 즐겁고 보람 있는 삶을 영위할 수 있게 된다.

에이브러햄 매슬로는 메타욕구에 기초한 삶을 살아가는 사람이 바로 건강한 성격의 소유자라고 하였다. 그에 따르면, 사람들이 4가지 결핍동기들을 완전하게 충족하더라도 여전히 메타욕구를 충족시키고자 하는 동기는 남아 있게 된다. 에이브러햄 매슬로는 4가지 결핍욕구와 하나의 메타욕구가 [그림 53]처럼 위계적으로 구성되어 있다고 주장하였다.

에이브러햄 매슬로의 욕구의 위계 이론과 관련해서 결핍욕구들이 중요하지 않다고 오해해서는 안 된다. 그보다 에이브러햄 매슬로 주장의 요지는, 제아무리 네 가지 결핍욕구들이 잘 충족되더라도 메타욕구인 자아실현의 욕구는 언제나 남아 있기 마련인 것이 바로 인간의 본성이라는 것이다. 따라서 지속적인 성장이 가능한 형태의 기업 경영을 위해서는 금전욕 혹은 소유욕과 같은 결핍욕

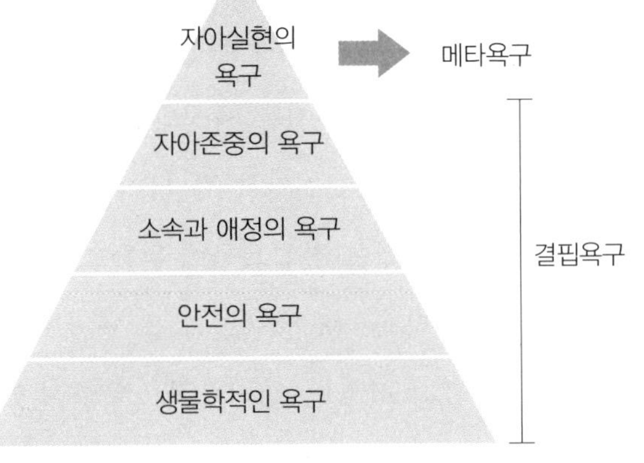

[그림 53] 욕구의 위계

구가 아니라 메타욕구에 초점을 맞출 필요가 있다.

유사이키안

에이브러햄 매슬로는 심리학을 연구하는 과정에서 '유사이키아(Eupsychia)'라는 신조어를 고안해 냈다.[251] 'eu'는 그리스어로 '좋은' 또는 '훌륭한' 이라는 뜻이고 'psyche'는 '영혼' 또는 '정신'을 의미한다. 에이브러햄 매슬로에 따르면, 유사이키아는 정신적으로 건강한 사람들, 즉 자기실현한 사람들 1,000명이 속세와 단절된 외딴 섬에서 고유하게 만들어 낸 문화적 공동체를 말한다. 이런 점에서 유사이키아는 심리적으로 건강한 사회 또는 조직이라고 할 수 있다.

한번 머릿속으로 떠올려 보라! 정신적으로 건강한 사람들 1,000명이 생활하는 사회가 어떤 모습을 하고 있겠는가? 그리고 그러한 사회는 보통 사람들 1,000명이 사는 사회와 무엇이 또 어떻게 다르겠는가? 여기서 정신적으로 건강한 사람들은 "먹여 줘! 사랑해 줘! 존중해 줘!"라고 요구하는 결핍욕구에 휘둘리는 삶을 살지 않고, 자아실현이라는 메타욕구에 충실한 삶을 사는 사람들을 말한다. 에이브러햄 매슬로에 따르면, 심리학적으로 깨어 있는 경영을 하고자 하는 CEO라면, 이러한 가상의 정신적 공동체의 모습에 대해서 생생하게 떠올려 본 후 현재 자신이 속한 조직과 비교해 봄으로써 교훈을 얻을 필요가 있다.

에이브러햄 매슬로는 유사이키아가 갖는 중요한 특징 중 하나를 '시너지(synergy)'라고 명명하였다. 시너지는 한 개인에게 이득이 되는 것이 곧 조직이나 기관에 속한 모든 구성원에게도 도움이 되는 문화를 말한다.

시너지가 높은 조직은 안정적이고 자비로운 분위기 속에서 조직원들의 사기가 높고 팀워크가 잘 발휘되는 반면, 시너지가 낮은 조직은 불안정하고 끊임없는 갈등 속에서 조직원들의 의욕이 저하되어 있고 팀워크가 잘 발휘되지 않는다. 시너지가 높은 조직이 탄생하기 위해서는 개인적인 만족을 얻고자 노력하는 것이 곧 다른 사람을 돕는 일이 되는 동시에, 개인의 이타적인 노력이 곧 자기 자신을 만족시키는 일이 될 수 있어야 한다. 그렇다면 인간의 삶에서 이타심과 이기심 간의 이분법이 사라지는 동시에 그 둘이 하나로 통합되도록 하기 위해서, 다시 말해 유사이키아 조직을 만들기 위해서는 어떤 노력이 필요한가? 이 문제에 대한 해답을 얻기 위해서는 자아실현의 개념에 대해 조금 더 자세히 살펴볼 필요가 있다.

자아실현과 절정경험 그리고 Z이론

에이브러햄 매슬로는 역사적인 인물들, 예를 들면 링컨과 같은 위대한 인물들에 대한 사례 연구 및 경험적 연구를 통해 개인적인 성장을 지속시키는 건강한 성격의 특징을 밝히고자 했다. 심리학의 제3 세력이라고도 불리는 에이브러햄 매슬로의 인본주의(humanism) 이론은 정신역동적 접근과 행동주의적 접근이 인간을 지나치게 부정적이고 수동적인 존재로 인식한다고 비판하면서, 근본적으로 인간의 긍정적인 면을 강조한다. 인본주의에 따르면, 인간은 자유의지와 통합성, 성장을 향한 잠재력을 갖춘 존재이다. 즉, 인간은 환경이나 과거에 의해 결정적인 영향을 받는 것이 아니라, 자기결정(self-determination)이 가능하며 자아실현을 향해 나아가는 존재라는 것이다. 이런 점에서 에이브러햄 매슬로는, 프로이트가 심리학의 병든 반쪽을 우리에게 주었기 때문에 나머지 건강한 반쪽을 채워야 하는 것이 의무로 남겨져 있다고 주장하기도 하였다.

에이브러햄 매슬로는 자아실현을 하는 순간에 개인이 심리적

으로 극도의 행복감을 느끼는 것을 '절정경험(peak experience)'이라고 정의하였다. 그에 따르면, 절정경험은 자신이 우주의 중심이 되고 또 세계가 자신과 합일되는 것 같은 신비적인 체험을 동반하게 된다. 그리고 그는 절정경험을 하는 사람은 극도의 쾌감 속에서 동서남북을 분간하지 못할 뿐만 아니라, 시간에 대한 감각도 잃어버리게 된다고 주장하였다.

에이브러햄 매슬로는 절정경험이 주는 쾌감이 그 어떤 결핍동기에 의한 만족감보다도 더 크고 강렬하다고 주장하였다. 따라서 누군가가 절정경험을 맛볼 수 있는 순간을 눈앞에 둔 상태에서 포기하기로 결정한다면, 그것은 어리석은 선택이 될 수밖에 없다. 에이브러햄 매슬로는 한 번이라도 진정한 절정경험을 맛본 적이 있는 사람은 절대로 이러한 어리석은 선택을 하지 않는다고 주장했다.

에이브러햄 매슬로에 따르면, 인간의 잠재력이 온전히 실현됨으로써 사람들이 내면의 평화를 누리기 위해서는 '음악가는 음악을 할 수밖에 없고, 화가는 그림을 그릴 수밖에 없으며, 시인은 시를 쓸 수밖에 없다. 이런 점에서 인간은 자신이 될 수 있는 것, 바로 그것이 되어야 한다. 이것이 바로 인간의 자기실현의 욕구'이다.[252]

에이브러햄 매슬로는 우리 모두가 링컨(Abraham Lincoln)과 같은 위대한 영웅이 되려고 노력할 필요는 없다고 말했다. 대신 우리는 각자 자신의 삶에서 스스로 어떠한 노력을 기울이는가에 따라 달라질 수 있는 자신의 가능한 삶의 모습들 중에서 '최선의 삶' 혹은 '최상의 삶'을 살고자 노력하면 된다. 삶에서 필요한 노력은 오직 이것뿐이다. 그리고 삶에서 우리가 최선을 다해서 할 수 있는 일 역시 이것뿐이다. 이런 점에서 '홍길동'은 세상에서 가장 훌륭한 '홍길동'이 되어야 한다.

에이브러햄 매슬로는 사람들이 결핍욕구가 충족되고 나면, 자아실현에 특별한 관심을 나타내게 된다고 보았다. 그는 이러한 관점을 스스로 Z이론이라고 명명하였다. Z이론에서는 인간의 삶에 금전적인 보상 이외에도 다양한 형태의 보상이 존재한다고 제안한다.

에이브러햄 매슬로에 따르면, 사회가 물질적으로 풍요로워질 경우 외견상 여전히 돈이 중요한 가치인 것처럼 보일지라도, 실제로 돈은 수단적인 가치로 변하게 된다. 이러한 사회에서 돈은 그 자체로서 중요해지기보다는 사회적 지위와 성공을 나타내 주는 동시에 자아실현의 수단이라는 상징적인 의미를 갖게 된다. 골드칼라(gold collar) 노동자들이 그 대표적인 예이다. 이들은 '자신만이 할 수 있는 일'을 하는 사람들로서 적성에 맞는 분야에서 창의성을 발휘해 새로운 가치를 창조하는 지식창조형 전문가들을 말한다. 그리고 직원의 창의성을 높이기 위해 직원들에게 최대한 자율성을 보장해 주는 구글 같은 회사를 '골드회사'라고 부른다.

긍정조직을 위한 스쿨버스 테스트

에이브러햄 매슬로에 따르면, 리더가 직원들에게 내재한 인간적 본성을 과소평가하는 것은 비일비재한 일이다. 만약 리더가 "팀원들의 창의성을 증진시키기 위해 무엇을 해야 하는가?"라고 묻는다면, 그것은 핵심을 비껴 나간 질문에 해당된다. 그보다는 "도대체 팀원들의 창의성을 가로막고 있는 장벽은 무엇인가?"라고 묻는 것이 올바른 질문이 된다.

피터 드러커는 임원들을 대상으로 강의를 하던 중에 불쑥 다음과 같은 질문을 던진 적이 있다. "당신 회사에 쓸모없는 사람들이 많다고 생각되는 사람은 손을 한번 들어 보세요." 그러자 상당수의 임원들이 손을 들었다. 그때 피터 드러커는 다음과 같이 말했다. "그렇다면, 그들은 당신 회사에서 입사 면접을 치를 때부터 쓸모가 없었던 사람들이었습니까, 아니면 회사에 들어오고 난 다음부터 쓸모없게 된 것입니까?"[253]

만약 전자가 사실이라면, 그러한 임원들이 일하는 회사는 당장 신입 사원 선발기준부터 바꿔야 할 것이다. 그리고 만약 후자가 사실이라면, 그러한 임원들은 에이브러햄 매슬로가 제안한 깨어 있는 경영을 위한 심리학적 조언에 귀 기울일 필요가 있다. 그 과정에서 경영 컨설턴트 사이먼 사이넥(Simon Sinek)이 소개한 '스쿨버스(school bus) 테스트'[254]를 활용하는 것도 도움이 될 수 있다.

사이먼 사이넥은 조직이 지속 가능한 성장을 이루기 위해서는 해당 조직의 리더가 스쿨버스 테스트를 무사히 통과할 필요가 있다고 제안하였다. 조금 슬픈 상상이긴 하지만, 사고 실험의 차원에서 스스로에게 다음과 같은 질문을 해 보기 바란다. 만약 당신이 리더라면, 어느 날 당신이 예기치 않게 스쿨버스에 치여 세상을 떠나게 되었다고 가정해 보라. 그렇다면 그러한 사건이 일어난 후에 당신이 속한 조직에는 어떤 일이 일어나겠는가?

아마 권위적인 리더가 활동하는 조직에서는 모든 업무가 사실상 마비될 것이다. 에이브러햄 매슬로가 비록 단기적으로는 X이론식의 철권통치가 지배하는 조직이 승리할 것처럼 보일지라도, 결국은 깨어 있는 경영을 실천하는 조직, 즉 자아실현을 기반으로 조직화된 기업이 궁극적으로는 승리하게 될 것이라고 예측한 이유가 바로 여기에 있다. 권위적인 리더의 힘에 의지해 성장을 해나가던 기업은, 결국은 권위적인 리더의 퇴장과 더불어 성장엔진이 멈추게 될 수밖에 없다.

그렇다면 스쿨버스 테스트를 통과한다는 것은 무엇을 뜻하는가? 다음에 소개되는 존슨 앤 존슨(Johnson & Johnson)사 이야기는 에이브러햄 매슬로가 제안한 유사이키아, 즉 긍정조직의 모범 사례라고 할 수 있다.

유사이키아 조직, 존슨 앤 존슨

유사이키아 조직의 대표적인 예로는 랄프 라센(Ralph S. Larsen)이 CEO로 재직하던 시기(1989~2002년)의 존슨 앤 존슨을 들 수 있다. 존슨 앤 존슨은 세계적인 종합제약업체로 의약품, 의료기구 및 건강관리제품 등을 생산한다. 존슨 앤 존슨은 미국의 다우지수를 구성하는 30개 우량기업 중 하나이다. 랄프 라센이 CEO로 재임하던 시기인 1999년과 2000년에 존슨 앤 존슨은 연속해서 『월스트리트 저널』이 선정하는 '미국의 존경받는 기업 1위'에 선정되기도 하였다.

랄프 라센이 CEO가 되었을 때, 존슨 앤 존슨은 변화가 절실히 요구되는 상황이었다.[255] 당시 GDP 대비 적정 수준의 헬스케어 비용을 고려해 볼 때, 헬스케어 비용의 상승 가능성이 이미 한계에 다다른 시점이었고, 따라서 존슨 앤 존슨은 상당한 수준의 비용절감 노력을 기울여야 하는 상황이었다. 예컨대, 당시에 미국은 GDP 대비 12퍼센트를 넘는 수준으로까지 헬스케어 비용이 상승했다.

헬스케어의 과도한 사회적 비용이 사회적인 이슈로 떠오르는 상황에서 일반적인 집행비용을 비교했을 때, 경쟁사에 비해 존슨 앤 존슨 내부의 집행비용에는 약 30% 수준의 거품이 끼어 있다는 자체 평가가 내려졌다. 이것은 존슨 앤 존슨 내부 조직에 심각한 비효율성이 존재한다는 점을 뜻하는 것이었다. 그래서 랄프 라센은 존슨 앤 존슨이 미래에도 살아남기 위해서는 엄청난 양의 비용 절감이 필요하다고 판단했다.

이러한 상황에서 랄프 라센은 마치 레몬에서 즙을 짜내듯이, 직원들에게 정교하게 조직화된 재정목표를 제시하고 따르라고 요구하는 것은 효율적이지 않다고 보았다. 이러한 접근은 직원들이 문제를 생산적으로 해결하도록 이끌기보다는, 방어적이고 비효율적으로 대응하도록 만들기 때문이다. 랄프 라센은 기업 경영진이 흔히 선택하는 이러한 방법을 사용하기보다는, 존슨 앤 존슨이 앞으로 나아갈 방향을 정하는 데 구성원 모두가 공동으로 참여하는 방식을 선택했다. 그에 따르면, 명령은 효과가 없다. 일반적으로 직원들은 명령한 사람이 지쳐 버릴 때까지 명령을 그냥 흘려버리기 일쑤이기 때문이다.

이때 랄프 라센은 헬스케어 비용이 지속적으로 상승하는 문제를 존슨 앤 존슨 내부의 문제로 한정짓기보다는, 세계적인 차원의 합리적인 헬스케어 체계를 정립해야 할 필요성이 있음을 보여 주는 사건으로 규정지었다. 이런 맥락에서 랄프 라센은 세계에서 가장 경쟁력 있는 헬스케어 시스템을 창출함으로써 인명을 구하는 데 기여하자는 핵심가치를 구성원 모두가 공유하도록 한 후, 기업의 최하 단위까지 자치적 경영권을 부여하였다.

그 결과, 존슨 앤 존슨의 직원들은 위기 상황에서 방어적으로 행동하기보다는, 마치 북극성처럼 작동하는 핵심가치를 중심으로 밤하늘에 별자리가 펼쳐지듯이 조직적이고 조화된 방식으로 활동했다. 결국, 랄프 라센의 리더십하에 존슨 앤 존슨은 5년에 걸쳐 연간 무려 20억 달러에 달하는 비용을 성공적으로 절감할 수 있었다. 더 놀라운 점은 이러한 성과를 내고도 존슨 앤 존슨의 직원들이 아무도 성과급을 지급받지 않았다는 점이다. 이 놀라운 일이 가능했던 비결은 랄프 라센이 존슨 앤 존슨을 유사이키아 조직으로 이끌었던 데 있다.

[그림 54] 랄프 라센(Ralph S. Larsen)

능력자, 애그리던트

에이브러햄 매슬로는 생물학적으로 우월한 사람을 '애그리던트(aggridant)'라고 불렀다. 그는 생물학자 윌리암 도브(William F. Dove)의 우월한 닭 실험이 리더십에도 적용될 수 있다고 판단했다.

윌리암 도브는 생물학적으로 우월한 닭의 특징을 다음과 같이 소개하였다. 우월한 닭들은 깃털과 볏이 더 건강하고, 건강한 알을 더 많이 낳았으며, 무게도 많이 나가고, 힘도 좋았으며, 모이도 더 잘 먹었다. 특히 우월한 닭들은 보통 닭들보다 스스로 몸에 더 좋은 모이를 골라 먹는 경향을 나타냈다. 한 가지 흥미로운 점은, 우월한 닭들이 선택했던 모이를 열등한 닭들에게 강제로 먹이면 열등한 닭들도 우월한 닭처럼 여러 가지 신체적 조건과 행동들이 일부 개선되는 효과를 나타냈다. 하지만 이 경우에도 유전적으로 우월한 닭들만큼 체구가 커지거나 건강해지지는 못했다.

인간의 경우에도 생물학적으로 우월한 사람은 존재할 수밖에 없다. 에이브러햄 매슬로는 이러한 애그리던트들은 자연스럽게 리더가 될 것이라고 예측했다. 왜냐하면 일반적으로 애그리던트들은 윌리암 도브의 우월한 닭들처럼 바람직한 대부분의 행동특성들에서 우수한 수행을 나타낼 것이기 때문이다.

에이브러햄 매슬로는 긍정조직을 위해서는 애그리던트들과 관련해서 프리드리히 니체가 지적한 '약자의 원한' 문제가 조직의 성장을 방해하는 걸림돌로 작용하지 않도록 하는 장치가 필요하다고 보았다. 니체는 사회적 약자들이 강자에 대해서 갖는 패배주의적 분노를 '르상티망(원한: ressentiment)'이라고 정의하였다.

니체에 따르면, 약자들은 자신들이 위험에 빠질 수 있다는 두려움 때문에 공포에 사로잡혀 무리 짓는 경향이 있다. 그 후 이들은 자신의 무리 바깥에 있는 사람들을 비난하기도 한다. 그렇기 때문에 니체의 관점에서 보면, 이들은 조직을 퇴보하도록 만드는 위험한 존재라고 할 수 있다. 에이브러햄 매슬로도 이러한 점에서는 니체의 견해에 동의한다.

에이브러햄 매슬로는 열등한 사람들이 우월한 사람들을 존중해 주지 않는 조직은 결코 발전할 수 없다고 주장했다. 그에 따르면, 적어도 조직이 발전하기 위해서는 열등한 사람들이 우월한 사람들을 증오하거나 공격하지 않도록 막아 주는 안전장치가 필요하다. 이런 점에서 에이브러햄 매슬로는 정신병 환자, 편집증 환자, 지적 장애인, 알코올 또는 약물 중독자들은 깨어 있는 경영의 대상에서 반드시 제외되어야 한다고 주장했다.

한편, 에이브러햄 매슬로는 애그리던트들이 조직의 리더가 되기 위해서는 그들이 심리적으로 건강한지 여부가 반드시 사전에 검증될 필요가 있다고 주장했다. 심리적인 건강과 관련된 전문적인 평가 과정을 거쳐 애그리던트들이 조직의 리더가 되면, 조직은 그들에게 최대한 자유로운 기회를 보장해 주는 것이 바람직하다. 애그리던트들은 자신의 의지대로 밀고 나가려는 의지가 강하며, 그러한 활동들에서 특별한 즐거움을 얻는다. 에이브러햄 매슬로는 심리적으로 건강한 애그리던트들에게 기회가 주어질 경우, 더 나은 세상을 만드는 최선의 방법들을 그들이 몸소 보여 주게 될 것이라고 예측했다.

단, 애그리던트가 생물학적으로 완벽한 인격을 갖춘 사람으로 태어난다고 오해하지 않기를 바란다. 애그리던트는 단지 기질적으로 우월한 유전인자를 타고나는 것뿐이며, 그러한 유전인자가 개화하고 또 열매를 맺기 위해서는 심리적인 성숙 과정을 반드시 거쳐야 한다. 메피스토펠레스(Mephistopheles)의 말처럼, "인간은 노력하는 한 방황하는 법"[256]이기 때문이다.

보이지 않는 리더

흔히 사람들은 리더가 집단을 효과적으로 이끌기 위해서는 특별한 자질을 갖추고 있어야 한다고 믿는다. 그러한 자질들로는 선견지명, 카리스마, 사교성 등이 있다. 하지만 노자(老子)의 도덕경(道德經) 17장에 따르면, "최상의 지도자는 아랫사람이 다만 윗사람이 존재한다는 사실만을 아는 지도자이다. 백성들이 다정함을 느끼고 칭송하는 지도자는 그다음이고, 지도자를 두려워하는 것은 그 아래이며, 백성들이 업신여기게 되면 가장 낮은 수준의 지도자이다." 이런 점에서 유사이키아의 개념은 도덕경에 등장하는 이상적인 리더와 상통한다고 할 수 있다.

한 실험에서 참여자들을 벽에 A에서 J까지 일정한 간격으로 표지가 붙어 있는 둥근 방 안에서 자유롭게 걷게 하였다.[257] 참여자들은 일반적인 속도로 걷되, 특별한 지시가 있기 전까지는 멈추지 말라고 지시받았다. 방 안에서는 말이나 손짓을 사용해서는 안 되며, 어느 곳이든지 걸어갈 수 있지만 적어도 한 명 이상의 다른 학생과 팔을 뻗으면 닿을 수 있는 거리를 유지하도록 요청하였다. 이것은 무리를 짓되, 특별한 목표를 공유하지는 않는 집단 조건을 갖추기 위해서였다. 한편, 일부 학생들에게는 특정한 글자(예컨대, J)를 향해 가되, 무리를 벗어나지는 말라는 추가 지시를 비밀리에 주었다. 드디어 걸음을 멈추라는 신호가 주어졌을 때, 참여자들의 대부분은 동일한 글자 근처에 가 있었다. 참여자들은 해당 글자에 모이도록 유도되었지만 아무도 그 사실을 인지하지 못했다. 이러한 결과는 구성원 전체가 공유하는 단일한 목표가 없는 상황에서도 일부 구성원들이 다른 구성원들에게 보이지 않는 리더의 역할을 하여, 전체 조직이 마치 처음부터 하나의 목표를 공유하고 행동하는 것처럼 만들 수 있음을 시사한다.

컴퓨터 시뮬레이션 결과, 집단이 클수록 집단에서 보이지 않는 리더의 역할을 하는 구성원의 비율은 낮아진다. 보이지 않는 리더 실험의 경우, 특별한 정보를 가진 참여자의 수가 전체 집단의 5%일 때 전체 집단원 중 약 90%의 인원을 목표지점으로 유도하는 데 성공하였다.

오르페우스 체임버 오케스트라(Orpheus Chamber Orchestra)는 집단 내부에서 활동하는 보이지 않는 리더라는 개념이 현실에서 작동하는 대표적인 예이다.[258] '지휘자 없는 교향악단'으로 유명한 오르페우스 체임버 오케스트라는 26명의 뉴요커가 모여 결성한 실내관현악단이다.

오르페우스 체임버 오케스트라의 결성 계기는 1972년 몇 명의 음대 졸업생들이 소규모 연주단을 창단하기로 의기투합한 것이었다. 첼리스트인 줄리안 파이퍼(Julian Fifer) 등 창업자들은 다음의 두 가지 이유에서 지휘자 없는 연주단을 결성하기로 하였다.

첫째, 상업적 공연을 목표로 하기보다는 음악 동호인들끼리 순수하게 음악을 즐겨 보자는 취지였다. 연주자 모두가 즐길 수 있는 악단을 만들려면 그 누구에게도 지배받지 않는 상호 동등한 관계가 필요하다고 보았고, 이런 이유로 지휘자를 두지 않은 채 집단 의사 결정 방식을 취하기로 한 것이었다. 둘째, 음악 동호인 모임이었기 때문에 외부의 지휘자에게 별도의 비용을 지불하기 어렵다는 경제적인 이유도 영향을 주었다.

오르페우스 체임버 오케스트라의 존재가 입소문을 통해 알려지면서, 그러한 운영 방식에 매료된 연주자들이 점차 늘어나 자동적으로 단원들도 증가했다. 처음에는 동호인 중심의 현악기 단원들

[그림 55] 오르페우스 체임버 오케스트라

로만 출발했지만, 나중에 가서는 관악기 연주자를 비롯해 다른 오케스트라 단원들도 동참했다. 규모가 점차 커지면서 외부 공연도 자연스럽게 증가했고, 나중에는 이 오케스트라를 경제적으로 후원하겠다는 사람들도 나타났다.

그 후 이 악단은 그래미상을 2차례나 수상한 바 있는 명문 관현악단이 되었다. 이들은 지휘자 없이 민주적인 방식으로 아름답게 조화된 소리를 빚어낸다. 오케스트라 조직에서 지휘자 없이 세계적인 수준의 연주로 다양한 청중을 만족시키는 그들의 창조적 활동은 세계적인 기업들의 주목을 끌기도 했다. 그 결과, 이들의 성공은 '오르페우스 프로세스'란 전문 용어를 파생시키기도 했다.

오르페우스 체임버 오케스트라는 보이지 않는 리더를 통해 성공적으로 연주를 수행한다. 이들의 연주에서는 소수의 핵심단원이 곡마다 음악적 방향을 잡는다. 그리고 다른 연주자들은 핵심적인 역할을 수행하는 단원들과 호흡을 맞추기 위해 노력한다. 그렇기 때문에 오르페우스 체임버 오케스트라처럼 보이지 않는 리더가 조직을 이끌기 위해서는, 서로를 존경할 줄 아는 사람들이 모여야 한다는 절대조건이 충족되어야 한다.

조너선 하이트에 따르면, 21세기형 리더는 사람들 속에 내재한 군집스위치를 잘 켤 줄 아는 사람이다.[259] 그는 리더십을 두 가지로 구분하였다. 하나는 거래적(transactional) 리더십이고, 나머지 하나는 변혁적(transformational) 리더십이다.

거래적 리더십은 추종자들이 누군가를 따를 때 얻게 되는 개인적 이익에 기초해 형성된다. 반면에 변혁적 리더십은 추종자들로

하여금 스스로에 대한 인식을 바꾸도록 유도한다. 즉, 스스로를 고립된 개인이 아니라, 자기보다 더 거대한 조직의 일원으로서 인식하게 만든다. 변혁적 리더들은 구성원들과의 동질성을 강조함으로써 집단의 가치를 실현하고 공동의 이익을 성취해 나간다.

조너선 하이트는 변혁적 리더십의 대표적인 예로 존 F. 케네디(John F. Kennedy) 대통령의 '묻지 마십시오(Ask not)' 연설문을 꼽았다. 널리 알려진 대로, 존 F. 케네디는 대통령 취임사에서 역사에 길이 남을 명연설을 남겼다. "그러니 국민 여러분, 국가가 나를 위해 무엇을 해 줄 수 있는지를 묻지 말고, 내가 국가를 위해 무엇을 할 수 있는가를 물으십시오."[260] 이처럼 긍정조직에서 리더는 자신보다 더 큰 존재에 봉사하고 헌신하고 싶어 하는 대중들의 열망, 즉 '나(me)'가 아니라 '우리(we)'가 되고자 하는 열정에 대한 촉진자 역할을 수행할 것을 요구받게 된다.

맺는 글: 마음속 반려자와 행복하게 지내기

"누구나 한 번은 길을 잃고,
누구나 한 번은 길을 만든다."
–셰릴 스트레이드(Cheryl Strayed)–[261]

핑크 플로이드(Pink Floyd)의 전설적인 앨범 「달의 이면(The Dark Side of the Moon)」은 빌보드 앨범 차트에 무려 741주 동안 등재되었던 것으로 유명하다. 그 앨범에는 "내 머릿속에는 누군가가 있죠. 하지만 나는 아니에요."라는 가사가 포함된 곡이 있다.

이러한 마음속 풍경과 관련해 대문호 표도르 도스토옙스키(Fyodor M. Dostoevskii)는 다음과 같은 시적인 표현을 남겼다. "사람은 친구 외에는 그 누구에게도 말하지 않는 추억을 가지고 있다. 사람들은 친구에게조차 말 못하고 오직 자신에게만 말할 수 있는 다른 문제도 마음속에 비밀리에 가지고 있다. 하지만 자신에게조차도 말하기 두려운 다른 것도 가지고 있으니, 제대로 된 사람이라면 누구나 마음속에 담아 두고 꺼내지 않는 그런 것이 수없이 많다."[262]

한때 사람들은 우리의 두뇌 속에 호문쿨루스(homunculus)라는 난장이가 살고 있다고 믿었던 적이 있다.[263] 일명 '뇌 난쟁이'라고 불리는 호문쿨루스는 라틴어로 작은 인간이라는 뜻이다. 호문쿨루스 이론이 현대 뇌 과학의 효시로 보인다. 하지만 우리의 뇌 속에 거주하면서 모든 의사 결정과 행동을 통제하는 호문쿨루스 모형은 그다지 실용적이지 않은 것으로 보인다. 왜냐하면, 만약 인간의 몸속에 난쟁이가 있으면 그 난쟁이를 움직이는 또 다른 난쟁이가 존재해야 하기 때문이다.

살다 보면, 내가 아닌 또 다른 '나'가 정말 존재하는 것 같은 기분이 드는 순간이 있다. "내가 미쳤지……."라고 혼잣말을 하면서 스스로를 책망하는 순간이 바로 그 좋은 예이다.

한때 차기 프랑스 대통령의 유력 후보 중 하나였던 도미니크 스트로스 칸(Dominique Strauss-Kahn) 국제통화기금(IMF) 총재는 뉴욕의 한 호텔에서 여종업원 성폭행 미수 혐의로 체포되었다. 사실 그는 과거에도 여러 차례 유사 범죄로 구설수에 오른 적이 있었다. 또 골프 황제 타이거 우즈(Tiger Woods)는 2009년 외도 문제로 부인과 다투다가 급히 스포츠유틸리티차량(SUV)을 타고 달아나는 과정에서, 아내가 골프채로 차를 몇 차례 내리치는 바람에 주의가 흐트러져 소화전에 이어 가로수를 들이받는 교통사고를 냈다.

이 사건은 전 세계로 유포되었고, 결국 그는 부인에게 이혼당했으며 섹스 중독증 때문에 입원 치료를 받아야 했다. 미국의 빌 클린턴(Bill Clinton) 대통령은 백악관 인턴사원이었던 모니카 르윈스키(Monica Lewinsky)와 '부적절한 관계'를 가진 것이 들통나 하원의 탄핵을 받기도 했다.

철학자 오웬 플래너건(Owen Flanagan)에 따르면, 이러한 문제들은 기본적으로 자아(myself)와 나(I) 사이의 간극 때문에 발생하는 것이다. 이런 점에서 그는 '내가 관찰하는 자아'와 '나' 간 '자기화해'의 필요성을 강조하였다.[264]

오웬 플래너건은 『자기표현』이라는 저서의 맺음말에서 '내가 관찰하는 자아'와 '나'가 삶 속에서 '그대와 나 둘이서(just the two of us)'라는 시적인 어구로 표현될 수 있을 만큼 동고동락할 수 있어야 한다고 주장하였다. 이런 맥락에서 그는 책의 말미에 자신을 향한 간절한 기도를 다음과 같이 담았다.

> "사랑하는 그대, 나 자신이여. 그대가 나를 위해 마지막 춤을 남겨 두는 것은 필연적인 일일뿐만 아니라, 내 간절한 소망이기도 하다네. 그 춤이 서투를까 봐 염려하지는 말게. 지금 우리는 서로를 잘 알고 있지 않은가…. 기억하게. 만약 누군가 자네를 안다면, 진정으로 자네를 기억하고 안다면, 특히 자네가 춤을 어떻게 추는지를 안다면, 그건 바로 나일세. 나 자신 말이네."[265]

가수 빌 위더스(Bill Withers)는 「그대와 나 둘이서(just the two of

us)」라는 곡에서 다음과 같이 노래했다.

> "수정처럼 영롱한 빗방울이 떨어지는 것을 봅니다. 그 빗물 사이로 햇빛이 가득히 스며들 때면 그 아름다움에 숨이 막히지요. 때때로 그대가 마음에 떠오를 때면, 햇빛에 비친 바로 그 무지개가 내 가슴을 가로지릅니다. 그대와 나 둘이서 노력한다면, 우린 할 수 있어요. 그대와 나 둘이서."

인생의 반려자가 꼭 외부에만 존재해야 할 필요는 없다. 마음속 반려자와 함께할 때의 즐거움은 외부의 반려자와 함께하는 순간 경험하는 기쁨에 결코 뒤지지 않을 수 있다. 오웬 플래너건이 노래한 것처럼, 행복한 삶을 살고자 하는 이라면 '나 자신'과의 마지막 춤을 남겨 두는 것은 필연적인 일이 될 것이다.

부록

1. 삼성경제연구소(2013)의 직장인 행복에 관한 연구

삼성경제연구소가 직장인 849명을 대상으로 온라인 조사를 한 결과에 따르면, 연령대가 높아질수록 행복도도 높아지는 것으로 나타났다. 이처럼 나이가 들수록 직장인의 행복도가 더 증가하는 핵심적인 이유 중 하나는 '일하는 노하우(knowhow)'에서 연령대별로 차이가 나기 때문인 것으로 보인다.

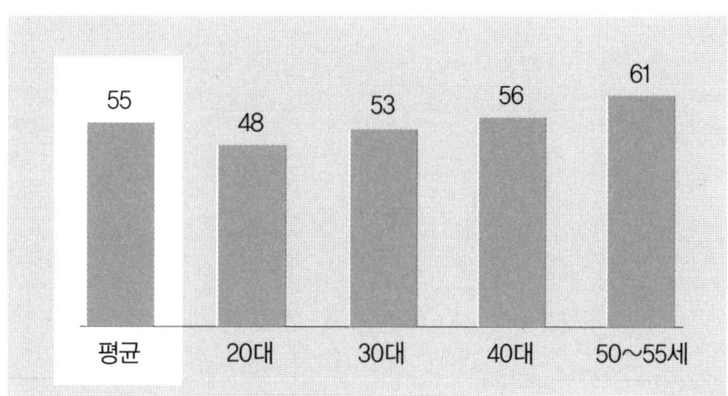

[연령대별 직장인의 행복 수준]

2. OECD '더 나은 삶 지표'의 국제비교

OECD 국가를 대상으로 '더 나은 삶 지표(Better Life Index)'를 통해 삶의 만족도를 비교한 결과, 한국은 38개국 중 31위로 나타났다. 또 행복도 표준편차에서 한국은 157개국 중 96위를 기록했다. 이것은 한국 사회의 행복도가 불평등한 구조로 되어 있음을 시사한다.

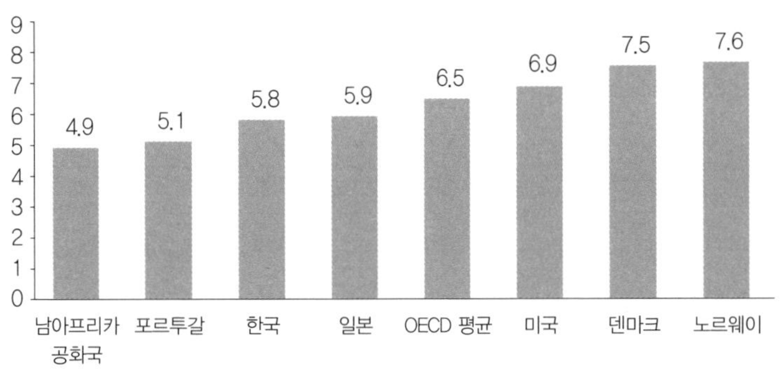

[삶의 만족도 점수]

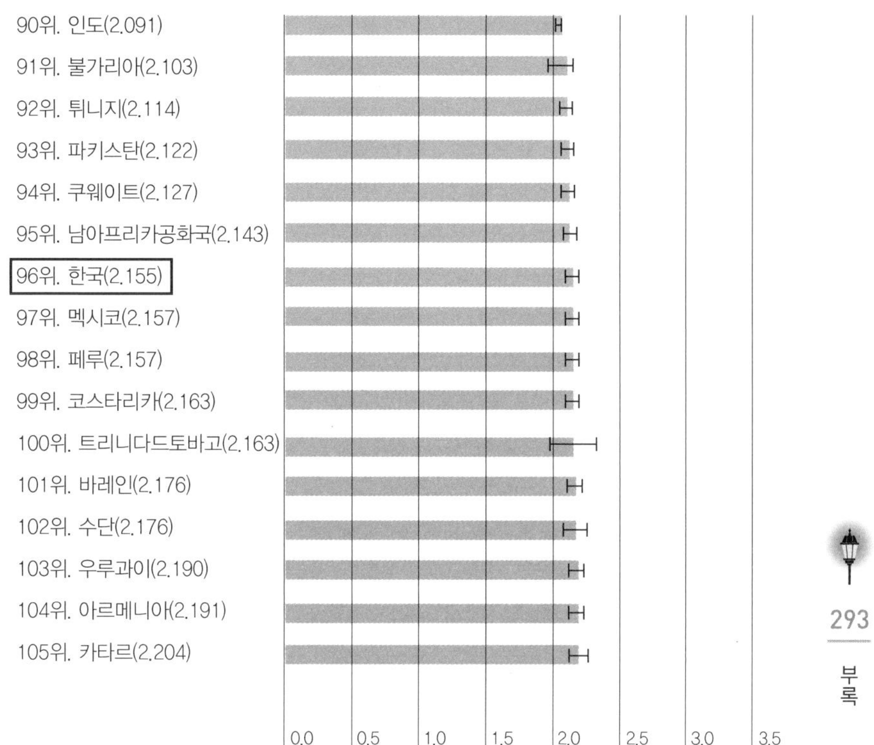

[행복도 표준편차의 국가별 비교]

3. 한국의 아동학대 신고 건수

보건복지부에서 2015년에 발표한 자료에 따르면, 2001년부터 2014년까지 아동보호전문기관에 아동학대 문제로 신고된 사건의 수는 꾸준하게 증가하고 있는 것으로 나타났다.[266] 특히 2013년부터 전년 대비 상승 추세가 더 심화되었는데, 2013년에서 2014년 사이에는 19.5% 상승하였고, 2014년에서 2015년 사이에는 무려 36.0% 상승했다.

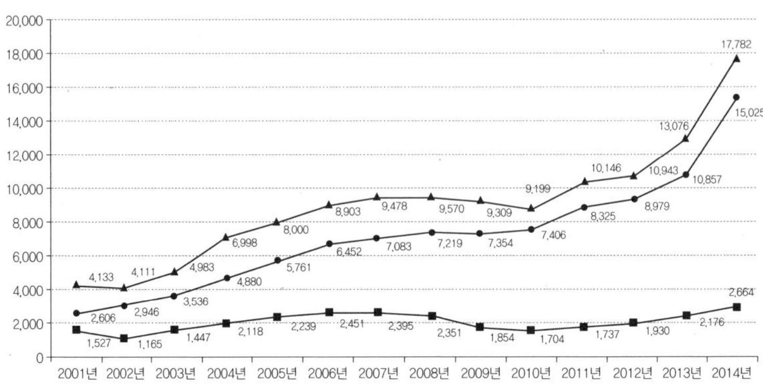

[한국의 아동학대 신고 건수]

이러한 결과는 2014년에「아동학대처벌법」이 시행된 것의 영향이 큰 것으로 보인다. 하지만 신고 의무자들의 신고접수 비율은 오히려 줄어들고 있는 것으로 나타났다. 2014년에 아동학대 의심 사례로 접수된 사건 중 신고 의무자가 직접 신고를 한 사례는 4,358건으로, 전체의 30%에도 미치지 못하는 것으로 보고되었다.

4. 한국의 연도별 출생아 수

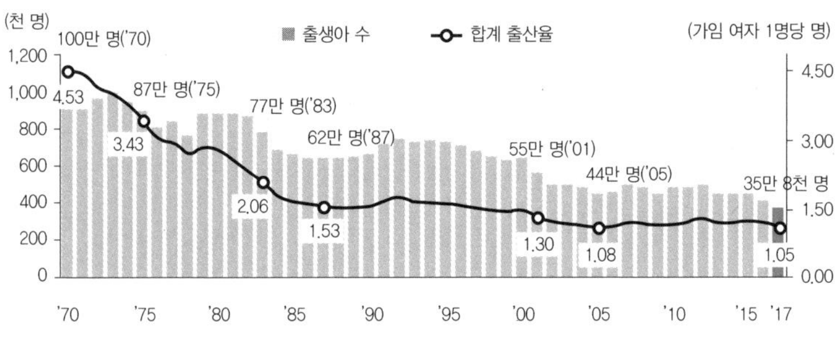

[한국의 연도별 출생아 수]

한국의 출생아 수는 2017년에 35만 명대로 줄어들었다. 이것은 2016년에 비해 약 12% 감소한 수치이며, 약 37년 만에 출생아 수가 36% 수준으로 줄어든 것을 뜻한다.

5. 국가들 간 플로리시 수준의 비교

2010년에 한국 심리학회에서 표본조사한 결과에 따르면, 한국의 플로리시 수준은 약 17% 수준인 것으로 나타났다. 이러한 결과는 덴마크(약 33%)의 절반 수준에 해당된다.

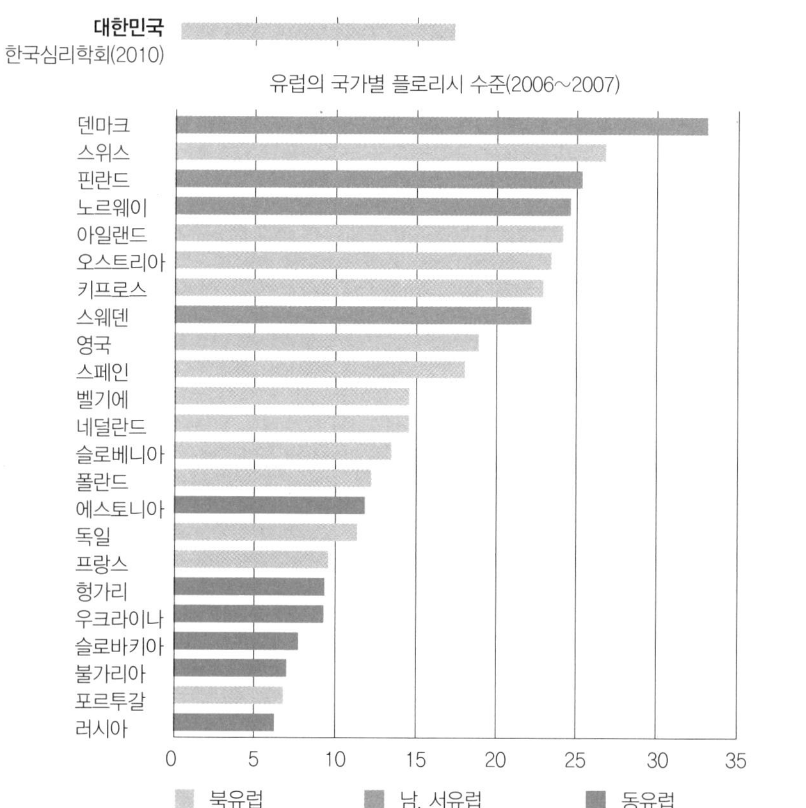

[국가들 간 플로리시 수준 비교]

후주

1) 이 책의 일부 내용은 저자가 연구 과제 수행 중 국가공무원 인재개발원의 긍정심리교실, 매일경제, 고대신문 및 동아비즈니스 리뷰(DBR)에 발표했던 글들을 책의 내용에 맞추어 재정리한 것이 포함되어 있음.

2) Woolf, V. (2002). *A haunted house and other short stories*. NewYork: Mariner Books. p. 5.

3) Lewis Carroll. (1872). *Through the looking-glass, and what Alice found there*. Macmillan. pp. 32-33.

4) Van Valen, L. (1973). A new evolutionary law. *Evolutionary Theory*. *1*, 1-30.

5) 국민일보(2015년 11월 2일). 영국인도 풀지 못하는 수능 영어, 한국 영어 교육의 현주소.

6) 세계일보(2017년 5월 1일). 김현주의 일상 톡톡: 바늘구멍보다 좁은 취업시장, 대선 이후 좀 넓어질까?

7) 삼성경제연구소(2013). **직장인의 행복에 관한 연구**. 서울: 삼성경제연구소.

8) OECD(2016), OECD Better Life Index 2016.

9) Helliwell, J., Layard, R., & Sachs, J. (2016). *World Happiness Report 2016*.

10) OECD Health Statistics 2015, http://dx.doi.org/10.1787/health-data-en.

11) 보건복지부(2016). 정신건강 종합대책(2016~2020년). 서울: 보건복지부.

12) Conwell, Y., & Duberstein, P. R. (2006). Suicide in elders. *Annals of the New York Academy of Sciences, 932*, 132-150.

13) 보건복지부(2015). 2014 전국아동학대 현황보고서. 서울: 보건복지부.

14) Calhoun, J. B. (1973). Death squared: The explosive growth and demise of a mouse population. *Proceedings of the Royal Society of Medicine, 66*, 80-88.

15) 동아일보(2018년 2월 13일). 80조 투입해도 … 지난해 출생아 수 35만 명 대로 감소.

16) 그렉 맥커운(2014). 에센셜리즘: 본질에 집중하는 힘. (김원호 역). 서울: 알에이치코리아. p. 229.

17) 칼 오너리(2014). 슬로씽킹: 잠시 멈추고 제대로 생각하는 법. (박웅희 역). 경기: 쌤앤파커스. p.91.

18) 이대열(2017). 지능의 탄생. 서울: 바다출판사.

19) 대니얼 길버트(2006). 행복에 걸려 비틀거리다. (서은국 외 공역). 경기: 김영사. p. 333.

20) 티나 실리그(2010). 스무살에 알았더라면 좋았을 것들. (이수경 역). 서울: 엘도라도. p. 240.

21) 제임스 라이언(2017). 하버드 마지막 강의. (노지양 역). 서울: 비즈니스북스.

22) 그렉 맥커운(2014). 에센셜리즘: 본질에 집중하는 힘. (김원호 역). 서울: 알에이치코리아. p. 11.

23) 몽테뉴(2005). 몽테뉴 인생 에세이. (손우성 역). 서울: 동서문화사. p. 397.

24) 에릭 호퍼(2014). 인간의 조건. 서울: 이다미디어. p. 129.

25) Nietzsche, F. (1910). *The joyful wisdom*. T. Common (trans.), Vol. 10 of The Complete Works o/Nietzsche. London: T.N. Foulis. p. 259.

26) 에릭 호퍼(2014). 영혼의 연금술. 서울: 이다미디어. p. 12.

27) 마리오 알론소 푸익(2012). 내 인생의 차이를 결정짓는 자기대면. 경기: 아름다운 사람들. p. 81.

28) 라이너 마리아 릴케(2000). 말테의 수기. (김용민 역). 서울: 책세상. p. 11.

29) 알랭 드 보통, 존 암스트롱(2013). 영혼의 미술관. (김한영 역). 경기: 문학동네. p. 44.

30) 움베르트 에코(1986). 장미의 이름. (이윤기 역). 서울: 열린책들.

31) 움베르트 에코(1992). 나는『장미의 이름』을 이렇게 썼다. (이윤기 역). 서울: 열린책들.

32) 김춘수(2013). 그는 나에게로 와서 꽃이 되었다. 서울: 시인생각.

33) Linville, P.W. (1987). Self-complexity as a cognitive buffer against stress-related illness and depression. *Journal of Personality and Social Psychology, 52(4)*, 663-676.

34) Seligman, M. E. P. (2011). *Flourish*. N.Y.: Simon & Schuster.

35) Huppert, F. A., & So, T. C. (2009). What percentage of people in Europe are flourishing and what characterises them?. Paper prepared for the OECD/ISQOLS meeting, *Measuring subjective well-being: An opportunity for NSOs*, Florence, July 23-24.

36) 임영진, 고영건, 신희천, 김용래(2010). 한국인의 행복 및 정신건강 지수: 한국인의 정신건강. 한국심리학회 연차학술발표대회 논문집.

37) 데이비드 브룩스(2015). 인간의 품격. (김희정 역). 서울: 부키. pp. 8-9.

38) Vaillant, G. E. (1977). *Adaptation to Life*. Cambridge, Mass.: Harvard University Press.

39) 말릭 벤젤룰(2011). 서칭 포 슈가맨. 소니 픽처스 클래식.

40) 캐스 선스타인(2013). 심플러. 경기: 21세기북스.

41) 휴버트 드레이퍼스, 숀 켈리(2013). 모든 것은 빛난다. 경기: 사월의 책.

42) 블레즈 파스칼(2016). 인생의 모든 의미. (존 메설리 저, 전대호 역, 서울: 필로소픽, p. 13)에서 재인용.

43) 슈테판 츠바이크(2012). 위로하는 정신: 체념과 물러섬의 대가 몽테뉴. (안인희 역). 경기: 유유. p. 128.

44) 노턴 저스터(2011). 우리 마을에 수상한 여행자가 왔다. (김난령 역). 서울: 루돌프.

45) 존 메설리(2016). 인생의 모든 의미. (전대호 역). 서울: 필로소픽, p. 495.

46) 니코스 카잔차키스(1993). 영혼의 자서전. 서울: 고려원. p. 468.

47) Dickens, C. J. H. (1843). *A Christmas carol in prose : being a ghost story of Christmas*. London: Chapman & Hall. p. 150.

48) King, M. L., Jr. (1963). *Strength to Love*. Fortress Press. p. 37.

49) 숀 아처(2012). 행복의 특권: 행복하면 우리는 무엇을 얻을 수 있는가? (박세연 역). 서울: 청림출판.

50) 고영건, 김진영(2012). 멘탈 휘트니스 긍정심리 프로그램. 서울: 학지사.

51) Vaillant, G. E. (1977). *Adaptation to Life*. Cambridge, Mass.: Harvard University Press.

52) 엘리노어 포터(2015). 폴리아나. 서울: 판도라.

53) 에드 디너, 로버트 비스워스 디너(2009). 모나리자 미소의 법칙. (오혜경 역). 경기: 21세기북스. p. 46.

54) 대니엘 길버트(2006). 행복에 걸려 비틀거리다. (서은국, 최인철, 김미정 역). 경기: 김영사.

55) 에드 디너, 로버트 비스워스 디너(2009). **모나리자 미소의 법칙**. (오혜경 역). 경기: 21세기북스.

56) 크리스토퍼 피터슨(2010). **긍정심리학 프라이머**. (김인자, 백수현 외 역). 경기: 물푸레.

57) Kahneman, D., & Deaton, A. (2010). High income improves evaluation of life but not emotional well-being. *Proceedings of the National Academy of Sciences, 107*(38), 16489-16493.

58) López Ibor, J. J. (1972). Masked Depressions. *The British Journal of Psychiatry, 120*(556), 245-258.

59) Peterson, C. (2006). *A primer in positive psychology*. New York: Oxford University Press.

60) Diener, E., & Biswas-Diener, R. (2008). *Happiness: Unlocking the mysteries of psychological wealth*. Malden, MA: Blackwell Publishing.

61) 조선일보(2009년 6월 30일). 마이클 잭슨 부검결과 '충격' … 온몸에 주사 자국-가발 착용.

62) Brickman, P., & Campbell, D. T. (1971). Hedonic relativism and planning the good society. In M. H. Apley (Ed.), *Adaptation-level theory: A symposium* (pp. 287-301). New York: Academic Press.

Brickman, P., Coates, D., & Janoff-Bulman, R. (1978). Lottery winners and accident victims: Is happiness relative? *Journal of Personality and Social Psychology, 36*, 917-927.

63) Diener, E., & Biswas-Diener, R. (2008). *Happiness: Unlocking the mysteries of psychological wealth*. Malden, MA: Blackwell Publishing.

64) Seligman, M. E. P. (2011). *Flourish: A visionary new understanding*

of happiness and well-being. N.Y.: Simon & Schuster.

65) Jorm A. F., Korten A. E., Jacomb P. A., Christensen H., Rodgers B., & Pollitt, P. (1997). Mental health literacy: A survey of the public's ability to recognise mental disorders and their beliefs about the effectiveness of treatment. *Medical Journal of Australia, 166*, 182-186.

66) Jahoda, M. (1958). *Current concepts of positive mental health*. New York: Basic Books.

67) Knutson, A. (1963). New perspectives regarding positive mental health, *American Psychologist, 18*, 300-306.

68) McCarthy, D. (1964). Mental fitness. *American Psychologist, 19*, 201-202.

69) Ryff, C. D. (1989). Happiness is eve rything, or it? Explorations on the meaning of psychological well-being. *Journal of Personality and Social Psychology, 57*, 1069-1081.

Ryff, C. D., Keyes, C. L. M. (1995). The structure of psychological well-being revisited. *Journal of Personality and Social Psychology, 69*, 719-727.

Ryff, C. D., & Singer, B. (1996). Psychological well-being: Meaning, measurement, and implications for psychotherapy research. *Psychotherapy and Psychosomatics, 65*, 14-23.

70) Maddux, J. E., Snyder, C. R. & Lopez, S. J. (2004). Toward a positive clinical psychology: Deconstructing the illness ideology and constructing an ideology of human strengths and potential. In P.A. Linley & S. Joseph (Eds.), *Positive psychology in practice* (pp.320-334). Hoboken, NJ: Wiley.

71) Keyes, C. L. M. (2007). Promoting and protecting mental health as

flourishing: A complementary strategy for improving national mental health. *American Psychologist, 62*, 95-108.

72) Keyes, C. L. M. (2003). Complete mental health: An agenda for the 21st century. In C. L. M. Keyes & J. Haidt (Eds.), *Flourishing: Positive psychology and the life well-lived* (pp. 293-312). Washington, DC: American Psychological Association.

73) Lamers, S. M. A., Westerhof, G. J., Bohlmeijer, E. T., & Keyes, C. L. M. (2013). Mental health and illness in relation to physical health across the lifespan. In J. Sinnott (Ed.), *Positive Psychology: Optimizing Adulthood*. New York: Springer. pp. 19-33.

74) Keyes, C. L. M. (2002). The mental health continuum: From languishing to flourishing in life. *Journal of Health and Social Behavior, 43*, 207-222.

75) 김현정(2012). 긍정적 정신건강 모형의 타당화 연구. 고려대학교 박사학위 청구논문.

박동혁(2007). 예방과 촉진을 위한 청소년 정신건강 모형의 탐색. 아주대학교 박사학위 논문.

이명자, 류정희(2008). 완전한 정신건강모형 검증. **교육연구**, 31, 47-68.

76) Veit, C., & Ware, J. (1983). The Structure of Psychological Distress and Well-Being in General Populations. *Journal of Consulting and Clinical Psychology, 51*, 730-742.

77) Keyes, C. L. M. (2007). Promoting and protecting mental health as flourishing: A complementary strategy for improving national mental health. *American Psychologist, 62*, 95-108.

78) 이지선(2010). **지선아 사랑해(다시 새롭게)**. 경기: 문학동네.

79) 노컷뉴스(2017 1월 19일). 화상 딛고 교수된 이지선 “인생은 동굴 아

닌 터널"
80) KBS 뉴스(2017년 5월 29일). [영상] "인생은 맛있다 … 동굴 아닌 터널". (톡소다)
81) 최성봉(2012). 무조건 살아 단 한 번의 삶이니까(거리의 아이 최성봉 절망의 끝에서 희망을 노래하다). 경기: 문학동네.
82) 서울신문(2011년 8월 22일). 코리아 갓 탤런트 최종 우승 주민정 · 준우승 최성봉. http://www.seoul.co.kr/news/newsView.php?id=20110822019012#csidx7f6fed6fbd3d064869e6233d3f51378
83) 존 크럼볼츠, 라이언 바비노(2014). 천 개의 성공을 만든 작은 행동의 힘: 20년 간 수백만의 인생을 바꾼 스탠퍼드대 성공 프로젝트. (이현정 역). 경기: 프롬북스. p. 196.
84) Klein, G. (2004). The power of intuition: How to use your gut feelings to make better decisions at work. New York: Currency.
고영건, 김진영(2012). 멘탈휘트니스 긍정심리 프로그램. 서울: 학지사.
김진영(2016). 청소년의 건강행동을 위한 심리학적 개입. 서울: 시그마프레스.
85) 토마스 벌핀치(2006). 벌핀치의 그리스 로마신화. (이윤기 역). 서울: 창해. pp. 593-601.
86) 니컬러스 에플리(2014). 마음을 읽는다는 착각. 서울: 을유문화사.
87) 티모시 윌슨(2007). 나는 내가 낯설다. (진성록 역). 서울: 부글. p. 17.
88) Kenny, D. A., & DePaulo, B. M. (1993). Do people know how others view them? An empirical and theoretical account. *Psychological Bulletin, 114*, 145-161.
89) 버나드 쇼(2011). 피그말리온. (김소임 역). 경기: 열린책들.
90) 티모시 윌슨(2007). 나는 내가 낯설다. (진성록 역). 서울: 부글.
91) Adams, H. E., Wright, L. W., Jr., & Lohr, B. A. (1996). Is

homophobia associated with homosexual arousal? *Journal of Abnormal Psychology, 105*, 440-446.

92) 데이비드 이글먼(2011). 인코그니토: 나라고 말하는 나는 누구인가. (김소희 역). 경기: 쌤앤파커스. p. 270.

93) 미치오 카쿠(2015). 마음의 미래. (박병철 역). 경기: 김영사.

94) 데이비드 이글먼(2011). 인코그니토: 나라고 말하는 나는 누구인가. (김소희 역). 경기: 쌤앤파커스.

95) 미치오 카쿠(2015). 마음의 미래. (박병철 역). 경기: 김영사. p. 71.

96) Gazzaniga, M. S. (1988). *Mind Matters.* Boston: Houghton Mifflin. pp. 13-14.

97) 미치오 카쿠(2015). 마음의 미래. (박병철 역). 경기: 김영사. pp. 62-63.

98) http://maristpoll.marist.edu/. 2/8: Holy Super Powers, Batman! Mind Reading and Time Travel Top List.

99) 폴 투르니에(2013). 인간이란 무엇인가. (강주헌 역). 서울: 포이에마. p. 103.

100) 몽테뉴(2005). 몽테뉴 인생 에세이. (손우성 역). 서울: 동서문화사. p. 35.

101) 사라 베이크웰(2012). 어떻게 살 것인가? (김유신 역). 서울: 책읽는수요일. 서문.

102) 어빈 D. 얄롬(2005). 치료의 선물. (최웅용 외 역). 서울: 시그마프레스.

103) 어빈 D. 얄롬(2005). 치료의 선물. (최웅용 외 역). 서울: 시그마프레스. p. 123.

104) 이언 레슬리(2014). 큐리어스. (김승진 역). 서울: 을유문화사. p. 87.

105) Ainsworth, M. D. S., & Bell, S. M. (1970) Attachment, exploration, and separation: Illustrated by the behavior of one-year-olds in a strange situation. *Child Development, 41*, 49-67.

106) 대니얼 길버트(2006). 행복에 걸려 비틀거리다. (서은국 외 공역). 경

기: 김영사. p. 115.

107) 이언 레슬리(2014). **큐리어스.** (김승진 역). 서울: 을유문화사. p. 94.

108) Department of Defense news briefing(12 February 2002). Donald Rumsfeld. 카트린 파지크 , 알렉스 슐츠(2008). **무지의 사전: 브리태니커와 구글에도 안 나오는 인류 지식의 최신보고서.** (태경섭 역). 서울: 살림. 서문.

109) Fleming, S.M. & Dolan, R.J. (2012). The neural basis of metacognitive ability. *Philosophical Transactions of The Royal Society B Biological Sciences 367(1594)*, 1338-1349.

110) 이언 레슬리(2014). **큐리어스.** (김승진 역). 서울: 을유문화사. p. 99.

111) 아서 코난 도일(2013). **셜록 홈즈의 회상록.** 서울: 사랑의학교.

112) 대니얼 길버트(2006). **행복에 걸려 비틀거리다.** (서은국 외 공역). 경기: 김영사. p. 147.

113) 어빙 얄롬(2005). **치료의 선물: 새로운 세대의 상담자와 내담자들에게 보내는 공개 서한.** (최웅용 외 공역). 서울: 시그마프레스. p. 169.

114) 벤저민 프랭클린(2004). **덕의 기술.** (정혜정 역). 경기: 21세기북스. p. 159.

115) 게르트 기거렌처(2015). 똑똑한 어림셈법. **생각의 해부.** (대니얼 카너먼 외, 강주헌 역) 중 머리말. 서울: 미래엔. p. 40.

116) 로이 F. 바우마이스터(2010). **인생의 의미.** (김성일 외 공역). 서울: 원미사. p. 392.

117) 제니퍼 시니어(2014). **부모로 산다는 것**(이경식 역). 서울: 알에이치코리아. p. 14.

118) 데보라 슈로더-사울니어(2014). **패러독스의 힘: 하나가 아닌 모두를 갖는 전략.** (임혜진 역). 서울: 처음북스 p. 25.

119) 피터 드러커(2010). **무엇이 당신을 만드는가.** (이재규 편저). 경기: 위즈덤하우스. p. 186.

120) 그렉 맥커운(2014). 에센셜리즘: 본질에 집중하는 힘. (김원호 역). 서울: 알에이치코리아. p. 244.

121) 피터 드러커(2010). 무엇이 당신을 만드는가. (이재규 편저). 경기: 위즈덤하우스. p. 165.

122) 리처드 니스벳(2016). 마인드웨어: 생각은 어떻게 작동되는가. (이창신 역). 경기: 김영사. 1장.

123) 노리나 허츠 (2014). 누가 내 생각을 움직이는가: 일상을 지배하는 교묘한 선택의 함정들. (이은경 역). 서울: 비즈니스북스. pp. 98-99.

124) Tetlock, P. E. (2006). *Expert political judgment: How good is it? How can we know?* Princeton, NJ: Princeton University Press. p. 68.

125) 크리스토퍼 차브리스, 대니얼 사이먼스(2011). 보이지 않는 고릴라. (김명철 역). 경기: 김영사. p. 186.

126) 나심 탈레브(2008). 블랙 스완: 0.1%의 가능성이 모든 것을 바꾼다. (차익종 역). 서울: 동녘사이언스.

127) 네이트 실버(2014). 신호와 소음: 미래는 어떻게 당신 손에 잡히는가. (이경식 역). 서울: 더퀘스트. pp. 40-41.

128) 폴 블룸(2011). 우리는 왜 빠져드는가. (문희경 역). 경기: 살림출판사. p. 16.

129) 존 브룩만(2015). 생각의 해부. (대니얼 카너먼 외, 강주헌 역) 중 머리말. 서울: 미래엔. p. 11.

130) 어빈 D. 얄롬(2008). 보다 냉정하게 보다 용기있게. (이혜성 역). 서울: 시그마프레스. p. 117.

131) 개드 사드(2012). 소비본능. (김태훈 역). 서울: 더난출판.

132) Berridge, K.C., & Kringelbach, M. L. (2008). Affective neuroscience of pleasure: reward in humans and animals. *Psychopharmacology*, *199*, 457-480.

133) Berridge, K. C. (2007). The debate over dopamine's role in reward: the case for incentive salience. *Psychopharmacology, 191*, 391-431.

134) Berridge, K. C., & Robinson, T. E. (2003). Parsing reward. *Trends in Neurosciences, 26*, 507-513.

135) Berridge, K. C., & Valenstein, E. S. (1991). What psychological process mediates feeding evoked by electrical stimulation of the lateral hypothalamus? *Behavioral Neuroscience, 105*, 3-14.

136) 한국보건산업진흥원(2013). 정신질환분야 R&D 동향 및 시사점. 충북: 한국보건산업진흥원.

137) 보건복지부(2016). 정신건강 종합대책(2016~2020년). 서울: 보건복지부.

138) 프랭크 로즈(2011). 콘텐츠의 미래 : 앞으로 10년, 콘텐츠로 먹고살 사람들이 알아야 할 모든 것. (최완규 역). 서울: 책읽는수요일. 11장.

139) 프랭크 로즈(2011). 콘텐츠의 미래 : 앞으로 10년, 콘텐츠로 먹고살 사람들이 알아야 할 모든 것. (최완규 역). 서울: 책읽는수요일. 11장.

140) Olds, J., & Milner, P. (1954). Positive reinforcement produced by electrical stimulation of septal area and other regions of rat brain. *Journal of Comparative and Physiological Psychology, 47*(6), 419-27.

141) 박용우(2015). 음식중독. 경기: 김영사.

142) 피터 왓슨(2009). 생각의 역사1. 서울: 들녘.

143) Tinbergen, N (1953). *Social behaviour in animals: With special reference to vertebrates*. Methuen & Co.

144) Herbenick, D., & Fortenberry, J. D. (2011). Exercise-induced orgasm and pleasure among women. *Sexual and Relationship Therapy, 26*, 373-388.

145) 리드 몬터규(2011). 선택의 과학. (박중서 역). 서울: 사이언스 북스.

p. 222.

146) Bromberg-Martin E. S., & Hikosaka, O. (2009). Midbrain dopamine neurons signal preference for advance information about upcoming rewards. *Neuron, 63*, 119-126.

147) 데이비드 J. 린든(2013). 고삐풀린 뇌. (김한영 역). 서울: 작가정신.

148) 해리 벡위드(2011). 언씽킹. (이민주 역). 서울: 토네이도. p. 273.

149) 프랭크 로즈(2011). 콘텐츠의 미래: 앞으로 10년, 콘텐츠로 먹고살 사람들이 알아야 할 모든 것. (최완규 역). 서울: 책읽는수요일.

디어드리 배릿(2011). 인간은 왜 위험한 자극에 끌리는가. (김한영 역). 경기: 웅진씽크빅.

150) 폴 블룸(2011). 우리는 왜 빠져드는가. (문희경 역). 경기: 살림출판사. p. 273.

151) Zerjal et al., (2003). The genetic legacy of the mongols. *American Journal of Human Genetics, 72*(3): 717-721.

152) Ardrey, R. (1961). *African genesis: A personal investigation into the animal origins and nature of man*. New York: Atheneum Books.

153) 말콤 포츠, 토머스 헤이든(2011). 전쟁 유전자: 전쟁의 생물학적 기원과 더 나은 세계로 가는 길. (박경선 역). 서울: 개마고원.

154) William, G. (1985). *Positive Addiction*. NY: Harper Colophon Books.

155) 타라 파커포프(2012). 연애와 결혼의 과학: 지금까지 당신이 몰랐던 사랑의 진짜 얼굴. (홍지수 역). 서울: 민음사. p. 244.

156) 로이 F. 바우마이스터(2015). 소비되는 남자. (서은국 외 공역). 서울: 시그마북스. p. 493.

157) 동아일보(2017년 12월 29일). 이상적 남편감, 키177cm · 연봉 5000 · 공무원 … 그럼 이상적 신부감은?

158) 우디 앨런(1977). 애니 홀(Annie Hall). 20세기 폭스사 DVD.

159) 로이 F. 바우마이스터(2015). 소비되는 남자. (서은국 외 공역). 서울: 시그마북스. p. 501.

160) Cotter, D., Hermsen, J. M. and Vanneman, R. (2011). The end of the gender revolution? Gender role attitudes from 1977 to 2008. *American Journal of Sociology, 117*(1), 259-289.

161) 로이 F. 바우마이스터(2015). 소비되는 남자. (서은국 외 공역). 서울: 시그마북스. p. 53.

162) Loh, K., & Kanai, R. (2014). Higher media multi-tasking activity is associated with smaller gray-matter density in the anterior cingulate cortex. *PLoS ONE, 9*(9), e106698.

163) 로이 F. 바우마이스터(2015). 소비되는 남자. (서은국 외 공역). 서울: 시그마북스. p. 73.

164) Cummins, D. (2014). Why the gender difference on SAT Math doesn't matter: Does a 32 point sex difference on SAT math mean that women can't be scientists? *Psychology Today*, (Mar 17, 2014).

165) LoBue, V. and DeLoache, J. (2011) Pretty in pink: the early development of gender-stereotyped colour preferences. *British Journal of Developmental Psychology, 29*, 656-667.

166) Baron-Cohen, S., Knickmeyer, R. C., & Belmonte, M. K. (2005). Sex differences in the brain: implications for explaining autism. *Science*, AAAS. 310(5749), 819-823.

Baron-Cohen, S. (2003) *The Essential difference: Men, women and the extreme male brain*. London: Penguin Books.

167) 로이 F. 바우마이스터(2015). 소비되는 남자. (서은국 외 공역). 서울: 시그마북스.

고영건(2016). 몸으로 생각하는 남성의 소비의 핵, 호르몬이 행동을 결정한다. 동아비즈니스리뷰. 206호.

168) 사이먼 배런코언(2007). 그 남자의 뇌, 그 여자의 뇌. (김혜리 외 공역). 서울: 바다출판사.

169) 개드 사드(2012). 소비 본능. (김태훈 역). 서울: 더난출판사.

170) 프리드리히 니체(2004). 차라투스트라는 이렇게 말했다. (장희창 역). 서울: 민음사.

171) Clark, R. D., & Hatfield, E. (1989). Gender differences in receptivity to sexual offers. *Journal of Psychology & Human Sexuality, 2*(1), 39-55.

172) Stout, H. (2004). Family matters: The key to a lasting marriage: Combat-even happy couples aren't really compatible, suggests latest research, *The Wall Street Journal,* November 4, p. D1.

프리드리히 니체(2004). 차라투스트라는 이렇게 말했다. (장희창 역). 서울: 민음사.

173) 로이 F. 바우마이스터(2015). 소비되는 남자. (서은국 외 공역). 서울: 시그마북스. p. 126.

174) 개드 사드(2012). 소비 본능. (김태훈 역). 서울: 더난출판사.

175) 데이비드 버스(2013). 욕망의 진화: 사랑, 연애, 섹스, 결혼. 남녀의 엇갈린 욕망에 담긴 진실. (전중환 역). 서울: 사이언스북스. p. 135.

176) 데이비드 버스(2013). 욕망의 진화: 사랑, 연애, 섹스, 결혼. 남녀의 엇갈린 욕망에 담긴 진실. (전중환 역). 서울: 사이언스북스. pp. 113-136.

177) 데이비드 버스(2013). 욕망의 진화: 사랑, 연애, 섹스, 결혼. 남녀의 엇갈린 욕망에 담긴 진실. (전중환 역). 서울: 사이언스북스. p. 136.

178) 개드 사드(2012). 소비 본능. (김태훈 역). 서울: 더난출판사.

179) Ewing L. L., Davis J. C., & Zirkin, B. R. (1980). Regulation of testicular function: a spatial and temporal view. In Greep R. O.

(editor). *International review of physiology*. Baltimore: University Park Press. p. 41.

180) van Honk, J., & Schutter, D. J. L. G. (2007). Vigilant and avoidant responses to angry facial perceptions: Dominance and submission. motives. In E. Harmon-Jones & P. Winkielman (Eds.), Social neuroscience: Integrating biological and psychological explanations of social behavior (pp. 197-223). New York, NY: Guilford Press.

181) 개드 사드(2012). **소비 본능**(김태훈 역). 서울: 더난출판사.

182) 피터 그레이, 커미트 앤더슨(2011). **아버지의 탄생: 진화론 비교생물학 등으로 살펴 본 아버지의 본질**. (한상연 역). 서울: 초록물고기. pp. 356-360.

183) Robins, R. W., Trzesniewski, K. H., Tracy, J. L., Gosling, S. D., & Potter, J. (2002). Global self-esteem across the life span. *Psychology and Aging, 17*(3), 423-434.

184) 개드 사드(2012). **소비 본능**. (김태훈 역). 서울: 더난출판사.

185) 로이 F. 바우마이스터(2015). **소비되는 남자**. (서은국 외 공역). 서울: 시그마북스.

186) Lillard, L. A., & Waite, L. J. (1995). Til death do us part marital disruption and mortality. *American Journal of Sociology, 100*, 1131-1156.

187) 로이 F. 바우마이스터(2015). **소비되는 남자**. (서은국 외 공역). 서울: 시그마북스.

188) 로이 F. 바우마이스터(2015). **소비되는 남자**. (서은국 외 공역). 서울: 시그마북스. pp. 500-501.

189) 이어령(2012). 성공은 동행이 있는 것입니다. **인생에서 가장 소중한 것**. (이태형 편저). 서울: 좋은 생각. pp. 153-156.

190) 이어령(2012). 성공은 동행이 있는 것입니다. 인생에서 가장 소중한 것. (이태형 편저). 서울: 좋은 생각. p. 158.
191) 윤복희(1979). 79 서울 국제가요제 / 윤복희 대상수상기념집. (작사, 작곡 윤항기). 오아시스레코드사.
192) 유영만(2013). 브리꼴레르. 경기: 쌤앤파커스. p. 68.
193) Erikson, E. (1964). *Insight and responsibility*. New York: Norton.
194) 헬무트 슈미트(2016). 구십 평생 내가 배운 것들. 서울: 바다출판사. p. 16.
195) 마틴 루터 킹 주니어(2004). 나에게는 꿈이 있습니다. 미국의 명연설. 주한 미국대사관 공보과.
196) Schacter, D. L., Gilbert, D. T., & Wegner, D. M. (2010). *Psychology*. New York: Worth Publishers.
197) Bouchard, T. J., Lykken, D. T., Mcgue, M., Segal, N. L., & Tellegen, A. (1990). Sources of human psychological differences: The minnesota study of twins reared apart. *Science, 250*, 223-228.
198) Hauser, S. T. *Adolescents and their families*. New York: Free Press.
199) Franklin, B. (1996). *Benjamin Franklin's the art of virtue: His formula for successful living* (Ed. G. L. Rogers). Acorn Publishing.
200) Peterson, C. (2006). A primer in positive psychology. New York: Oxford University Press.
201) Peterson, C., & Seligman, M. E. P. (2004). *Character strengths and virtues: A handbook and classification*. New York: Oxford University Press/Washington, DC: American Psychological Association.
202) Peterson, C., & Seligman, M. E. P. (2004). *Character strengths and virtues: A handbook and classification*. New York: Oxford University Press/Washington, DC: American Psychological Association.
203) Peterson, C. (2006). A primer in positive psychology. New York:

Oxford University Press.

204) Seligman, M. E. P. (2011). *Flourish*. N.Y.: Simon & Schuster.

205) Peterson, C. (2006). A primer in positive psychology. New York: Oxford University Press.

206) Peterson, C. (2006b). The Values in Action (VIA) classification of strengths: The un-DSM and the real DSM. In M. Csikszentmihalyi & I. Csikszentmihalyi (Eds.), *A life worth living: Contributions to positive psychology* (pp.29-48). New York: Oxford University Press.

207) 벤저민 프랭클린(2004). 덕의 기술. (정혜정 역). 경기: 21세기북스. p. 341.

208) Seligman, M. E. P. (2011). *Flourish*. N.Y.: Simon & Schuster.

209) Seligman, M. E. P. (2011). *Flourish*. N.Y.: Simon & Schuster.

210) Diener, E., & Biswas-Diener, R. (2008). *Happiness: Unlocking the mysteries of psychological wealth*. Malden, MA: Blackwell Publishing.

211) 크리스토퍼 피터슨(2010). 긍정심리학 프라이머. (김인자, 백수현 외 역). 경기: 물푸레.

212) Keltner, D. (2009). *Born to be good: The science of a meaningful life*. NY: WW Norton & Co.

213) 크리스토퍼 피터슨(2010). 긍정심리학 프라이머. (김인자, 백수현 외 역). 경기: 물푸레.

214) Catalino, L. I., & Fredrickson, B. L. (2011). A Tuesday in the life of a flourisher: The role of positive emotional reactivity in optimal mental health. *Emotion, 11*(4), 938-950.

215) Csikszentmihalyi, M. (1990). *Flow: The psychology of optimal experience*. New York: Harper & Row, Publisher.

216) Csikszentmihalyi, M. (1997). *Finding Flow: The psychology of engagement with everyday life*. New York: Perseus Books.

217) 고영건, 안창일(2007). **심리학적인 연금술**. 서울: 시그마프레스.

218) Wegner, D. M., Schneider, D. J., Carter, S. R., & White, T. L. (1987). Paradoxical effects of thought suppression. *Journal of Personality and Social Psychology, 53*, 5-13.

219) Seligman, M. E. P. (2011). *Flourish*. N.Y.: Simon & Schuster.

220) Diener, E., & Biswas-Diener, R. (2008). *Happiness: Unlocking the mysteries of psychological wealth*. NY: Wiley-Blackwell.

221) Diener, E., & Biswas-Diener, R. (2002). Will money increase subjective well-being? *Social Indicators Research, 57*, 119-169.

222) Fowler, J. H., & Christakis, N. A. (2009). Dynamic Spread of Happiness in a Large Social Network: Longitudinal Analysis Over 20 Years in the Framingham Heart Study. *British Medical Journal, 337*(768), a2338.

223) Brockman, J. (2013). Thinking: The new science of decision-making, problem-solving, and prediction. NY: Harper Perennial.

224) Aristotle. (2004). *Nicomachean Ethics*, ed. Hugh Treddenick. London: Penguin. The main source for Aristotle's ethics.

225) Fredrickson, B. L., Grewen, K. M., Coffey, K. A., Algoe, S. B., Firestine, A. M., Arevalo, J. M. G., Jeffrey, M., & Cole, S. W. (2013). A functional genomic perspective on human well-being. *Proceedings of the National Academy of Sciences of the United States of America, 110*(33), 13684-13689.

226) Lamers, S. M. A., Westerhof, G. J., Bohlmeijer, E. T., ten Klooster, P. M., & Keyes, C. L. M. (2011). Evaluating the psychometric

properties of the mental health continuum - short form (MHC-SF). *Journal of Clinical Psychology, 67*(1), 99-110.

227) CsikszentMihalyi, M. (1997). *Finding Flow: The psychology of engagement with everyday life*. New York: Perseus Books.

228) Vaillant, G. E. (1993). *The wisdom of the ego*. Cambridge, MA: Harvard University Press.

229) 조지 베일런트(2013). **행복의 지도: 하버드 성인발달 연구가 주는 선물**. (김진영, 고영건 역). 서울: 학지사.

230) Weingarten, G. (2007, April 08). *Pearls before breakfast*. The Washington Post.

231) Lange, L. (2001). *The Beatles way: Fab wisdom for everyday life*. Atria Books.

232) Bego, M. (2001). *Cher: If you believe*, Rex Reed.

233) 조세핀 킴(2011). **우리 아이 자존감의 비밀**. 서울: 서울문화사.

234) Tavis Smiley, PBS, December 12, 2007

235) Duckworth, A. L. (2016). Grit: The power of passion and perseverance. NY: Scribner.

236) Gladwell, M. (2008). *Outliers*. NY: Little, Brown, and Company.

237) Gladwell, M. (2008). *Outliers*. NY: Little, Brown, and Company.

238) Gladwell, M. (2013). *David and Goliath*. NY: Little, Brown, and Company.

239) Duckworth, A. L. (2016). *Grit: The power of passion and perseverance*. NY: Scribner.

240) Haidt, J. (2012). *The righteous mind: Why good people are divided by politics and religion*. NY: Vintage.

241) Haidt, J. (2012). *The righteous mind: Why good people are divided*

by politics and religion. NY: Vintage.

242) Wright, R. *The moral animal*. NY: Pantheon.

243) Hsieh, T. (2010). *Delivering happiness: A path to profits, passion, and purpose*. NY: Grand Central Publishing.

244) Christakis, N. A. & Fowler, J. H. (2009). *Connected: The surprising power of our social networks and how they shape our lives*. NY: Little Brown Comapny.

245) Wright, R. (2001). *Nonzero: The logic of human destiny*. NY: Vintage.

246) Keltner, D. (2009). *Born to be good: The science of a meaningful life*. NY: WW Norton & Co.

247) Axelrod, R. (2006), *The evolution of cooperation*. NY: Perseus Books Group.

248) 유영만(2013). 브리꼴레르. 경기: 쌤앤파커스. p. 167.

249) 에이브러햄 H. 매슬로(2011). 인간욕구를 경영하라: 심리학자 매슬로의 자기실현과 창의성, 리더십에 관한 경영의 뉴클래식. (왕수민 역). 서울: 리더북스.

250) OECD의 Better Life index와 World Bank의 World Development Indicators GDP 자료(2014)

251) 에이브러햄 H. 매슬로(2011). 인간욕구를 경영하라: 심리학자 매슬로의 자기실현과 창의성, 리더십에 관한 경영의 뉴클래식. (왕수민 역). 서울: 리더북스.

252) 에이브러햄 H. 매슬로(2011). 인간욕구를 경영하라: 심리학자 매슬로의 자기실현과 창의성, 리더십에 관한 경영의 뉴클래식. (왕수민 역). 서울: 리더북스. p. 40.

253) 에이브러햄 H. 매슬로(2011). 인간욕구를 경영하라: 심리학자 매슬로의

자기실현과 창의성, 리더십에 관한 경영의 뉴클래식. (왕수민 역). 서울: 리더북스. p. 56.

254) 사이먼 사이넥(2013). 나는 왜 이 일을 하는가?: 꿈꾸고 사랑하고 열렬히 행하고 성공하기 위하여. (이영민 역). 서울: 타임비즈.

255) 토머스 J. 네프, 제임스 M. 시트린(2000). CEO가 되는 길: TOP 비즈니스 리더 50인이 주는 교훈. (신완선 역). 경기: 물푸레.

256) 요한 볼프강 폰 괴테(1999). 파우스트 I. (정서웅 역). 서울: 민음사. p. 24.

257) 렌 피셔(2012). 보이지 않는 지능. (김명철 역). 서울: 위즈덤하우스.

258) 조선일보(2010년 7월 24일). 39년째 지휘자 없는 오케스트라 '오르페우스 체임버'에서 배우는 성공 경영의 비결.

259) Haidt, J. (2012). *The righteous mind: Why good people are divided by politics and religion*. NY: Vintage.

260) Inaugural Addresses of John F. Kennedy. (1961. 1. 20.)

261) 셰릴 스트레이드(2012). 와일드. (우진하 역). 서울: 나무의 철학. p. 5.

262) 앤서니 G. 그린월드, 마자린 R. 바나지. (2014). 마인드버그. (박인균 역). 서울: 청림출판. p. 53.

263) 미치오 카쿠(2015). 마음의 미래. (박병철 역). 경기: 김영사. p. 58.

264) Flanagan, O. (1996). *Self expressions: Mind, morals, and the meaning of life*. New York: Oxford University Press.

265) Flanagan, O. (1996). *Self expressions: Mind, morals, and the meaning of life*. New York: Oxford University Press. p. 217.

266) 보건복지부(2015). 2014 전국아동학대 현황보고서. 서울: 보건복지부.

찾아보기

인명

저자 소개

고영건(Ko Young-gun)

고려대학교 심리학과에서 임상심리학으로 박사 학위를 받았으며 삼성서울병원 정신과에서 임상심리레지던트로서 수련을 받았다. 세계 최초로 '감성지능(EQ)'의 개념을 이론화한 예일 대학교 심리학과의 피터 샐로베이 교수의 지도하에 박사 후 연구원으로 정서지능에 관한 연구를 수행하였다. 고려대학교 심리학과 교수로 부임한 후 고려대학교 학생상담센터장, 한국건강심리학회와 한국임상심리학회 학술이사, 한국심리학회 총무이사, 한국임상심리학회 부회장 등을 역임했으며, 현재 고려대학교 문과대학 멘토링상담센터장을 맡고 있다.

고려대학교의 대표적인 강의상 3가지(고려대학교 학부 석탑강의상, 교육대학원 명강의상, 그리고 평생교육원 우수강의상)를 모두 수상한 바 있으며 중앙공무원교육원, 지방행정연수원, 서울특별시 교육연수원 그리고 주요 대기업의 다양한 심리학 교육 프로그램에서 강사로 활약 중이다. 삼성서울병원과 멘탈휘트니스 연구소가 공동으로 추진한 「삼성-멘탈휘트니스 CEO 프로그램」의 연구 개발자이기도 하다. 「삼성-멘탈휘트니스 CEO 프로그램」은 그랜트 스터디를 통해 성공적인 삶을 산 것으로 공인받은 사람들과 우리나라의 CEO들을 비교해 볼 수 있는 기회를 제공해 주는 'First Classs CEO'를 위한 심리학적인 프로그램이다.

삼성그룹 CEO들이 2011년부터 6년간 수요사장단회의를 통해 들었던 247번의 특강 중에서 조선일보 기자들이 삼성언론재단의 지원을 통해 삼성그룹 CEO들의 추천을 받아 최고의 명강의 30편을 선정해 수록한 『삼성의 CEO들은 무엇을 공부하는가』 책자에 강연 내용이 소개되었다. 주요 저서로는 『삶에 단비가 필요하다면: 인디언기우제이야기』, 『심리학적인 연금술(공저)』, 『멘탈휘트니스 긍정심리 프로그램(공저)』 등이 있으며, 역서로는 『행복의 지도: 하버드 성인발달 연구가 주는 선물(공역)』이 있다.

플로리시: 삶을 밝히는 마음의 빛
Flourish

2018년　4월　25일　1판　1쇄　인쇄
2018년　4월　30일　1판　1쇄　발행

지은이 • 고영건
펴낸이 • 김진환
펴낸곳 • ㈜학지사
04031 서울특별시 마포구 양화로 15길 20 마인드월드빌딩
대표전화 • 02-330-5114　　팩스 • 02-324-2345
등록번호 • 제313-2006-000265호

홈페이지 • http://www.hakjisa.co.kr
페이스북 • https://www.facebook.com/hakjisa

ISBN 978-89-997-1548-8　03180

정가 15,000원

저자와의 협약으로 인지는 생략합니다.
파본은 구입처에서 교환해 드립니다.

이 책을 무단으로 전재하거나 복제할 경우 저작권법에 따라 처벌을 받게 됩니다.

이 도서의 국립중앙도서관 출판시도서목록(CIP)은 서지정보유통지원시스템 홈페이지(http://seoji.nl.go.kr)와 국가자료공동목록시스템(http://www.nl.go.kr/kolisnet)에서 이용하실 수 있습니다.
(CIP 제어번호: CIP2018010630)

교육문화출판미디어그룹 **학지사**
심리검사연구소 **인싸이트** www.inpsyt.co.kr
원격교육연수원 **카운피아** www.counpia.com
학술논문서비스 **뉴논문** www.newnonmun.com
간호보건의학출판 **정담미디어** www.jdmpub.com